Monica Ligia Corleanca

SCLAV PE DOUĂ CONTINENTE

MONICA LIGIA CORLEANCA

SCLAV PE DOUĂ CONTINENTE

EDITURA VICOVIA
2011

Copyright 2011 – Monica Ligia Corleanca
© 2011 – Editura VICOVIA

Ilustrația prezentei lucrări a fost realizată cu imagini puse la dispoziția editurii de către autor

Descrierea CIP a Bibliotecii Naționale a României
CORLEANCA, MONICA
Sclav pe două continente/Monica Ligia Corleanca, Bacău: Vicovia, 2011
ISBN 978-973-1902-62-3

821.135.1-4

Grafică și tehnoredactare – *Viorel Cucu*

Nicio parte a acestei lucrări nu poate fi reprodusă, în mod electronic, mecanic, prin fotocopiere sau prin niciun alt mod fără acordul scris dat în prealabil de autor

Cotidiană

Sună ceasul la 5:40 am şi mă scol ameţită de vise, gânduri, griji, dar trebuie să înfrâng inerţia şi să acţionez ca un soldat la alarmă: duşul fierbinte în grabă, spălatul pe dinţi, paharul cu apă sau ceaiul de plante, înşfăcat din frigider ceva de mâncare, adunat gunoiul, aruncat pe mine ce se nimereşte şi cu cheile maşinii în dinţi, cu poşeta într–o mâna şi sacul nelipsit în cealaltă, fuga pe uşă.

Timpul aleargă prea iute, măsor în gând cum am să ajung la serviciu cu traficul nebun şi imprevizibil. Pornesc maşina şi încălzind motorul mă uit de–abia acum în oglinda retrovizoare să văd cum arăt: obosită şi cu ochii tulburi. Din oglindă mă priveşte o necunoscută; în ochii mei s–a stins lumina vie a omului vibrant şi activ şi mă simt doborâtă de atâtea alergări.

Am de străbătut drumul de acasă spre serviciu, de lucrat 9–10 ore cu o mică pauză de prânz, eventual unul sau două meeting–uri şi trebuie să mai regăsesc forţa magică de a rămâne proaspătă şi funcţională toată ziua, plus condusul înapoi acasă împlinind 12 ore pe zi, uneori chiar mai mult.

Ajunsă acasă, deschid uneori televizorul să mă relaxez: schimb pe toate canalele unde găsesc doar *news* despre crime şi războaie, filme cu violenţe, sex, droguri şi iar crime, intercalate cu reclame pentru mâncare şi iar mâncare.

Temele principale în *advertising* sunt mâncarea şi sexul.

Buletinele de seară aduc constant cel puţin o nouă crimă care se investighează în zona mea şi în celelalte 50 de state cam tot la fel; abuzul sexual (părinţi ce–şi violează fetele sau băieţii), copii dispăruţi fără urme şi de care nu–i pasă nimănui.

Închid televizorul şi deschid ziarul: *„Gay Bisexual Married Man's Support Group, providing support for married or formerly married gay and bisexual men. 513–221–5289" (Grupul de suport al homosexualilor bisexuali, căsătoriţi, oferă sprijin pentru homosexuali/bisexuali căsătoriţi sau divorţaţi 513–221–5289).*

Asta cum o mai fi, că nu mai pricep, Doamne apără–ne de dementi!

Aşa se scurg toate zilele săptămânii în care nu am timp decât să mă spăl, să dorm şi să bâjbâi prin casă pentru îndeplinirea minimului de locatar civilizat.

Simt cum mă frâng în bucăţi cu toate eforturile de a mai face câte o plimbare pentru oxigenare, ieşit la un film, cumpărături sau un concert.

Abonamentul de concerte mi–a rămas de multe ori nefolosit din cauza lipsei de energie să mă mai îmbrac, să conduc până la Muzic Hall, să mă bucur trei ore de muzică adevărată şi să vin acasă la miez de noapte mai obosită decât am plecat.

Listele nesfârşite cu ceea ce am de făcut nu se îndeplinesc nici pe un sfert cu toată bunăvoinţa de a mă menţine la linia de plutire. Banii aruncaţi la Bally Club nu mi–au folosit la nimic nemaifiind timp să merg la exerciţii şi saună.

Casa mea este mereu în dezordine şi dacă este curat în casă, eu arăt ca o servitoare, dacă arăt bine, maşina este murdară şi trebuiesc spălate rufele, iar la urma urmei totul este atât de bine organizat că să nu mai am *timp* decât pentru muncă; nimic din ceea ce ai dorit să am, muzica bună, cărţi valoroase după care tânjeam în ţară, computer cu internet, un apartament frumos, nu mă mai bucură nemaiavând timp să folosesc ceea ce mi–am dorit atât de mult.

Călătoriile, la care am visat toată viaţa, se fac în *timpul* acela scurt de vacanţă de două săptămâni, cu plecare în goană şi tot cu grabă să văd cât mai mult din locurile vizitate, deci iar nu mă mai bucur decât pe jumătate şi nu mai reuşesc să–mi trag sufletul în tihnă. Venind din vacanţă găsesc facturile care curg la infinit şi înot în greutăţi, trăind de la salariu la salariu, aşteptând următorul salariu. Un *perpetuum mobile* cu uzura maximă a individului şi extrem de puţin pentru realizarea lui personală.

Cărţile pe care le–am iubit cu pasiune şi le–am cumpărat aici, sau le–am adus, nu le pot citi decât pe furate, tot din lipsă de timp. Paradoxal, aici se pot găsi cele mai bune cărţi din lume, dar nimeni nu citeşte; poate tot din lipsă de *timp*.

TIMPUL îmi este cel mai mare duşman pe această „planetă a nebunilor".

M–au trimis la cursuri scumpe de „time management" să mă instruiască cum să storc fiecare clipă pentru beneficiul companiei. Nu de cursuri duceam eu lipsă, ci de *timpul* în care să fac ceva şi pentru mine şi cu toată natura mea de a face totul în viteză în mod eficient, aici m–au zdrobit între malaxoarele de tocat creiere, trupuri şi suflete.

În această nebunie a vitezei am luat peste 70 credite universitare cu diferite cursuri importante, ca să fiu la curent cu ceea ce era necesar pe moment în profesie, dar... nu mi–au folosit prea mult fiindcă mereu s–au schimbat obiectivele şi proiectele după cum a bătut vântul întru câştigarea unui profit cât mai mare pentru companie.

Mi s–au dat zeci de certificate de merit şi de diplome ce stau înşirate pe pereţi să–mi amintească doar de nopţile pierdute, pe care le alătur celor lăsate în ţară şi care, de fapt, se traduc în viaţă irosită pentru alţii...

SCLAV PE DOUĂ CONTINENTE!

Nu am învăţat mare lucru în plus de ceea ce ştiam, ci am uitat ceea ce posedam bine când lucram în cercetare; am învăţat computere, ceea ce înseamnă să manipulezi instrumente şi nu cunoştinţe temeinice pe care să le aplici în alte domenii de muncă.

Am aprofundat lucruri de rutină, dar am uitat ştiinţa adevărată pentru care am muncit atâţia ani în ţară.

Modul în care este distribuită munca de către cei care au pâinea şi cuţitul este bine gândit: să nu faci niciun progres pentru tine, ci să te înscrii în tiparele lor atât cât să te poată compacta prin metoda reducerii la absurd, după ce eventual ţi–au luat ideile şi rezultatele.

Nu am avut şansa să lucrez la mai mult de două companii, iar experienţa a fost diferită: una britanică de mărime medie şi alta un mamut contractor la Departamentul de Energie, însă mi–a fost îndeajuns să înţeleg sistemul prin contactele ce le–am avut cu oamenii de diferite etnii şi profesii.

Am uitat limba engleză literară învăţată sârguincios în ţară, fiindcă a trebuit să–mi „adaptez" vocabularul încercând să mă fac înţeleasă ca să nu mi se mai spună că „am un accent". Am încercat a traduce expresiile locale ca: *„I gara go"*, în loc de *I have to go* sau *„warsh"* în loc de *wash*. Alte cuvinte fără niciun rost sunt utilizate la fiecare moment, ca *„hot"* și *„cool"* sau... *„you know"*... repetat ridicol de mult când nu–şi găsesc ce să spună ca să umple conversaţia.

Nu am făcut niciun progres în materie de limbă pentru că *aici nimeni nu comunică cu nimeni;* nici nu te ascultă, nici nu te aud când ai vorbit, nimănui nu–i pasă de tine că exişti, decât când vor să obţină ceva, să te întrebe unde se afla marea Mediterană (!!!) sau cum se înjură în limba italiană or franceză.

Se mai foloseşte gluma proastă *„scuse my french"* atunci când se aruncă cuvinte murdare, chiar şi în meetinguri oficiale, iar cuvântul *„bullshit"* este prezent la fiecare trei cuvinte normale, aproape în orice discuţie.

Conversaţiile colegilor sau superiorilor mei sunt maşinale, strict legate de copiii lor, familia lor (vezi Doamne, face parte din ipocrizia locului, ca să se arate solid ancoraţi la celula societăţii), interese de bancă sau orice altceva din care mai pot fura ceva idei.

Am trecut de acest test al limbii uzuale, reinventate de cine știe ce troglodiți care au populat continentul acum două–trei sute de ani muncind cu cârca, atât de departe de engleză... că s–a editat și un dicționar englez–american, iar băștinașii nu se înțeleg ei între ei, de la un stat la altul.

Mă gândesc cu tristețe că la aceste locuri tânjește tot mapamondul, le imită muzica „country" și le învață limba ca să poată comunica cu idolii din lumea nouă.

Se împrumută o penibilă subcultură care tinde să înlocuiască valorile reale moștenite de la titanii lumilor trecute despre care aici nici nu se aude, nici nu se învață în școli.

Societatea în care mă străduiesc sa exist este artificială–superficială și dezumanizează!

Mă întreabă colegul meu cu doctorat în Chimie–Fizică, dacă Luvrul este o secție de la Sorbona!? Ha??

Totul este *„great"* sau *„super"* chiar de și–a rupt o mână sau tocmai s–a înapoiat de la un by–pass pe inimă. Vorbe „de vată" fără niciun sens și legătură cu trăirile reale.

Intru într–un magazin cu o prietenă unde suntem întrebate ce limbă vorbim și de unde suntem; când am răspuns că românește și suntem din România, vânzătorul ne spune mirat că n–a știut că în America există un stat numit România!? Aud?

Expresiile penibile a la *„really"* sau *„you know"* la fiecare minut te fac să rămâi mut și să te închizi în tine ca să nu izbucnești, să nu le arunci direct în față disprețul pentru atâta prostie și sărăcie în exprimare.

Colegii mei, printre care îmi petrec 8–10 ore pe zi, sunt actori mai buni sau mai puțin buni, cu nelipsitele măști rânjite la moment, cu ochii goi că poți privi prin ei până dincolo... unde... vei găsi... mai nimic.

Nu s–au mișcat mai mult de 400 mile de casa lor, iar vacanțele și le fac tunzând iarba sau reparând și zugrăvind casa. Au o spaimă de a se confrunta cu cultura europeană de parcă i–ar pândi pericolul de moarte. Sunt vicleni, profitori şi mereu la pândă ca să poată prinde un pont; aceasta tehnică este numită *„pick–up your brain"* şi mi–a fost sugerată de managerul meu la un moment când am întrebat despre un program nou de lucru ce era adus de un coleg nou angajat de o companie sub–contractoare. Totul se învaţă pe furate!

La seminarul de *time management* unde ne instruiesc cum să ne scriem totul în agenda zilnică *(daily planner)* fiind important să rămână consemnat exact evenimentul sau datele, m–am trezit spunând ca pentru mine: *„verba volant scripta manent"*.

Imediat un HR (cadrist, cum era la noi) a sărit să–i repet fraza ca să scrie ce înseamnă şi să–i traduc înţelesul. Îl întreb de ce, şi–mi răspunde prosteşte, că vrea să–l impresioneze pe un profesor de la universitatea unde ia cursuri. O, Doamne, cunoştinţe... după ureche!

Explicaţia vine şi din faptul că aici nimic nu se spune pe gratis, totul se fură în meserie de îndată ce facultăţile costă o avere, iar un om care a terminat o facultate nu are experienţa de lucru efectiv şi nu ştie decât să folosească eventual programe de computer şi acelea tot de furat.

Mă sperie uşurinţa cu care, după ce ai făcut ceva cu pasiune şi dăruire, pentru un anumit proiect de care aveau nevoie, ţi se ia tot ceea ce ai lucrat şi dacă nu taci eşti aruncat în stradă. Se unesc în haite, ca lupii, numai să te elimine; este singura dată când au ceea ce se defineşte *„team spirit"* în societatea americană.

Tineri absolvenţi lucrând ca interni la compania mea mi s–au confesat în acest sens şi, se gândeau cum să evadeze din sistem, să se poată realiza.

Cunosc două cazuri reale a unor români străluciţi care au plătit scump creativitatea cu care s–au lansat în USA: unul în New Jersey, chimist de la catedra lui Neniţescu, a lucrat 27 ani pentru o companie de farmaceutice şi tot ceea ce s–a publicat sau patentat a fost pus în numele managerului care l–a exploatat; fiind aproape de pensie a îndrăznit să ceară ca pe ultimul patent să se adauge şi numele lui.

A fost dat afară imediat, iar omul s–a sinucis!

Un alt coleg de meserie a preparat un produs nou, care a fost patentat, la numai opt luni de lucru la venirea din România. A întrebat dacă el va primi ceva din beneficiul companiei de pe urma invenţiei lui dar, a fost dat afară dându–i–se 20.000 $ (premiu de consolare) şi amintindu–i–se că nu era decât rezident şi nu cetăţean american în drepturi! Compania a făcut probabil multe milioane de pe urma invenţiei lui.

S–a mutat la o altă mare companie unde a făcut în câteva zile sinteza unui produs la care lucrau de un an cinci doctori în ştiinţe angajaţi să descopere acel ultra necesar compus organic, o răşină specială. Când au văzut cei din conducerea tehnică ce valoare are omul, s–au speriat dar... i–au luat şi aplicat ideea împreună cu mostra obţinută, patentând produsul.

L–au dat afară după aceea sub pretextul că n–a respectat regulile de protecţia muncii!?

Omul nu are nicio valoare în această societate decât atât timp cât poate fi stors de cunoştinţe şi energie (cam între 25 şi 45 de ani) ca să aducă un profit mare magnaţilor. După aceea începe drama vârstei de care nu te iartă nimeni, iar lecţia este cumplită, mai ales pentru femei.

Mai rămâne ***libertatea*** pentru care suntem invidiaţi şi pentru care am plecat din ţară la timpul când am fost forţaţi să o facem ca să nu ne trimită la re–educare la Piteşti.

Aceasta nu o vom putea folosi decât la pensie, dacă vom mai avea putere şi bani de călătorit pe îndelete, să scăpăm de stres (dacă nu ne roade cancerul), să ne mai vedem unii cu alţii ca să ne bucurăm de viaţă.

Şi... ***timpul*** ce ne mai rămâne...

Origini, USA, martie, 2001

Atunci

Bătea dinspre Dunăre un vânt rece, iar sălciile scânceau a plânset de vădană când ne–am urcat pe un vapor, la Tulcea, să fugim spre Brăila. Se zvonea că veneau ruşii dinspre răsărit şi lumea înnebunise de spaimă la auzul unor întâmplări de necrezut când intrau soldaţii ruşi în oraşe şi sate. Frica ce mă îngheţa cu totul îmi trimitea mesaje devastatoare şi de eram un nod de copil fără experienţe de vreun fel. Trenul, cu toate lucrurile din casa noastră, plecase spre Brăila, prin Cernavodă dar... n–a mai ajuns niciodată.

Vaporul înainta foarte încet în contra curentului şi m–am strecurat mai aproape de locul unde venea căldura de la sala maşinilor. Aveam de străbătut cam şase–şapte ore pe apă contra curentului, iar noaptea se ridica ameninţătoare, neagră, fără o stea pe cer, ca şi destinul ce ne suna la porţile sufletului precum un clopot de înmormântare.

Nu pricepeam ce se petrece în jurul meu, dar intuiam că va fi foarte rău totul. Mama mă lăsa în pace să stau unde vreau şi astfel îmi puteam trimite mintea mea de copil să viseze undeva la lumi fantasmagorice cu păpuşi şi luminiţe de cristal, cu turte dulci şi cozonaci mirosind a sărbătoare. În visele mele, alese anume, mă refugiam ca într–o cetate simţindu–mă în siguranţă. Am repetat acest joc şi mai târziu în viaţă când nu mai aveam soluţii de ieşire din disperare.

Tata plecase pe front, iar Grivei, câinele nostru lup, a urmat trenul în care se afla el; câinele nu s–a mai întors acasă, iar bunica a spus că nici tata nu va mai veni de la război pentru că cine calcă pământul rusesc nu poate scăpa cu viaţă decât în

Siberia, iar ***unde rusul a pus cizma nu–l mai scoate nimeni vreodată.***

Vorbe din care nu pricepeam o iotă au rămas în adâncul memoriei mele şi ies din când în când să mă viziteze...

Bunica a rămas în Dobrogea, s–a dus la Islam şi a murit după câţiva ani; se odihneşte acum sub cireşul uriaş din grădina casei bătrâneşti.

Frau Brandemburg plecase spre Germania cu soţul, Maria şi Ferdinand, iar Cristian era în război, la ruşi. Nemţii din Dobrogea, aduşi de regele Ferdinand când a colonizat locul, trebuiau să plece fiindcă veneau ruşii şi cum războiul era pierdut, puteau fi ucişi sau luaţi prizonieri.

Ce–o fi aia să fie ucişi gândeam eu; nu ştiam ce înseamnă cuvântul „ucişi" şi mă tot chinuiam să–i aflu sensul înainte de a o întreba pe mama, care era profesoară şi la îndemână, să o înnebunesc cu întrebările. **„Vin ruşii"**, numai asta auzeam între cei ce călătoreau cu noi, pe vaporul plin de oameni de tot felul, mirosind a mahorcă şi băuturi.

Plutea printre noi un aer îmbâcsit cu ameninţarea că vin ruşii, ceea ce eu traduceam a fi un fel de invazie cumplită, în mintea mea de copil de câţiva ani; s–a dovedit că aşa a şi fost; dar în clipa aceea eu mă simţeam un personaj important participând la un eveniment epocal.

Am aţipit în cântece tânguitoare venind dinspre maluri de prin satele pe lângă care trecea vaporul şi care se disipau în noapte. Însuşi călătoria cu vaporul era ceva nou pentru mine, deci experienţa căpăta o şi mai mare importanţă, cu un aer misterios.

– Cine sunt ruşii ăştia, mamă? De ce fugim şi fuge toată lumea de ei, iar dacă sunt atât de răi de ce l–au trimis pe tata tocmai acolo?

Nu mi–a răspuns, era şi ea cu mintea cine ştie unde în lume şi în frica zilei de mâine. Îmi spusese că mergem la mama–mare (adică mama ei) lângă Brăila, fiindcă în oraş erau încă bombardamente şi era periculos să ne ducem la casa noastră.

– Ce sunt acelea **bombodamente,** mamă, și de ce ne **bombodeaza?** Vin cu bomboane?

Mama a zâmbit amar de neştiința mea.

– Da, un fel de bomboane mai mari... dar vin din ceruri şi ne cad în cap.

– Tot n–am înțeles.

Aveam să înțeleg mai târziu: **Veneau ruşii!**

Am ajuns la Însurăţei, vreo 60 km departe de Brăila, şi am cunoscut nişte rude: pe mama–mare, nişte verişoare, o mătuşă bogată de la Cioara–Doicești şi m–am bucurat că aveam să mă joc cu vreo şapte–opt câini superbi şi cu caii lui nenea Dumitru, care îmi lăsase mie în grijă pe Soldățel, un mânzoc negru cu o stea albă în frunte. Trai pe vătrai, mai că şi uitasem de ruşi, când mai găsisem şi nişte copii pe ulița satului, peisaj complet nou pentru mine, deci o lume ca de poveste.

M–am trezit la miez de noapte când mama–mare cu nepoatele şi fiica ei mai mare stăteau în fața unor imense gropi săpate în grădina casei şi unde la lumina ascunsă a unor lămpi îngropau covoare, bunuri necunoscute mie, grâne în saci dubli, iar eu mă uitam uluită, fără să înțeleg.

– N–ai văzut nimic, ai înțeles?! (mi–a strigat aspru mama–mare) du–te de te culcă *doghitoc–afurisit,* a fost „alintarea" ei.

Am numit–o *vitrigoiul* în mintea mea şi nu mi–a mai păsat de ea din acel moment. N–am iertat–o, şi la prima ocazie, când şi–a făcut o mulțime de cozonaci pentru musafiri, le–am tăiat fundurile şi le–am mâncat pe furiş cu copiii aşa încât când i–a adus la masă a murit de ruşine.

Dimineața, am fost instruită să stau afară la poartă și pe ulița satului cu alți copii, ca să anunțăm dacă vedem venind către sat soldați îmbrăcați în haine militare.

Toate fetele dispăruseră ascunse în hambare de grâne, prin poduri de case părăsite, fugite la vii în afara satului, nevestele, mamele mai tinere de asemeni, iar nouă ni se spusese să nu

În vreme de război

rostim o şoaptă că le omoară; dacă vom fi întrebaţi să spunem că nu ştim nimic.

M–am simţit foarte responsabilă de misiunea mea şi mi–am jurat că nimeni nu va afla o vorbă de la mine. Mama era şi ea fugită cu alte femei din sat, deşi era o doamnă distinsă şi nu se prea putea amesteca cu ţărăncile locului. Îşi dăduse cu cenuşă pe faţă ca sa pară mai bătrână şi împrumutase nişte haine negre ponosite şi un baston de care se sprijinea.

Un ropot de cai m–a asurzit când a apărut din senin un grup de soldaţi, călare pe nişte cai arabi scunzi, urlând ca sălbaticii din filme; primul ce s–a oprit în faţa noastră, grupul de copii ce ne făceam de lucru în drum, era un calmuc cu faţa turtită, urât şi rău, cu un ceas deşteptător CFR (cum mai văzusem prin case) legat cu o sfoară de gâtul lui scurt şi urlând a întrebat:

– *Gde Bierlina?*

Ne–am uitat unii la alţii ca nişte proşti că nu înţelegeam ce vrea.

– *Gde hazaica?*

Noi tot muţi am rămas şi am fugit care încotro risipindu–ne prin case.

M–am speriat foarte tare, dar au plecat mai departe călărind ca apucați de streche și am scăpat pentru moment de ei.

Intraseră rușii în țară și cum ne aflam pe partea de răsărit, aveam să mai vedem multe.

La țară, fiind încă, au apărut în cohorte căutând vin și orice alte băuturi tari. Am văzut ruși înecați în vin, când nu li s–a dat băutură la cerere, după care au tras cu armele în budanele de vin inundând pivnițele și murind înecați în băutură.

Au violat fete și femei tinere, dar nu în satul acela.

Au intrat cu baionetele pe moșia lui Paná din Viziru, sat la 14 Km distanță de al nostru și au distrus cât s–a putut distruge din conacul plin de mobile aduse de la Paris, picturi alese, oglinzi venețiene și pivnițe pline de rezerve substanțiale de băutură veche.

Când s–au săturat i–au dat foc.

Ne–am mutat la Brăila când eu am început școala înainte de vârsta potrivită. Ne–au adus ruși în casă și auzisem că trebuie să învățăm limba rusă. Au stat la noi în casă vreo trei rânduri de ruși, dar amintirea cea mai de neuitat rămâne a unui general de armată, însurat cu fosta bucătăreasă a regimentului, care se îmbrăca vara în rochii de mătase naturală transparentă, de i se vedeau toate dedesubturile grosolane și divers colorate, așa încât domnul Turcu, vecinul nostru, a rostit într–o zi:

– Ia uite–o și p'asta de stau rochiile pe ea ca șaua pă vacă!

Punea parfum *(duhi)* în cizme, fără a se spăla și mă întrebam de ce pe mine mă omoară mama să mă spăl dimineața și seara și de câteva ori pe zi pe mâini, când ăștia nu se mai spălau decât în vodcă de 90 de grade. Aveau și un magazin special de la care îmi aduceau uneori câte o ciocolată.

Se vorbea în casă, că ei primesc cam 4.000 lei (fiecare din soți) salariu, în timp ce mama avea vreo 700 de lei în învățământ. Nu eram eu foarte tare la aritmetică, dar tot nu ieșea socoteala; de ce să aibă invadatorii ăștia de șase–șapte ori mai mult ca un profesor?

De la magazinul lor, își aduceau geamantane enorme, pline cu stofe fine, covoare și bijuterii ce le trimiteau în Rusia cu coletărie specială.

Nu înțelegeam ce căutau rușii ăștia la noi și nu întrebam. Nici nu aveam voie.

Vorbeam doar cu mine însumi în tăcerea în care m–am refugiat pentru restul vieții.

În 1946–'47 a mai venit și foametea, că rușii nu erau destul; o nenorocire nu vine niciodată singură!

Mă trimitea mama să stau la coada la gaz, sau la mâncare distribuită pe stradă, la gamelă, unde oamenii se așezau la rând de la miezul nopții. Nici nu–mi amintesc să fi mâncat altfel de mâncare la acel timp decât de la cantină, o zeamă verde de mazăre și niște „crep" de griș cu apă. Cea mai bună prăjitură era un turtoi de mălai peste care se punea marmeladă ca să–l putem mânca. O delicatesă era când făceam rost de câțiva biscuiți și o bucățică de rahat între ei, ca să ne socotim copii răsfățați.

Nu am văzut vreodată pom de Crăciun și *trebuia* să uităm de Crăciun, că venise Moș Gerilă, căruia copiii mai mari îi spuneau Moș Crăcilă.

Nici rușii de la noi din casă nu serbau Crăciunul, deci nu prea am avut eu de lucru cu acest subiect fiindcă nu mi s–a dat șansa să înțeleg diferența.

Nimeni nu vorbea nimic despre sărbători religioase. Icoana mare montată în argint cu Sfânta Maria și pruncul de deasupra patului meu și o alta pictată în ulei pe lemn, cu Sf. Nicolae, au dispărut într–o ladă, undeva. Salba de cocoșei de aur a trebuit „dată" nu știu unde.

Trăiam într–o spaimă că vărul Ștefan a fost arestat și luat de acasă fiindcă a găzduit doi colegi de seminar într–o trecere prin Doicești. Mama lui și sora mamei, împreună cu fiica ei, duse la pușcărie pentru că nu au însămânțat pământul, erau chiaburi mari, ba chiar moșieri „periculoși".

Pe nenea Dumitru l–au arestat pentru îndrăzneala de a munci ca un apucat să cumpere pământ pe care nu l–a putut însămânța; avea cai și gospodărie îndestulată, mândria satului. L–au eliberat când a mai avut de trăit câteva luni fiindcă contractase un cancer la gât. N–a aflat niciodată de ce l–au arestat și maltratat; s–a stins curând după eliberare.

Cu mintea mea de copil neștiutor nu puteam înțelege de ce acești buni gospodari, harnici, morali, erau trimiși la pușcărie. Nici nu cred că știam exact ce este aceea pușcărie, iar dacă întrebam ceva, eram imediat repezită să tac, că nu este treaba mea. Priveam și ascultam împietrită de frica celor din jurul meu.

Bătrânii, moș Ștefan și baba Tudora, care moșteniseră pământuri de câteva sate, au dat totul la stat de frica că vor fi duși la pușcărie și ei, la aproape 80 de ani, apoi s–au mutat la noi ca să se întrebe zilnic cu ce au greșit în viața lor decât cu munca.

Moș Ștefan se așeza pe banca din fața casei cu mintea rătăcită și cânta săracul de ți se rupea sufletul:

„Plopule foaie rotundă
Ce–mi aduci atâta umbră
Tu cu umbra, eu cu mândra
Până ți–o cădea și frunza"...

Era înalt și semeț, purta ghetre fine, avea o noblețe regească și citea orice îi cădea în mână. A murit povestind: „Le–am spus, de ce domnule mi–ați luat pământul, ce primesc eu în schimb? Râdea de mine fostul văcar al satului, care ajunsese primar. «Unde este dreptatea»?"

Veniseră rușii!

Am stat la Brăila cu ruși în casă, vreo șapte ani, până s–au îndurat să plece, de zicea madam Antonescu, care spăla rufele cu ziua pe la vecini:

– Să plece doamnăăă... unde și–a înțărcat dracul copiii și să mai vină câți am botezat eu.

Osemintele ostașilor români la Țiganca–Basarabia

– Da de unde, că au plecat unii militari și au venit alții în haine civile, spune madame Nicolau.

Tot nu pricepeam despre ce vorbeau vecinele noastre.

Începuseră să ne chinuie cu limba rusă cântând *„șiraka strana maia radnaia"*, *„miachii snack"* și *„tviordii snak"* și la pronunție parcă mi se deslușeau abia acum înțelesurile acelei spaime cu care am crescut, terorizați că *vin rușii*!

Pretinsele profesoare de limba rusă erau niște catastrofe, rusoaice aduse din Basarabia, fără vreo pregătire pedagogică, care ne puneau să învățăm pe dinafară, ca papagalii, poezii nesfârșite.

„Dvadtai pervoie deckabria, deni rajdenia Josifa Visarionovicia Stalina"!

Instructorul de pionieri ne–a și ordonat să plângem când a murit „tătucul nostru Stalin".

Tatăl meu nu s–a mai întors de pe front și așa am învățat ce înseamnă să fii „orfan de război"; mi se trăgea tot de la ruși. Tatăl lui fusese omorât tot de ruși. Destine...

Eram copil de intelectual și comisesem un fel de crimă dacă mă îmbrăcam curat numai. Hainele se făceau din pardesie vechi și întoarse, din gabardină elegantă sau din costumele tatii scoase din lăzi și mă criticau, la școală, că sunt burgheză. La fel mă ironizau că am crescut cu limba germană, că știu franceza, ceea ce era un semn tot de educație burgheză ce trebuia ascunsă cu mare grijă.

Se cânta internaționala pe străzi, scria *„votați soarele"* pe garduri și oamenii intraseră ca într–o transă în construirea societății noi, pe baze ideologice noi, **comuniste**.

Nu aveam nici chemare, nici vocabular pentru asemenea misiuni și nu s–au lipit de mine în niciun fel. Eram ocupată cu cărțile citite noaptea pe sub plapomă, ce mai rămăsese după aruncarea ediției regale a tatei.

Mă refugiasem în lumea mea!

Amintirile mele din copilărie sunt pline de mersul la scos cartofi pentru CAP, toamna la cules porumbul din balta Brăilei, morcovii de la Stăncuța și alte gospodării „nechibzuite", munci patriotice cu lozinci imbecile, critici pentru nimic, infiltrarea sentimentului de vinovăție în fiecare dintre noi, mai târziu amenințările (tot fără motiv) și nesfârșitele cursuri de istoria PCUS cu informările politice ținute de semi–analfabeți. Așa ne–au mâncat verile să nu avem timp nici de gândire, nici de joacă.

Ne–au făcut și pionieri, ne–au dus în tabere unde ne îndoctrinau cu pregătire politică adecvată și ne–au sluțit copilăria și așa inexistentă.

N–am avut nici păpuși, nici radio, nici televizor, nici pom de Crăciun cu cadouri, nici voie să mergem la biserică de sărbători (Crăciun sau Înviere), ne adunau ca pe vite cu arcanul și ne eliminau din școli sau facultăți, făcându–ne dosar la securitate că suntem elemente periculoase.

Ne–au promis în schimb... *un viitor de aur...*

Am crescut mare într–o noapte, atunci când am plecat de la Tulcea cu vaporul pe Dunăre, unde toți oamenii trăiau o singură spaimă: că **Vin rușii!**

Sigur, am înțeles mai târziu că rușii *„ne eliberaseră, ocupându–ne"*, dar asta a fost... atunci...

Origini, USA, 24 decembrie, 2000

Strada

Venind dinspre Calea Călăraşilor, dacă dădeam colţul intrând pe strada Ştefan cel Mare, mângâiam cu privirea fiecare clădire, fiecare poartă, pe care le ştiam aşa de bine că le-aş fi putut desena din memorie. Pe dreapta se afla casa lui Bârlădeanu unde fusese cândva o cârciumă vestită, acum închisă şi goală, unde locuia la etaj soţia lui împreună cu fiica ei Adelina şi colega mea din clasele primare, frumuşică şi palidă ca o statuetă din alabastru. În continuarea casei lor, ce ocupa tot colţul străzii Călăraşi cu Ştefan cel Mare, se afla o altă casă frumoasă cu o poartă de fier forjat, tot proprietatea Bârlădenilor, închiriată unei doamne fugite din Basarabia, care locuia cu fiica ei Olga.

Cum doamna Bârlădeanu nu avea vreun mijloc de existenţă trăia descurcându-se din chiriile celor ce ocupaseră parterul casei lor şi al celei de alături.

Înaintând tot pe dreapta străzii urmau câteva case mai mici, apoi o curte lungă cu gardul şi poarta vopsite în albastru, unde locuia doamna Iutzi, o coafeză foarte cochetă care-şi flutura din mersu-i ţeapăn un păr blond platinat, totdeauna aranjat impecabil. Arăta ca scoasă din cutie la orice oră o întâlneai, iar noi, copiii, o urmăream cu simpatie şi curiozitate fiindcă lăsa în urmă un parfum de violete ca o primăvară. Era unguroaică, venită din Ardeal în timpul conflictelor dintre unguri şi români, iar după război, a rămas acolo. După casa doamnei Iutzi, urmau alte câteva case mai vechi, dar frumoase, cu stucaturi maiestoase în jurul ferestrelor, cu uşi grele sculptate şi porţi înalte din fier forjat; unele fuseseră părăsite de armatorii greci când a venit războiul, apoi închiriate diverşilor oameni veniți în oraş cu servicii la marile întreprinderi dunărene, sau refugiați din alte părți ale țării ocupate de ruşi, mai ales din Bucovina şi Basarabia. Într–una din aceste case locuia amica mea Medi cu familia ei, care a plecat printre primii în Israel, apoi doamna profesoară Ungureanu cu fiul, Mihai, coleg de generație cu mine, mai târziu doctor.

Alături de casa lui Medi urma o casă cu etaj, cu ziduri de beton şi o poartă grea de lemn care scârțâia îngrozitor când o împingeam s–o deschid, strigând–o pe Pipina (Despina) și Sula (Hrisula) să vină la joacă cu noi, sau la cules de zarzăre, cățărându–ne în pomul plin din curtea noastră. Erau două grecoaice foarte manierate şi destul de retrase de restul străzii, dar prietenoase cu mine. În aceiaşi curte misterioasă ascunsă sub zidurile învelite în clematis şi iederă cățărându–se până sus, locuia şi Mia Bâzu, o altă colegă de şcoală, cu care ne întâlneam la şotronul din mijlocul străzii.

Lângă casa grecoaicelor, cu ziduri ca de redută, se afla a noastră, unde ne mutasem după război. Casa era situată în fundul curții, aşa încât din stradă nu se vedea mare lucru. Lipit de gardul nostru, pe cealaltă parte a curții noastre lungi, se vedea casa avocatului Ispas, cu o poartă gălbejită, apoi a doamnei Dancu, care avea un băiat, Puiu, cu câțiva ani mai mare decât mine, care ajunsese directorul Direcției Comerciale a oraşului când eu nu mai eram la Brăila. A fost extrem de generos cu mama și cu mine, când mergeam acasă şi ne revedeam cu o bucurie exploziva, ca frații.

După curtea lor urma un teren viran, apoi alte câteva case, după care băteam la poarta fraților Terente, prietenii mei de bază la jocurile noastre din stradă. Mămica lor era o grecoaică frumoasă şi tare blândă, dar tatăl lor un vaporean solid şi năbădăios care îşi bătea nevasta când venea băut; parcă s–ar fi tras din neamul celebrului *Terente* din legendele Bălții Brăilei. Mahalaua vorbea ca aşa ar fi fost. Când se înfuriau, copiii străzii, strigau: *Terente–fură–fete, Terente–fură–fete...*

Brăila veche

iar mai târziu Gigi putea fura multe fete având un farmec de necontestat plus un caracter ales... L–am convocat la o ultimă întâlnire înainte de plecarea mea din țară și l–a regăsit același prieten de nădejde.

După casa lor urma cea a familiei Beizadea, de sorginte turcească cred, cu doi băieți mai mari decât mine, Siminică și Barbu, iar următoarea era a familiei Vişinescu care avea tot doi flăcăi lungi şi deşirați ca nişte plopi cărora le uitase Dumnezeu măsura; şi aceştia erau corcituri de macedoneni cu greci şi români.

Partea dreaptă a străzii Ştefan ce Mare se sfârşea pentru mine la străduța Primăverii perpendiculară pe strada noastră. Cam acolo se încheia bucla comunității în care ne învârteam şi zbenguiam zilnic noi, copiii străzii.

Strada Ştefan ce Mare, ca toate străzile Brăilei, începea şi se termina la Dunăre formând un imens semicerc, intersectat pe ici colo de alte străduțe, ca şi la Odessa, planul oraşului fiind făcut de acelaşi celebru inginer civil Kiseleff.

Dacă din Primăverii traversam pe partea opusă, să fac turul înapoi spre Călăraşi, întâlneam o casă dărăpănată, fără gard, cu o curte neglijată, a Angelei Stoian, tot colegă de școală, care avea o droaie de frați mititei și necăjiți, pe care noi îi bănuiam a fi țigani.

Trecând de casa ei ajungeam la cea unde locuia italianul Boniciolli, venit din Italia, la Brăila, ca specialist în țintuit vapoare la Șantierul Naval, împreună cu alți macaronari care rămăseseră în țară câștigând foarte bine înainte de război. Domnul Boniciolli era căsătorit cu una din fiicele lui moș Dimocri (Democrit), cizmarul grec care ne repara pantofii și locuia exact vis–a–vis de casa noastră cu cea de a doua fiică a lui, mama Anișoarei și colega mea de școală primară, pe care noi o strigam Țoloi.

Frații Boniciolli, Berto (Roberto), cel mare de o seamă cu mine, și Metodi cel micuț și șugubăț care ne tot stătea în cale când ne jucam, ne spiona și ne turna la maică–sa dacă făceam ceva nepotrivit, erau favoriții mei prieteni de joacă, după Gigi Terente.

Ei au plecat din țară cam odată cu grecii și evreii, acum aflându–se la Genova.

Trecând de casa Anișoarei Niculiță vedeam curtea unde locuia profesorul Leu cu soția și fiica lor Luria, în aceiași clasă primară cu mine, care însă nu ieșea la joacă cu *de–alde noi*. Nu se arunca în praful străzii la jocul de–a v–ați–ascunselea, nu i se dădea voie să se amestece cu copiii gălăgioși și cu atât mai puțin să joace țurca, leapșa pe ouate, hoții și vardiștii, șotronul sau fotbal, fiind *fetiță*; eu cu Țoloi (Anișoara) și Mia Bâzu țineam toată strada la jocurile băieților, eram deci *băiețoi* nefiind atât de simandicoase la alegerea partenerilor de zbenguială; nu conta decât să fie cât mai mulți la număr ca să ne formăm echipele pentru bătălii.

Alături, parcă văd casa unde locuia Puiu Christoloveanu, mutat mai târziu la Brașov, apoi a familiei Stoica cu o fată înaltă și drăguță care mergea la școala catolică, așa că nici ea nu ieșea niciodată la joacă cu plebea străzii. Jeni ieșea numai duminica cu părinții, însă eram în foarte bune relații cu ea, fiindcă mămica ei, *tanti Chița*, ne cosea rochițe frumoase, fiind maestră de lucru, plină de talent și pricepere la modă. Jeni a ajuns medic și s–a mutat la Brașov, unde și–a luat și părinții.

Îmi mai amintesc de o altă casă îngrijită, lipită de cea a lui Jeni Stoica, unde se mutase mai târziu o familie de basarabeni tare cumsecade, cu două fete, dintre care Olea venise tot la școala noastră. În aceiași curte cu ei, locuia sora profesorului Edmond Nicolau, specialist în cibernetică, care preda la Politehnica din București și la Academia de Științe Economice; dumnealui locuise tot acolo în tinerețe.

Urma un set de case cu câteva familii de greci înrudiți întrei ei: Eros cu părinții și doamna Marica, mătușa lui cu cățeii pechinezi, apoi verișoara lui, Tasia, (Anastasia), o persoană destul de retrasă, poate puțin prea timidă. Cu aceștia nu eram în relații apropiate fiindcă erau cu cel puțin zece ani peste mine, deci mă tratau ca pe o „mucoasă", sau nu mă băgau în seamă de loc, mai ales că noi ne mutaserăm de curând pe strada unde ei locuiau de zeci de ani într–o armonie și încredere reciprocă bine consolidate de–a lungul anilor. Nimeni n–ar fi dorit să–și „*bage în cârd*" cu noii veniți–*veneticii,* neștiindu–i cine sunt și de unde vin.

După 1951 nu l–am mai văzut pe Eros; plecase cu părinții în Grecia și de acolo în America. Ne–am revăzut prin 1980, când el venise în vacanță, și mai târziu la New York.

După casele unde locuiau grecii urma cea a familiei Butuc cu două fete foarte drăguțe și liniștite, mai mari decât noi, apoi casa domnului Graff, un neamț plecat și el mai târziu în Germania. Alături de el, locuia Marica, ai cărei părinți erau tot greci: tatăl vaporean, iar mama casnică, precum majoritatea soțiilor din aceste familii ale călătorilor pe apă. Casa lor era situată chiar peste drum de a doamnei Iutzi.

De acolo mai făceam câțiva pași și dacă traversam Calea Călărașilor, coborând pe Ștefan cel Mare spre Dunăre, ajungeam la

Vadul Budurului unde aveam o altă colegă de clasă, Anişoara Albu cu fratele ei mai mic Radu; şi ea era o corcitură bună de ungur cu româncă, cam cum erau mai toţi vecinii noştri veniţi cu serviciul din toate colţurile ţării sau ale lumii, aduşi de destin. Anişora cu Radu au ajuns în America cu mult înaintea mea, dar i–am revăzut la New York cu multe emoţii şi lacrimi, amintind copilăria noastră.

Un ciudat univers concentrat într–o singură porţiune de stradă!

Din faţa porţii Anişoarei Albu se deschidea toată priveliştea spre Dunăre, cu şantierele navale şi vasele lunecând alene pe *apele vieţilor noastre*, că numai cine a trăit într–un port şi a băut apă din Dunăre ştie ce înseamnă botezul dragostei eterne pentru locurile acelea fermecate. Apele *Dunării noastre* parcă făceau transcendenţa dintre toate continentele şi toate secolele purtându–te imaginar prin câteva dimensiuni în acelaşi timp.

De câte ori veneam la Brăila plecam de la gară direct în port, înainte de a mă duce acasă. Adulmecam aerul bălţii încărcat cu miresme de nuferi şi stuf venind dinspre Corotişca, apoi intram sa–l salut pe Lucică Mocanu, prieten vechi care ajunsese inginer şef al portului şi care mă arunca pe orice vas plecând spre deltă, fără a plăti un şfanţ. Mă instala în cabina căpitanului şi eram fericită să mă las purtată de vise pe apele în care priveam anafoarele şi undele verzui care se disipau prin înaintarea vaporului, lăsându–mă hipnotizată de acel joc sclipitor. De la Tulcea spre Deltă, iar nu mă lăsau să plătesc fiindcă numele meu era *înlocuitor de tichet de călătorie*, vărul meu fiind atunci directorul companiei de pescuit oceanic, cunoscut ca un cal breaz, deci eram tratată ca un oaspete de onoare. Numele nostru de familie se putea găsi numai în zona Tulcea–Deltă–Basarabia aşa că toţi se considerau rude fiind foarte mândri de obârşia lor, majoritatea având studii superioare, meserii prestigioase, fiind ambiţioşi şi iuţi la minte.

Pluteam pe un vas al propriilor mele speranţe, fericită că ajung „acasă" fiindcă văzusem lumina apelor la Tulcea, apoi am crescut la Sulina pentru un timp și dacă cineva mă întreba de unde sunt, spuneam că de la Sulina până la Brăila sunt de peste tot locul pe Dunăre.

Dacă la Brăila am fi adunat toți vecinii de pe strada Ștefan cel Mare, numai de la Dunăre până la strada Primăverii, puteam face ceea ce astăzi s–ar numi *„comunitate globală"*, adăugând celor descriși mai înainte ceva mai mulți evrei, câteva familii de turci, armeni, nemți, bulgari, macedoneni și lipoveni care locuiau pe străzile paralele cu a noastră.

Cred că mai toți prietenii mei din copilărie din vecini ca și colegii de școală se află astăzi în afara țării. După 1951 au început să plece armenii în Liban, grecii în Grecia, de unde se îmbarcau pentru America sau Noua Zeelandă, iar evreii spre Israel sau altundeva unde aveau sponsori.

La școala primară nr. 6, care se afla atunci la colțul Căii Călărașilor cu Grivița, stradă paralelă cu a noastră, eram vreo nouă naționalități în aceiași clasă, dar nimănui nu–i păsa de asta; eram un fel de model–miniatură al corăbiei lui Noe comportându–ne firesc, trăind laolaltă destul de armonios până la adolescență, când ne–am risipit pe la școli superioare, care încotro.

Acolo am învățat noi de mici și fără efort, lecțiile de conviețuire cu oamenii de diferite etnii, fără să ne educe nimeni despre „diferențele" care sunt acum motiv de ciocniri brutale între nații. Copiii nu au decât o singură problemă: să–și găsească prieteni cu aceleași preocupări sau cu care să se joace. Nimic altceva!

Puritatea nealterată a sufletului de copil nu are ștampila naționalității pusă–n frunte, are numai dorința de a comunica și a–și face prieteni. Din acest motiv singurele prietenii sincere și durabile rămân cele înjghebate la copilărie și școală când nu există încă interese de vreun fel.

Școala vieții a fost pentru noi ***școala străzii*** pe care ne–am jucat, bătut și împăcat fără a cere intervenția părinților sau vecinilor. Micile conflicte s–au rezolvat repede între noi, după care ne continuam jocurile şi alergătura ca şi când nimic nu se întâmplase. Genunchi juliţi, zbenghiuri pe nas sau cucuie în frunte, zgârieturi peste tot, le acopeream cu grijă să nu ne vadă părinţii şi să ne ia la răfuială; nimeni din prietenii străzii nu scotea o vorbă despre eventuale neînţelegeri dintre noi, nu ne pâram; care „ciripea" primea câteva ghionturi bune ca să nu mai repete figura. Aşa s-au format „caractere", acolo la jocurile de pe caldarâm, aşa am învăţat noi ce înseamnă *spiritul de echipă* şi aşa am ajuns oameni de ispravă, inhalând atmosfera străzilor pe care ne-am jucat şi confruntat cu binele şi cu greul. A fost cea mai bună terapie, fără psihologi şi fără bani!

În aşa zişii „şapte ani de-acasă" au intrat şi anii de joacă cu copiii de pe stradă, cu care am rămas prieteni adevăraţi până la maturitate. Magia străzii!

Strada noastră, pe care în orice direcţie o luai ajungeai tot la Dunăre, ne-a stârnit tuturor dorinţa arzătoare de a călători, mai ales când am început să ne pierdem prietenii de joacă ce părăseau corabia iluzorie a visurilor noastre, pentru una reală care se îndrepta către alte mări şi ţări şi cel mai mult când regimul comunist ne ţinea sechestraţi în cuşca de fier a securităţii.

M-am mai regăsit cu unii dintre ei prin Canada, America, Australia, Israel, Italia, Germania, Olanda, Danemarca, Suedia sau Franţa. Am comunicat şi scris pe internet, ne-am felicitat de sărbători, vorbim la telefon, dar liantul solid al relaţiei noastre a fost închegat acolo, pe strada unde am jucat şotron şi ne-am îmbrâncit, care să pasăm mingea mai iute şi mai departe.

Casele ştiute de noi, poate nu mai sunt, cele de la conjunctura cu Calea Călăraşilor au fost înlocuite cu alte clădiri de beton impuse de sistematizarea oraşului, dar *strada noastră* se află tot acolo sub acelaşi nume al lui Ştefan cel Mare. Strada cu casele vechi, cu personalitate şi culori diferite, a rămas adânc numai în memoria copilăriei noastre şi va pieri odată cu noi.

Destine Literare, Canada, Februarie, 2011

Remember...

Prin anii 1949 s–au rătăcit reprezentanții guvernului la conacul Oteteleșanu, din comuna Măgurele, de lângă București, unde au găsit că locul ar fi bun să pună bazele unui institut de cercetări în domeniul nuclear, având în frunte pe bine cunoscutul profesor Dr. Horia Hulubei, școlit la Paris și coautor la descoperirea a două elemente din Tabloul lui Mendeleev: unul a fost Moldaviu, mai târziu rebotezat Franciu, dar de al doilea, nu mi–l mai aduc aminte care să fi fost, revăd însă disputele înflăcărate ale fizicienilor, din grupul unde am lucrat, legate de acest element, plus multiple contribuții la alte descoperiri din fizica nucleară pe timpul când profesorul a lucrat la Sorbona, unde și–a petrecut o bună parte din viață fiind coleg cu Frederique Joliot Curie și Irene Curie, fiica Mariei Sklodovska Curie, de două ori laureată a premiului Nobel. La fel, a avut–o pe doamna Curie în comisia de doctorat.

Când îmi amintesc de climatul superb în care se lucra, crea și visa, ca și de strădania sinceră a celor din conducerea științifică a institutului să aducă reale contribuții la știința românească în domeniul nuclear, am impresia că am visat; imaginile sunt așa de îndepărtate în ceața neiertătoare a timpului, însă memoria sufletului meu a păstrat filme întregi, cu scene unice. Regret că nu mi–am luat timp atunci să le fi pus pe hârtie, însă intensitatea trăirilor din cetatea nucleariștilor m–a urmărit de–a lungul anilor și cel mai mult aici în USA unde nu am mai găsit aceeași atmosferă de lucru și colaborare a anilor când am lucrat la *Institutul de Fizică Atomică* din România.

Evident că au existat și nemulțumiri însă după atât de mulți ani, rămân numai amintirile frumoase, ce ți–au marcat viața și, ca într–o mare iubire în care ai fost trădat, durerile se atenuează, rănile se vindecă, iar din pădurea memoriei răsar numai arborii cu înălțimi celeste, falnici și de nedoborât.

Așa îmi amintesc de profesorul Hulubei și alți valoroși fizicieni și chimiști care au lucrat și s–au format în acel loc vrăjit unde am învățat cu toții, unde pădurea conacului păstra încă boschetul lui Eminescu pe marginea lacului, ca din povești, care a fost transformat în ștrand mai târziu, apoi aleea cu trandafiri de la șosea până la reactorul nuclear, care ne îmbăta primăvara cu miresme minulesciene, cantina–restaurant numită hazliu *„ciorbatron"*, mașina de mers la Măgurele, botezată *„rumbatron"*, dar cel mai valoros lucru la îndemâna noastră era extraordinara bibliotecă a institutului.

Eram mult prea tânără atunci ca să înțeleg că ceea ce trăiam era o epoca de aur, deschisă pe un moment politic favorabil, și menținută de profesorul Horia Hulubei.

Cu el s–a deschis și încheiat unica perioadă de prestigiu a științei românești în domeniul nuclear când s–au format două–trei generații de specialiști de talie mondială.

Cei dinaintea mea, angajați când s–au pus bazele institutului în 1950–'52, au avut mult mai mult de câștigat și învățat decât noi, cei veniți mai târziu.

Atmosfera febrilă de lucru era contaminantă, iar discuțiile la seminariile științifice între colegi, scăpărătoare.

Lunea, avea loc seminarul de la reactor unde fiecare trebuia să vină cu liste de literatură studiată în săptămâna precedentă, când dezbaterile se sfârșeau cu pariuri pe sticle de bere pentru idei noi; berea se servea la următorul consiliu științific care avea loc la un restaurant din parcul Herăstrău, unde se aprindeau din nou alte discuții pe teme ardente, urmate de dans și antren.

Limba engleză devenise condiție pentru studiul literaturii de specialitate și pentru doctorate, cursurile fiind inițiate de către institut, la fel reactivarea limbii ruse pentru cei ce plănuiau să meargă în schimb de experiență la Dubna și chiar pentru citirea articolelor de specialitate care erau publicate de ruşi înaintea altor ţări.

IFA Măgurele

Limbile franceză şi germană erau de mult instrumente necesare pentru documentare, fiind curent folosite, deci orice cercetător de la IFA, trebuia să manipuleze uşor câteva limbi străine, măcar la nivel de citit şi tradus.

Instrumentaţia ce ni se pusese la dispoziţie fusese importată din Germania, America, Australia sau Canada. Bănuiesc că aşa se explică cum majoritatea celor plecaţi peste hotare au reuşit să fie în frunte în profesie, oriunde în lume: Franţa, Elveţia, Belgia, Germania, Olanda, Suedia, Australia, Canada, America.

Numai când am ajuns în Canada la Chalk River şi în USA la Los Alamos am înţeles în ce loc am lucrat şi de ce profesorul Hulubei a luptat să pună bazele unui institut de valoare egală cu cele mai prestigioase instituţii din lume. Dr. W. Cross de la *Chalk River*, celebru în *beta dosimetry*, care vizitase IFA de două ori, mi–a vorbit numai la superlativ despre ceea ce a văzut la Măgurele şi despre nivelul oamenilor de ştiinţă întâlniţi acolo.

Am aflat despre Institutul de Fizică Atomică (IFA) dintr–un anunţ la *Informaţia Bucureştiului* şi cum nu aveam pe nimeni cunoscut acolo, m–am prezentat singură la un fel de interviu cu, spre norocul meu, Prof. Hulubei și doamna Dr. Silvia Ionescu, șefa laboratoarelor de radiochimie la acel timp.

Am pășit cu emoție și teamă în clădirea principală unde m–a întâmpinat cu căldura și atitudine foarte firească acest titan al științei românești care m–a întrebat direct: *„Domniță, de ce dorești matale să lucrezi aici și ce crezi că ai putea să faci pentru institut ca și pentru dumneata personal?"*

Cum din firea mea sunt un om direct în conversație, am răspuns cu inima, fără entuziasme false sau fraze dinainte pregătite pentru a impresiona; m–a angajat pe loc cerând secretarei să urmeze formalitățile de cadre și mi–a spus că vom rămâne buni prieteni dacă va afla că probez a face ceea ce spun și că dânsul dorește ca fiecare individ venit la IFA să devină un adevărat savant muncind pentru el ca și pentru progresul științei românești în mod egal.

„Numai când omul este realizat și mulțumit poate aduce un valoros aport societății în care trăiește", a spus atunci profesorul, ce mi–a devenit tată adoptiv mie și celorlalți colegi cu care am lucrat timp de peste șase ani la contractele pentru Agenția Internațională de Energie Atomică de la Viena (IAEA).

Dânsul era trecut de prima tinerețe, deja celebru, mare român și patriot, fără nicio altă intenție decât aceea de a face ceva pentru țară la momentul când Gheorghiu–Dej îi dăduse mâna liberă să formeze cadre pentru a construi un forum nuclear de prestigiu.

Era descendentul unei nobile familii de boieri moldoveni, aparținea altor vremuri de visători și poeți îmbătați de cultura pariziană și însuflețiți de un patriotism fără egal. Fusese pilot de vânătoare decorat cu *Legiunea de Onoare* a Franței, apoi fizician de prestigiu lucrând în grupul Curie la Paris, om de știință, cultură și mai ales... de suflet.

Nu–i prea păsa de securitate, de partid și coteii lătrând pe lângă el, ci căuta cu toate mijloacele să afle cine este cu adevărat, pasionat și talentat pentru cercetare și dacă merita ajutorul pentru a se antrena într–o competiție internațională.

Brava lui atitudine împotriva sistemului comunist care se clădea atunci cred că i–a adus cumva și moartea înainte de 73 ani...

Știa pe fiecare salariat, pe nume, și se adresa femeilor de serviciu cu „sărut mâna" când le întâlnea prin curte. Se plimba uneori printre clădiri să observe totul și nu se lăsa păcălit de lingăii ce încercau să–l informeze.

Venea seara târziu la Măgurele și spiona ferestrele laboratoarelor să vadă, fără a fi văzut, cine lucrează cu pasiune ca să–l poată ajuta să plece cu o bursă în străinătate și să învețe mai mult, pentru ca întorcându–se, să aducă ultimele noutăți în știință.

Când „coteii," slugărind organele la putere, au aflat de aceste investigații personale ale dumnealui, au început să rămână până noaptea la lucru cu gândul că poate, poate... „moș Hulubei" îi va zări și promova.

Într–una din aceste nopți profesorul a observat prin fereastra de la subsolul laboratorului de Radiochimie o scenă nepotrivită locului: un cercetător, holtei de vreo patruzeci de ani..., făcea amor cu o laborantă foarte tânără, de–abia angajată. A intrat peste ei și a strigat cu o voce care a zguduit pereții: „Ascultă tinere... trage–ți imediat pantalonii și mâine dimineața mergi direct la primărie pentru actele de căsătorie cu acest copil pe care l–ai folosit! Am spus mâine dimineața și nu poimâine, iar dacă vii înapoi la lucru fără a fi căsătorit, poarta este a dumitale. Nu mă interesează dacă vei divorța în următoarele zile sau săptămâni, dar fata acesta de 16 ani nu știe ce face și nici nu are unde să se ducă. În tradiția poporului nostru feții frumoși curtează fetele și apoi le cer de neveste, nu le violează!"

Mai târziu, copila devenită soție și mamă, și–a făcut studiile și l–a părăsit pe soțul care o trata ca pe o cârpă, iar intervenția

„tatălui institutului" a fost o lecție de integritate pentru noi toți. La un moment dat profesorul a întrebat–o dacă l–a iubit pe ciudatul soț, la care ea a răspuns că da.

„Când îți cade dragostea pe un rahat, îi dai ocol până–l mănânci, i–a spus profesorul, *sper că te–ai săturat!"*

Cum profesorul lucra cam trei sferturi din timp cu noi, grupul de fizica rețelelor de la reactorul nuclear, uneori uitam că se afla în cameră; se lucra sub reactor la măsurători, iar la etajul al doilea aveam o cameră cu birouri și calculatoare unde se făcea interpretarea rezultatelor de către un grup de nouă fizicieni, chimiști și tehnicieni, ca o familie de furnici.

Într–o zi a intrat în cameră un securist–fizician, bine cunoscut ca fiind și mare „activist", care l–a întrebat pe profesor cum poate el căpăta o bursă în Suedia unde ar putea învăța și aduce contribuții importante la știința românească. Profesorul hâtru, cu un stil extraordinar în exprimare, i–a răspuns: *„Păi bine măi, tinere... aceste burse sunt oferite sunt pentru fizică și nu pentru partid! De ce nu va trimite partidul vostru cu burse în străinătate ca să nu consumăm din puținele date pentru știință"!?*

Fizicianul–securist a ajuns mai târziu șef de cadre la IFA, având grad de colonel, dar și o diploma de fizică, și n–a uitat de incident, așa încât mai târziu l–a ajutat pe securistul–*făcut profesor,* Ion Ursu (omul de lustruit pantofii coanei Leana Ceaușescu,) să devină director la IFA ceea ce a dus la înlocuirea profesorului Hulubei, generând o nouă conducere strict controlată de securitatea română. A plecat și în Suedia fiindcă... l–au trimis „ai lui" cu cine știe ce misiune stranie și nicio legătură cu fizica nucleară.

Într–o altă zi a intrat în laboratorul nostru secretarul de partid, tovarășul Grancea, proaspăt întors de la studii, din Uniunea Sovietică, obraznic și cu mâinile lui de cioban din Făgăraș, tot încerca să pună mâna pe noi, cele două fete tinere din grup. Cum unii din colegii mei fumau și rămâneau fără țigări peste noapte, când se lucra intens, eu făcusem un sertar special cu rezerve de țigări ținute sub cheie pentru momente de restriște.

Grancea a intrat pe furiş, s–a apropiat de scaunul meu prin spate şi m–a îmbrățișat cu foc spunând: „Carmenuş... dacă îmi dai o țigară, te pup"!? Eu am sărit ca arsă, i–am dat un brânci mai să se rostogolească şi am răspuns prompt, furioasă şi fără să gândesc: „Unde?"

„Oriunde", răspunde individul libidinos şi cu zece dioptrii la ochelari.

„Hai sictir, ca nu–ți fac eu cinstea asta, ieşi afară!", mi–a luat–o gura pe dinainte, dar am înghețat în momentul următor când mi–am dat seama ca reacția mea necontrolată m–ar putea costa scump!

Când am întors capul profesorul se afla în camera noastră, chiar în spatele meu, uitasem..., am murit de ruşine cerându–mi scuze pentru limbajul meu pitoresc. Mi–a făcut semn să mă apropii şi mi–a strâns mâna felicitându–mă.

– Bravo, mi–a mers la inimă că i–ai răspuns pe limba lui, aşa merită, măgarul!

La un seminar săptămânal de fizică, unde se discutau rezultatele măsurătorilor din cursul săptămânii trecute, același tovarăş, a fost întrebat de către inginerul şef al reactorului, cum să traseze curba rezultată din distribuția punctelor măsurate de dânsul.

A răspuns prompt: „Cum vreți dumneavoastră tovarășe Purica, pe aici sau pe aici, sau mă rog pe unde doriți" şi desena pe tabla diferite linii anapoda duse printre nişte puncte ce nu se înscriau pe nici o curbă experimentală posibilă.

Toată lumea a izbucnit în râs şi bietul Grancea, cu doctorat în fizică luat în URSS, nu a priceput de ce râdem noi. A explicat apoi că există neconcordanțe în discuțiile de principiu fiindcă dumnealui uitase limba română în cei nouă ani cât a stat la studii şi nu se mai putea exprima corect ca să fie înțeles (?!)... *„Hm!... asta era, geniu neînțeles, geniu pustiu"*, a comentat scârbit profesorul Hulubei după seminar.

Cum vizitele tovarăşului secretar de partid se înmulţeau, în ideea de a câştiga simpatia profesorului Hulubei, apărea când era cel mai puţin dorit, când noi eram ocupaţi, amestecându–se în vorbă sau sufocând cu întrebările. Într–o zi, când l–a văzut intrând pe uşă, profesorul Hulubei s–a adresat în şoaptă inginerului şef al reactorului: *„Iar a venit ăsta să–mi fu–fu–fu...norocul!... Ia–l de aici şi ţine–l ocupat cât verific calculele de ieri ca altfel îl omor!... Şi voi... Astupaţi–vă urechile când sunt furios, că fiecare zi îmi este distrusă de şobolanii ăştia periculoşi şi buni de nimic; decât de spionat"*, a continuat către noi, cele două fete din laborator.

„Zece trântori de la partid şi securitate distrug creaţia şi muncă a o mie de oameni capabili; ei vor duce ţara asta de râpă".

Mă îndoiesc că vreunul din cei de faţă nu a informat imediat securitatea şi nu l–au încondeiat pe dragul nostru profesor.

Tovarăşul Grancea a ajuns mai târziu director general la IRNE (Institutul de Reactori Nucleari Energetici) de la Piteşti, după experienţa *de partid* la IFA şi sunt convinsă că astăzi stă cu burta la soare şi o pensie mare pentru incompetenţă. A fost dovada că KGB–ul a instalat în posturi cheie numai pe românii educaţi şi cu creiere spălate în Rusia, deci agenţi de nădejde.

Halal *soţietate,* ar spune bietul Caragiale!

Munceam mult, dar nu simţeam oboseala datorită entuziasmului şi atmosferei creatoare în care învăţam, ne ajutam unii pe alţii, ne înlocuiam la măsurători când unii îşi făceau doctoratul sau alt fel de cursuri şi eram fericiţi.

Câteodată, de oboseală şi concentrare îndelungată, aveam nevoie de relaxare şi atunci se încingeau nişte jocuri ca de copii, aruncat gume peste birouri, caiete, calcuri, cărţi, strigăte de descărcare a tensiunii.

Îmi amintesc cum unul dintre noii absolvenţi fizicieni veniţi la noi în cameră căra permanent o servietă uriaşă plină cu reviste de specialitate pretinzând că nu doarme noaptea, studiind nu știu ce subiecte sofisticate, de ultimă oră, din fizica modernă. Ca să–l lecuiască, Iancu, coleg de grup foarte mucalit, i–a pus în servietă o cărămida de plumb din protecția reactorului, pe care a cărat–o vreo două săptămâni (fără a–i nota greutatea), timp în care îi controla zilnic materialele neatinse. Când i–a spus, a făcut o criză de nervi și s–a supărat pe noi. Noi atâta așteptam, fiindcă era un nou venit în camera noastră, plin de ifose, certat cu igiena, își tot lăsa o perie de cap murdară pe birourile noastre, folosea telefoanele pentru diverse conversații cu dame, la care spera să aibă acces, și nu–l mai puteam suporta.

Într–o dimineață l–am prins stând cu fundul pe biroul meu, și cu telefonul la ureche, aflându–se în mijlocul unei conversații înflăcărate cu o doctoriță pe care vroia s–o cucerească cu orice preț. La timpul acela el locuia într–un subsol la Facultatea de Drept și nu avea telefon acasă, ca orice amărât de nou absolvent. Când am intrat pe ușa aud: „..nu dragă, sunt acasă în pat, cum o să fiu la serviciu; merg la Măgurele când vreau eu, ți–am spus doar că am o poziție privilegiată"...

M–am apropiat de el fără să mă simtă și am vorbit lângă receptor: „Hai Puiule dragă, dă–te jos din pat că trebuie să plecăm la serviciu!".

Nu m–a iertat niciodată pentru gest, dar am scăpat de jegul lui pentru totdeauna. Evident că doamna doctor i–a trântit receptorul și l–a părăsit pe veci.

Permanent ne făceam tot felul de pozne unii altora însă păstram spiritul de echipă și nimeni nu știa ce se petrece acolo. Eram invidiați și bârfiți cât cuprinde pentru bunele relații și bănuiți a fi protejații lui Purica și Hulubei, dar nu ne păsa. Noi munceam atât de greu și eram așa de absorbiți de noutatea cercetărilor încât ni se putea aplica zicala profesorului Hulubei: *„Să faceți totul cu pasiune și dăruire fiindcă o meserie și o nevastă care nu–ți plac sunt ca un anus contra naturii".*

Nu eram niciunul membri de partid, eram UTC–iști vreo câțiva, și cam acolo ne–am oprit, deci nu le–a fost ușor organelor vigilente să strecoare o coadă de topor care să strice armonia de lucru.

Un alt incident cu haz a avut loc când Dr. Ciplea, şeful laboratorului de măsurători de mediu înconjurător, a intervenit într–o conversaţie în care noi ne schimbam părerile despre Gregory Peck în filmul „Zăpezile din Kilimandjaro". Eu m–am surprins spunând că mi–ar place să fac un concediu cu Gregory Peck.

Ne aflam în maşina de dimineaţă, plină cu salariaţi, ce ne ducea zilnic la Măgurele, iar pe Ciplea tocmai îl părăsise o nevastă cu vreo douăzeci şi cinci de ani ani mai tânără, deci a izbucnit, adresându–mi–se: „Cum îşi permite o femeie măritată să spună că–i place alt bărbat?"

„Păi domnule Ciplea, eu când m–am măritat am jurat să fiu fidelă, nu şi chioară!". Tot autobuzul a început să râdă în hohote şi dumnealui s–a ofensat, drept pentru care nu mi–a mai dat bună ziua niciodată, cât timp am lucrat acolo.

Mai târziu, după o contaminare cu arsen de la o nişă ce nu funcţiona corect, a trebuit să mă spele pe cap (?!) pentru a mă decontamina şi nu i–a căzut bine de loc.

Tehnicienii, care lucrau sub reactorul nuclear pentru prepararea radioizotopilor la *camerele fierbinţi,* şi cu care colaboram constant, erau o trupă de haimanale simpatice şi inteligente care se ţineau numai de şotii, mai ales dacă erau şi puţin „afumaţi" cu ceva preparate făcute pe furiş din alcool pur rămas de la analizele cromatografice.

Când aveam ceva de făcut şi le ceream ajutorul să scoată din reactor substanţa pusă la iradiat ca să–i facă diluţia, venea câte unul din ei spunându–mi: „Se face imediat doamnă, dar... avem nevoie de *o cerere cu dop!".* Asta însemna în traducere directă să le dau o sticlă mare de alcool etilic pur ca să–şi facă ceea ce numeau ei „cocârţ", o combinaţie de zahăr ars cu apă, ca să dilueze alcoolul de mare concentraţie, cu care se mai tratau când lucrau noaptea.

Câțiva dintre ei erau foști studenți care se lăsaseră de facultate, dar erau extrem de capabili, harnici și foarte bine pregătiți de Dr. Chiotan, șeful laboratoarelor de preparare ale radioizotopilor.

Tot la acel timp profesorul Ciorăscu era director tehnic al institutului, care nu se prea putea lăuda cu maniere alese. Dădea ordine sau suna la telefon adresându–se grosolan, fără a ține seama că nu toți puteam ghici a cui este vocea agresivă care urlă ca un birjar la caii săi.

A sunat într–o zi căutându–l pe dr. Chiotan, șeful laboratoarelor de prepararea izotopilor radioactivi, când a răspuns unul din năstrușnicii tehnicieni care se afla la lucru.

Conversația a decurs cam așa:

– Dă–mi–l pe Chiotan! (fără, *te rog*, fără a spune cine este, dând ordin ca la cătănie).

– Nu este aici, răspunde tehnicianul în grabă, având mâinile ocupate cu mănuși, deci ținând telefonul între cot și umăr și purtând ochelari de protecție mari și foarte incomozi.

– Dar unde este, insistă strigând vocea din telefon, fără a se identifica.

– Nu știu domule unde este și mai lasă–mă–n pace că sunt în mijlocul unei sinteze și nu pot ține mâinile pe telefon.

– N–auzi ***bă*** imbecilule că am nevoie urgent de el și trebuie să știu unde se află!?

– *La curve **bă*** și mai du–te dracului de pisălog, zise tehnicianul furios.

– Hei, aici este profesorul Ciorăscu, strigă turbat directorul tehnic al institutului.

Băiatul a trântit imediat telefonul înjurând și–a scos halatul și mănușile și a șters–o din laborator, apoi a dispărut pe poarta reactorului direct la biblioteca institutului, care era situată la vreo 4 Km depărtare de clădirea noastră. Replica fusese și mai hazlie fiindcă bietul Dr. Chiotan era destul de în vârstă ca să mai fi putut fi bănuit sau învinuit de aventuri amoroase.

În jumătate de oră a apărut profesorul Ciorăscu în persoană căutându-l cu înverşunare pe vinovatul care i-a fi răspuns la telefon. A investigat peste tot locul, dar n-a reuşit să afle nimic.

Telefonul la care sunase era situat în culoarul principal dintre camerele fierbinţi şi la care putea răspunde oricine s-ar fi aflat mai aproape, deci Ciorăscu a înghiţit găluşca.

O întâmplare hilară am avut şi eu cu prof. Ciorăscu, fie-i ţărâna uşoară.

A sunat telefonul în laboratorul nostru, unde se ştia că inginerul şef al reactorului putea fi găsit constant printre noi ca şi profesorul Hulubei care venea zilnic la reactor să verifice datele măsurătorilor de peste noapte.

Secretara făcea automat legătura la noi în cameră ştiind că dânşii erau mai întotdeauna acolo.

Sună telefonul şi răspund eu, fiind singură în cameră, pe moment.

– Cu Purica, strigă o voce de bărbat din telefon (fără *te rog*, ca un ordin).

– Nu este aici domnule, am răspuns eu, cine întreabă?

– Dar unde este, urlă fiara din nou.

– Nu ştiu domnule, vă rog să-mi spuneţi cine îl caută, continui eu foarte politicoasă.

– Nu te interesează cine-l caută, te duci să-l cauţi şi mi-l aduci urgent la telefon, urlă dumnealui din nou.

Atunci m-a scos din sărite şi i-am răspuns pe limba lui:

– Ce vorbeşti domnule, la *mă-ta* acasă ai avut multe slugi ca mine? Învaţă să te adresezi civilizat când vorbeşti cu o femeie!!

– Aici este profesorul Ciorăscu, directorul institutului, am auzit un glas sugrumat de furie. Îl vreau pe Purica!

– Şi aici e Safta din Cocârlaţi, am spus eu curajoasă, şi poţi să-l vrei şi pe sfântul Petru că n-am de unde să ţi-l scot, dar am sărit imediat în pantofi şi am zbughit–o pe uşă drept la poarte reactorului, iar de acolo spre biblioteca institutului.

Chestia cu *biblioteca institutului* era o scăpare şi un motiv de glume în multe ocazii. Când dispărea vreun coleg plecând mai devreme spre oraş cu altă cursă decât cea normală, oricine ar fi întrebat despre el răspunsul era automat: *este la bibliotecă*!

Băieţii de la *camerele fierbinţi* au făcut de câteva ori această glumă despre o femeie de serviciu pe care o căuta cineva să strângă gunoiul la atelierul de la parter spunând că se află „la bibliotecă". Bietele femei de serviciu erau ţărănci din comuna Măgurele cu patru sau cinci clase primare, care aveau treabă cu biblioteca precum noi pe planeta Marte.

După câteva luni de zile mă prinde inginerul şef al rectorului şi mă ia deoparte spunându–mi prieteneşte „spune drept, tu i–ai făcut poanta lui Ciorăscu când m–a căutat la voi în laborator?". Am pus capul în pământ recunoscând că da.

– Eram sigur că tu ai fost, dar bine i–ai făcut că tare nu ştie să vorbească, dă numai ordine grosolane, mi–a spus inginerul şef care mi–a relatat că profesorul a căutat disperat să afle cine l–a apostrofat aşa de dur la telefon. N–a mai aflat niciodată răspunsul plecând bietul de el pe lumea cealaltă la cutremurul din 1977.

Cât despre copiii lui Ceauşescu, Nicuşor avea nişte ore de matematici la şcoala tehnică din campus, unde nu a fost văzut decât venind de câteva ori să–şi ia salariul în timp ce alţii trebuiau să–i ţină cursurile; era tânăr absolvent la acel timp şi trebuia să–şi facă undeva nişte ore de predat pentru stagiatură. Când a fost întrebat de ce mai vine să–şi ia salariul a răspuns cinic că–i trebuie pentru ţigări.

După întoarcerea lui Valentin din Anglia, am avut o scenă de neuitat cu el. Habar n–aveam cum arată Maria Sa prinţul moştenitor, fiindcă era greu de văzut; circula şi o glumă printre noi: „prinţişorul de Scorniceşti are un program foarte rigid,

Prof. Dr. Horia Hulubei

vine când poate şi pleacă când vrea"!

Aşteptam la rând pentru masa de prânz la *„ciorbatron"* (noi, cei de la reactor aveam întâietate la servit masa din cauza distanţei şi autobuzului care făcea curse numai la anumite ore) aşteptându-mi rândul la servit când observ că un individ din faţa mea cere pepsi-cola şi i se întinde o sticlă; pe timpul acela pepsi era mare lucru la noi şi nu era uşor de găsit.

Întreb pe fata ce ne servea dacă are pepsi şi îmi răspunde că pentru mine, nu. Mă mir, supărată, şi întreb care ar fi motivul, când individul care semăna cu Ion Năstase, s-a întors şi mi s-a adresat foarte binevoitor: „Dacă doriţi un pepsi vă pot oferi jumătate din sticla mea".

M-am întors şi eu mediat şi ca să nu rămân datoare i-am răspuns: „Fii serios domnule, uită-te la mine, arăt eu ca o femeie de jumătate pepsi?"

În clipa următoare o asistentă de la universitate îmi face disperată semne din spate şoptindu-mi la ureche: „Taci din gură, acesta este băiatul lui Ceauşescu"! la care eu îi spun că şi eu sunt fata lui tata şi asta nu schimbă cu nimic lucrurile sau opinia mea; n-am avut niciodată respectul scaunelor, ci al oamenilor.

Se pare că Valentin a trecut cu vederea incidentul în timp ce toţi din jurul meu tremurau de spaimă, mai mult, m-a luat într–o zi de pe şosea când aşteptam maşina şi am devenit amici cumva salutându–ne de la distanţă.

La IFA veniseră toţi copiii de ştabi de rangul întâi şi doi din CC fiindcă îi lovise damblaua fizicii, o mare modă în acel timp, indiferent dacă erau dotaţi pentru asta, sau nu. Băiatul lui Avram Bunaciu, Gogu Rădulescu, Gaston Marin şi mulţi alţii care au fost trimişi în străinătate şi au uitat să se mai întoarcă.

Nicio pagubă, câţiva trântori mai puţin!

Eu mă întreb cum şi–or fi câştigând existenţa în ţări unde munca nu este o glumă, ca să nu mai vorbim de cunoştinţe.

După moartea profesorului Hulubei, institutul a fost asaltat de securişti şi servi aleşi de regimul la putere, începând cu Prof. Dr. Doc. Ion Ursu, răsărit peste noapte mare savant(?) încărcat cu titluri, venit de la Cluj şi aducând cu el vreo patru sute de tineri fizicieni, porecliţi „ursuleţii", ca să–i scrie cărţile şi să–i facă lucrările de cercetare. Pe fiecare dintre aceştia i–a cadorisit apoi cu plecări la burse în străinătate, mai ales America şi Canada.

A bătut un vânt de distrugere a tot ceea ce a clădit bietul profesor Hulubei despre care nu s–a mai rostit un cuvânt ca şi cum nu ar fi existat.

Din momentul schimbării conducerii, institutul a devenit un loc secătuit de capete creatoare, cei tineri au fost dirijaţi spre Piteşti, cei angajaţi politic au preluat conducerea în ambele locuri, iar cei mai conştienţi şi neamestecaţi în murdăriile manipulative ale securităţii au luat drumul pribegiei, cum au putut.

Conacul Oteteleşanu a devenit un cimitir al elefanţilor, o istorie despre care nu s–a mai vorbit decât ocazional, dar bietul Hulubei s–ar răsuci în mormânt să vadă ce au făcut vandalii, setoşi numai de putere, din munca şi visele lui.

Din pleiada de oameni de valoare ce s–au ridicat ca stele de primă mărime în ştiinţa românească aş menţiona pe prof. Dr. Alex Balaban, academician la 31 de ani şi urmaşul lui Neniţescu la Catedra de Organică din Politehnică, prof. Dr. Dragoş Vaida, matematician, care ajunsese directorul Institutului European de Studii din Bucureşti, prof. Dr. Mircea Oncescu, şeful grupului de aplicaţii ale tehnicilor nucleare, Dr. Constanţa Mäntescu, excepţional om de ştiinţă şi cultură, Dr. C. Chiotan care a pus bazele laboratorului de izotopi radioactivi de la reactor, Dr. Ionel Purica, inginer şef al reactorului, Dr. Marius Pătraşcu, fizician valoros care a lucrat la Dubna cu vestitul Flerov, Dr. Olimpiu Constantinescu, chimist care a lucrat tot la Dubna cu rezultate remarcabile, Dr. Tiberiu Năşcuţiu, excelent chimist analist şi mare duşman al comuniştilor, Dr. Sorin Ciulli, fizician şi... şi... şi... numărul lor ar creşte exponenţial dacă aş continua lista amintirilor.

Unii au plecat din lumea noastră, dar nu pot fi uitaţi, iar majoritatea celor rămaşi în viaţă, capabili şi neimplicaţi în afacerile comuniste şi al securităţii, au luat drumul străinătăţii, mai devreme sau mai târziu, fiind împrăştiaţi pe toate continentele.

Sunt convinsă că, oriunde ne–am afla fiecare dintre noi, datorăm imens acelui loc în care am crescut, învăţat şi experimentat tot ceea ce era nou şi util la acel timp în domeniul nuclear.

Profesorul Hulubei, pe care l–am plâns în hohote ca pe un tată, într–o zi ploioasă la cimitir, a fost un luceafăr în ştiinţa românească, un mare român şi un real sprijin pentru noi toţi ce l–am cunoscut îndeaproape.

Personal datorez enorm acestui om şi, tot ceea ce am realizat în România şi SUA a fost clădit acolo, în acel loc de creaţie febrilă unde toţi ne–am antrenat olimpic pentru competiţia vieţii şi despre care lumea se pare că a cam uitat.

Publicat parţial în Almanahul Origini, SUA, 1998

Buimăceala

Cobor din avion înțepenită după atâtea ore de zbor și simt că mă trec fiori reci la gândul că mă vor lua la răscolit prin geamantan, documente, confruntări cu numele ce–l aveau în registre și cel de pe pașaportul românesc redobândit după mulți ani. Priviri suspicioase și pline de ură, URA și SPAIMA ce m–au paralizat întotdeauna în cei peste patruzeci de ani trăiți în țară. Mă uit în jur și parcă mă aflu pe un aeroport mic și necunoscut deși scrie Otopeni cu litere cam aplecate, prăfuite, ruginite.

Sar la mine câțiva taximetriști particulari oferindu–se să mă ducă până la Sala Palatului pentru 20–25 $. Nu știu ce să fac, să merg la un hotel sau la doamna Niculescu, la care telefonul n–a mai răspuns de câte ori am încercat din State.

Nu mai știu pe nimeni la care aș putea încerca să cer găzduire; toate legăturile mele vechi s–au rupt.

Îmi schimb gândul într–o clipă și–l întreb pe șofer cât ar costa să mă ducă într–un tur al Bucureștiului și să revăd locuri uitate în șaptesprezece ani de când am plecat. Facem târgul și parcă m–am trezit din oboseală, dar aș avea nevoie de o baie fierbinte, un ceai tare și relaxare câteva ore la orizontală, pentru dezmorțire.

Plecăm din aeroport și încep să privesc pe geam șoseaua Băneasa, trecem podul, îl rog să mergem pe lângă Vila Minovici (vila cu clopoței), apoi să intrăm pe șoseaua Kiseleff către Arcul de Triumf. Minunea acestor spații m–a îmbătat pe timpul când locuiam în *Domenii* și zilnic îmi făceam plimbarea de seară spre Mânăstirea Cașin. Pe stânga ar fi parcul, dar nu am timp să mă opresc acum. Oprim la Caşin să aprind o lumânare. Simt cum fiecare clădire a fost *„a mea"*, fiindcă am mângâiat zidurile de la distanţă cu dorul sfâşietor al depărtării. Arhitectul Al. Giurgea, scris pe atâtea clădiri din Bucureşti, a lăsat o adevărată istorie a arhitecturii româneşti scrisă în piatră, iar casa lui, unde eram invitaţi de fiul său şi colegul meu de facultate, Andrei, era ea însăşi un monument de artă.

Ne întoarcem prin şosea, din nou, ca să înaintăm către Piaţa Victoriei; îi cer şoferului să mă ducă pe strada Povernei, unde se întâlneau pictorii, scriitorii şi poeţii la un pahar de vorbă şi unde pereţii erau tapetaţi cu desene–amintiri de la cei mai valoroşi artişti... Pucă avea o mulţime... Pare închis şi nu mai recunosc locul.

Trec pe lângă casa–muzeu în roşu... Oare a cui era... Stork?... Ce le–am uitat!...

Ne întoarcem din nou în bulevard, trecem pe lângă blocul îmbrăcat în marmură neagră unde locuia Mircea Crişan, pe lângă strada Vissarion, unde locuia vărul meu Nicu; uite casa lui Lipatti, majestoasă tot acolo. Ocolim piaţa Romană... Doamne ce schimbate şi de nerecunoscut mi se par clădirile!

Îl rog pe şofer să se abată puţin în dreapta să mai văd casa Muzeului Literaturii Române, unde mergeam să–i văd pe Radu şi pe Magda şi unde mă simţeam atât de bine pe vremuri...

Ieşim în Calea Victoriei, trecem pe lângă *Academia Română* şi *Casa Scriitorilor* unde am luat masa ultima oară cu Jebeleanu comentând volumul de versuri *Hannibal,* proaspăt ieşit de sub tipar.

Pe Calea Victoriei încerc să mai recunosc clădirile cu patina lor bine ştiută, dar nu mai trezesc în mine aceleaşi ecouri. Ah, uite... Casa lui Enescu impozantă... şi... aici stătea Romulus Catilina, fostul meu şef de grup... Sunt mult prea obosită acum; rămân la hotel *Atenee Palace* şi am să mai merg pe jos mâine...

Intru în scuarul mic din faţa *Atheneului Român* şi admir această superbă clădire pe care nu au dărâmat–o încă! Ce noroc pe noi... aici am văzut două festivaluri Enescu, aici l–am văzut pe Sir John Barbirolli şi Sergiu Celibidache, aici am păşit fiecare vineri cu sfinţenie la concerte unde conversam cu *Gri–Gri* (profesorul Moisil), împărţind aceleaşi loje.

Merg spre intrare, dar uşile mari şi grele (pe care numai doamna Enăchescu ştia să le deschidă de n–aveam bilete), sunt închise. Vizualizez frescele enorme de pe cupola Ateneului cu istoria neamului românesc şi mor să le revăd.

Ce podoabe!

Mă uit la restaurantul *Cina,* mă uit la *Palatul Regal* şi nu ştiu unde să mă uit mai întâi. Merg către colţul unde se aflase *Biblioteca Academiei* şi unde în holul de la intrare se făceau expoziţii temporare, foarte valoroase.

Silvia Armaşu cu desenele ei unice, dintre care câteva îmi stau pe pereţi să mă încălzească cu iubirea ei maternă de dincolo de moarte; a expus aici şi aici am cunoscut–o. Lumea o ştia doar ca director al Studioului de Filme Documentare *Sahia.* Mi–aş dori să mai revăd filmul „Târguri şi Iarmaroace" făcut de ea.

Mi se împăienjenesc ochii de lacrimi gândind că ea nu mai este în viaţă.

Trec pe lângă Palatul Telefoanelor, pe lângă Capşa, merg înainte pe Calea Victoriei şi privesc la vitrinele în care mă oglindeam pe vremuri. Mă abat prin Piaţa Universităţii să văd ce a mai rămas după revoluţie, în afară de „Coada lui Mihai Viteazul" unde ne făceam cumpărături alese pe vremuri... şi Universitatea bătrână şi solemnă şi... cam atât.

Inima mă cheamă către ruinele *Palatului Voievodal* de la Curtea Veche, locul meu preferat de meditaţie, aşadar trec peste Lipscani, privesc la *Palatul CEC* pe dreapta, traversez prin Stavropoleos pe lângă *Carul cu Bere* şi mă îndrept către locul dorit. Ce clădiri istorice şi, de–ar putea vorbi, ne–ar spune istoria noastră cea adevărată!

O mai fi existând oare *Curtea Sticlarilor?...* Cobor şi retrăiesc istoria Bucureştilor vechi prin tălpile cu care parcă simt prin caldarâm ropotele cailor ce aduceau boierii la *Hanul lui Manuc*. Ajung la ruinele Platului Voievodal şi mă aşez să–mi trag sufletul.

De câte ori veneam aici aveam sentimentul că umbrele *crailor* mă înconjoară, mă privesc şi acum retrăiesc aceiaşi emoţie.

Unde mi–o fi rămas cartea *Craii de Curtea Veche?* Dar schiţele mele făcute în grabă, pe genunchi, cu toate aceste ruine? Merg către biserica *Sf. Anton,* dau câţiva gologani la săraci şi înaintez spre *Hanul lui Manuc,* să mai văd şi *Cafeneaua Veche.* Aş sta la o masă, dar vreau sa ajung la Mânăstirea din spatele *Operetei* unde mi–am petrecut ultima noapte de înviere cu Sandra şi Doina. Cum se chema oare?... O mai fi existând?... Era o mânăstire de măicuţe (să fi fost *Schitul Maicilor"?)* cu un pridvor în jurul clădirii principale şi cu stâlpi în stil vechi Brâncovenesc... Aud corul de sute de oameni cântând şi eu cu ei, tare, *„Cristos a înviat din morţi"*, ocolind mânăstirea la miez de noapte... Să merg şi la Mitropolie... Câte zile mi–ar trebui oare să revăd locurile ce mi–au legănat tinereţea, *Muzeul Zambaccian* în care mă uita Dumnezeu cu zilele, casa lui *Theodor Aman, Galeriile de Artă, Teatrele...* Ah!, teatrele noastre extraordinare, oricare, toate erau bune, Cătălina Buzoianu frumoasa şi strălucita mea colegă de şcoală acum regizoare... Trebuie să merg să văd *Turandot* în versiune nouă.

La palatul făcut de Ceauşescu nu vreau să merg; prea multe suflete de deţinuţi politici au pierit sub ziduri, construind monstrului conducător o altă versiune a Meşterului Manole. O ceaţa roşietică, ca o furtuna de nisip mă împiedică să văd clar, ce sa fie asta?

***

Am tresărit căzând ca de la mare înălţime şi m–am speriat îngrozitor. Accident?! Unde mă aflu?!... Ah, da, aici este uşa la stânga, nu la dreapta ca să ies din cameră; ce cameră, sunt la mine acasă?... Acasă, în Statele Unite, ce–a fost asta, un vis? Sar să arunc nişte apă rece pe faţa şi sa mă trezesc din buimăceală. Am avut halucinaţii.

Trebuie să–mi fac rezervare la avion chiar acum! Trebuie să merg la Bucureşti să bat maidanele toate, chiar de sunt pline de sticle goale şi gunoaie, chiar de au muşte şi şobolani.

Zidurile istoriei neamului şi tinereţii noastre plâng după noi, aşa cum plângem şi noi după ele, chiar dacă aici avem săpun, mâncare, şi bani de călătorie. Memoria sufletului nu iartă, iar cea a spiritului ne pârjoleşte nopţile albe.

Dacă ne–am putea întoarce „acasă" toţi într–o noapte, cei peste paisprezece milioane de români şcoliţi şi harnici, am putea oare sugruma şobolanii ce ne–au alungat peste graniţe, am putea oare face să dispară URA şi OTRAVA ce a distrus neamul acesta românesc cu rădăcini de mii de ani în acea glie?!

Am putea oare schimba imaginea ce ni s–a creat în lume că suntem un popor de ţigani hoţi şi fete prostituate?

Mă rog cu vorbele marelui nostru poet român şi strig:

„Unde eşti tu Ţepeş Doamne
Ca punând mâna pe ei
Să–i împarţi în două cete:
În smintiţi şi în mişei
Şi în două temniţi large cu de–a sila să–i aduni
Să dai foc la puşcărie şi la casa de nebuni!"

Ar fi Marea Renaştere a Neamului Românesc, o Phoenix înălţându–se din cenuşa durerii şi a sângelui vărsat de vitejii cărora li s–au dat gloanţe, cătuşe la mâini sau căluşul la gură.

Origini, USA, August 19, 2000

Întoarcere în timp

Am primit o telegramă că mama este foarte bolnavă şi a trebuit să merg urgent în ţară, după 17 ani de la plecare. În adâncul sufletului meu n–am dorit să mai merg acolo niciodată, la câte am avut de tras înainte de plecarea oficială din „lagărul" românesc.

Am avut coşmaruri de tot felul numai la gândul că ceea ce am suferit la plecare îmi va redeschide rănile vechi şi nu de asta aveam nevoie acum.

Teama că ceea ce ai lăsat se va întoarce ca un bumerang împotriva ta, fiindcă ai fost crescut, format şi educat acolo, peceţile locului ţi–au pătruns în carne şi nu se mai pot scoate nicicum; ele nu sunt un tatuaj, ci semne implantate adânc în codul tău genetic şi le vei purta în tine cât te vei târî pe acest pământ blestemat.

Am comandat şi anulat bilete de avion, de două ori, în anii trecuţi, însă acum era obligatoriu să las totul şi să merg. Mi s–a recomandat să încerc Tarom şi am făcut–o imediat; am cerut concediu la serviciu şi am început *pregătirea psihologică* de revăzut ţara, în condiţiile forţate de împrejurări.

Nu–mi dădea inima ghes să merg acolo, pentru că „acasă" pentru mine nu mai există. Cel mai greu mi–a fost să găsesc pe cineva care sa mă aştepte la aeroport nemaiavând legături la Bucureşti şi fiindu–mi teamă de băieţii de la taxiurile–fantomă despre care mi s–a tot povestit. Bunii mei prieteni din Virginia au aranjat cu verii lor să mă aştepte la aeroport şi asta m–a mai liniştit.

La *New York–Kennedy Airport* m–a frapat lipsa totală de considerație cu care bietele linii aeriene române au fost împinse la capătul–capătului, unde nu mai era nimeni decât Mongolia. Am crezut ca mă aflu pe un aeroport în Middle East, uitat de Dumnezeu, dar mai ales de marile puteri...

După sarsanalele cu care românii se încărcau la avion aproape am început să mă simt „acasă". Era ajun de Paşte şi cred că oamenii se duceau la rude cu geamantanele pline, îngrozitor de multe, că nu mai era loc nici să respiri.

Avionul mare, cu locuri confortabile, cu servicii excelente, de necomparat cu Delta sau KLM, însă nimeni nu a remarcat. Fetele frumoase şi impecabile în comportare, au stat toată noaptea în picioare să ne facă călătoria suportabilă. Piloții au dus avionul atât de lin că n–am simțit vreun gol de aer; de necrezut să ai atâta confort şi profesionalism de la românii, care în luptă cu sărăcia, nu mai au antrenamentele făcute ca pe vremuri la companiile străine.

Din câte îmi amintesc piloții noştri erau cândva recunoscuți de companiile străine ca parteneri de temut. S–a fumat şi asta mi–a făcut drumul greu de suportat, dar sunt sigură că şi acest „răsfăț" a fost lăsat românilor ca să poate călători în voie şi la preț mic.

M–am simțit din nou alături de oamenii aceştia necăjiți care suferă în tăcere şi s–au obişnuit să ducă orice umilință în spate, fumând cu patimă, ca o eliberare de ceea ce îi roade pe dinăuntru.

Pe locul de lângă mine, o bătrână din Alba Iulia, care se întorcea de la fiica ei, unde fusese ocupată cu gătitul şi ajutor la copii. O întreb cum i–a plăcut la New York şi la Chicago când îmi răspunde hâtru:

– „No, *ni–o* plăcut ba *di l*oc! O, doamnă, d–apoi americanii ăştia de *curgi hainili pi iei,* oare nu *vor hi* având bani să–şi cumpere nişte țoale mai ca lumea? Am mers să fac bani ca să aduc acasă şi am pregătit de mâncare la nişte doctori care nu ştiau nici să facă, nici să mănânce. I–am lăsat cu mielul gata de

Paşte, cu sarmale şi cu cozonacii pe masă şi cu ouăle roşite şi condeiate cu modele. D–apoi doamnă, că noi suntem săraci, dar gospodari şi cu *datinili di* la Dumnezeu, ş–apoi eu crez că noi suntem mai deştepţi şi mai harnici ca ei, numa' că ne–au încălecat duşmanii şi... ne–au răpus! Nu mă dau eu cât îs di bătrână pi hâdele astea grase şi rău îmbrăcate care *nu ştie* a face nimic pentru bărbaţii lor, ia numa' „vorbe împleticite".

Am meditat adânc la observaţiile acestei femei simple, dar sprintenă la minte şi cu mult haz şi m–am simţit mândră în inima mea de neamul „răpus" din care m–am ridicat şi eu reuşind în lume. Sunt mii ca ea, pe care i–am întâlnit în preumblările mele; ei sunt *talpa ţării* de unde se tot nasc genii ce ne pleacă peste lume să poată avea ce mânca şi aduce şi celor rămaşi acasă.

Niciodată nu a fost mai actual ca acum acel: **„munţii noştri aur poartă, noi cerşim din poartă–n poartă"...**

Am ajuns la Otopeni cu mare întârziere şi simţeam că nu mai pot sta pe picioare până au controlat bagajele. Am suportat mojicia unui băiat de la controlul paşapoartelor, dar eram prea obosită să mai răspund. M–au aşteptat rudele prietenilor mei, oameni aproape necunoscuţi, timp de peste două ore să mă ducă acasă la ei să mă odihnesc.

Nu ştiu în ce cartier mă aflam, însă, când am intrat în apartamentul lor de la parterul unui bloc, am simţit că mă aflu la Jilava: umed şi frig (caloriferele erau oprite de mult), o baie în care aveau un boiler spart, îngrozitor. Biata gazdă o femeie drăguţă şi îngrijită, ca şi casa ei, însă condiţiile în care trăia o făceau să se simtă stânjenita. Un frigider ruginit, bun de dat la fier vechi şi absolut gol, aştepta doi copii să vină de la şcoală. Am scos imediat nişte dolari să plătească şoferul şi i–am dat ei ceva să meargă şi să cumpere de mâncare, pretinzând că mi–este foame.

Sărăcia lucie din bucătărie m–a făcut sa înţeleg în ce greutăţi de zbăteau: un soţ pensionat de diabet, iar doamna casei avea un servici de trei parale la un atelier de reparat pantofi, atât cât să nu moară de foame.

Am încercat să mă fac comodă, să mă spăl cu apă rece şi m–am temut să nu intru în colaps după aproape 26 ore pe drum (cu diferenţa de fus orar), neavând nici şansa să mă refrişez.

Pe seară, a apărut fetiţa gazdei, un fel de înger coborât din alte lumi, subţire ca o trestie, nobilă şi rasată ca o adevărată prinţesă, venind de la lecţiile de scrimă. Mi s–a adresat în cea mai perfectă limbă engleză şi deşi aiuram de oboseală am stat de vorbă cu ea privindu–i ochii de căprioară, calzi şi inteligenţi. Purta pe chip un fel de înţelepciune a lumii şi o împăcare cu soarta, că m–a blocat. Ştia despre America mai mult decât mulţi americani la un loc şi întrebând–o de unde are aceste solide cunoştinţe de limbă, de literatură ca şi alte informaţii mi–a răspuns că de la diriginta ei, profesoară de limbă engleză. Era ultimul lucru pe care mă aşteptam sa–l găsesc în acel loc.

A fost o revelaţie, dar când a apărut şi fratele ei de la joacă, atunci am înţeles cum că românii sunt făcuţi dintr–un aluat misterios greu de imitat.

Mihai, de vreo 12 ani, vorbea tot atât de bine engleza, avea un computer vechi şi depăşit, la care ştia să umble ca un expert, mi–a explicat că el va munci şi–şi va cumpăra un altul şi va deveni un bun business man??!! În timp ce vorbea cu mine ronţăia un morcov găsit cine ştie pe unde... şi parcă mi–a citit gândurile scuzându–se că nu mănâncă altceva fiind postul dinainte de Paşte.

Inima mea s–a făcut cât un punct mic şi am plâns în mine pentru soarta acestor copii înzestraţi cărora nici părinţii, nici statul nu le poate oferi nimic; victime ale altor vremuri. Vor creşte ca noi, sau mai rău ca noi? Numai Dumnezeu ştie...

Nu ştiu cum am dormit în frig, dar ştiu că am avut bucuria să o am în patul de alături pe fetiţa cu ochii de aur care mi–a rămas la suflet pe veci. Nu a mai contat nimic şi m–am gândit doar cum aş putea să ajut aceşti copii de excepţie.

Tristă și sărmană bătrânețe!

Am dorit în acel moment să fiu cea mai bogată femeie din lume, să dau bani acestor năpăstuiți să aibă ce mânca, iar copiilor bani să meargă la cele mai înalte școli, așa cum merită. Îmbuibații printre care trăiesc eu nu știu să înmulțească 2 cu 2 dacă nu au calculator, cât despre limbi străine... „forget about it!". Computerele, care zac peste tot, sunt folosite pentru jocuri stupide și căutări pe internet.

Ne–am sculat dimineața să mergem la cumpărat bilete de tren, eu trebuind să continui drumul meu spre Brăila. Luciana, fetița cu ochii de aur și pistrui fermecători, m–a însoțit peste tot până la urcatul în tren. Mi–am scos de la gât crucea încrustată cu pietre fine, pe un lanț frumos de aur, și i–am dat–o să–i aducă noroc, deși dădusem ceva bani mamei ei să aibă de mâncare, pentru o vreme. Atât am putut face.

În rapidul de Galați am mers la clasa a doua, negăsind bilete pentru întâia; trenul era plin până la refuz. Am avut un companion arhitect, cu niște ochi de jar și cultură să pună la pământ o echipă de critici de artă și literatură, apoi un alt tânăr student în ultimul an la „Relații Internaționale", pe care l–am admirat în gând pentru stil, vocabular, eleganță, deci cele trei ore au trecut ca vântul.

Am notat cu mare satisfacție aceiași ardere de geniu care sălășluiește în români și pe care nu am găsit–o la vreun american!

Săraci, umiliți, dar deștepți și mândri, își duc cu demnitate destinul impus de alții. Am fost fericită să constat că vâna ancestrală a românilor, ca un cordon ombilical ce–i leagă direct de Sursa Divină, este în funcțiune și este acolo, prezentă.

(„Miluiește Doamne poporul tău și binecuvântează moștenirea ta!")

Am coborât în gara veche a Brăilei, unde nu mă aștepta nimeni și, unde veneam cu inima strânsă când eram studentă; nici atunci nu mă aștepta nimeni și–mi căram bagajele cu greu prin autobuze până la casa unde... iar nu mă dorea nimeni.

Aerul mohorât din jur..., îmi accentua frica pentru ceea ce aveam de rezolvat și îndurat. Intuisem că va fi un *martirium,* dar mi–am propus să fiu înțeleapta și să fac tot ceea ce este necesar, ca un bun creștin, gândeam eu, mergând în taxi către casa mamei.

La intrarea în bloc un miros greu de murdărie de pisici și câini mi–a luat nasul și mi–am ținut respirația urcând scările. Holul fără lumini, geamurile sparte la ușile de la intrare ca la o cazarmă părăsită; am sunat și mi–a deschis într–un târziu o femeie ce nu mai semănă cu cea pe care am condus–o la aeroportul din New York în 1987.

Mi–a mărturisit că nici ea nu m–ar fi recunoscut pe stradă. Nu m–a îmbrățișat, a rămas ca un stâlp de beton în mijlocul camerei, iar eu m–am așezat să mă adun. Am desfăcut geamantanul începând să scot medicamente scumpe aduse din USA, un lanț de perle veritabile cu cercei pentru cei 88 ani ce–i va sărbători curând, mărgele rare de la Murano, o bluză superbă de butic și altele. Nu a impresionat–o nimic și a rămas nemișcată în scaun, cu ochii în gol. M–a întrebat doar cât au costat și n–a scos un cuvânt de mulțumire.

– Păi, să facem patul, să te lungeşti sau să desfacem canapeaua din colţ, îmi spune.

Este tot ce a găsit să–mi spună după 14 ani de când nu mă văzuse!

– Cum doreşti, am răspuns şi m–am conformat cerând un prosop să fac o baie.

În toată mizeria blocului aveau apă caldă, dar nu aveau căldură fiindcă locatarii nu au avut bani să plătească întreţinerea şi s–a oprit; avea un calorifer cu ulei şi ne–am încălzit camera mulţumitor. M–am culcat şi am mai povestit câte ceva, la care ea m–a întrerupt sec, cu o voce dogită:

– Hai şi culcă–te, că eşti obosită şi lasă poveştile!

Ca şi cum nici nu venisem şi nici nu o interesa nimic despre ceea ce credeam eu că trebuie să vorbesc. M–am lovit de acelaşi om încrâncenat, rece, că te îngheaţă până la măduva oaselor, fără suflet, fără emoţii, cu toate necazurile bătrâneţii accentuând–ui starea de spirit aproape scelerată. Nu ştiu cum am dormit sau... dacă am dormit. Neputincioasă, bătrână şi foarte bolnavă, mama a rămas aceiaşi creatură stranie cu care nu am putut comunica niciodată!

Mi–am făcut în minte un plan de atac cum să acţionez întru binele ei, în zilele ce le aveam de îndurat la Brăila, acestea fiind scurtul meu concediul pe anul 2001.

A doua zi am început acţiunea de aranjare a banilor ei, banilor de la mine, să fie toţi sub controlul unor prieteni de nădejde, locuind peste drum. Am continuat cursa de aflat cine va avea grija ei permanent contra cost şi de încredere. Mizeria găsită în casă m–a demoralizat dându–mi seama că ea nu mai vede bine, nu mai aude bine, cu picioarele de–abia se mai mişcă din pat, dar nu recunoaşte.

Primul lucru de care avea imperioasă nevoie era un frigider nou şi bun care să–i asigure hrana curată şi bine conservată; l–am găsit, l–am cumpărat, dar tragedia a fost sa–l scot pe cel vechi, un *antique* cu nişte ziare putrezite pe rafturi.

Am aruncat din bucătărie toate ceştile cu farfuriile sparte şi murdare şi am cumpărat altele, alte cratiţe, alt coş de gunoi. M–am simţit uşurată după ce am vorbit şi cu doctorul şi cu o altă persoană ce urma să zugrăvească garsoniera după plecarea mea.

Am cutezat să merg să văd oraşul declarat că ar fi luat locul întâi pe ţară la curăţenie. Portul, mort complet, ca şi oraşul, arăta ca după un cataclism: trotuare desfundate, scuipat pe caldarâm la tot pasul, oameni murdari mirosind rău şi fumând în continuu; nu am mai recunoscut clădirile decât pe alocuri.

Populaţia, circulând pe străzi, vorbeşte o limba care cu greu îţi mai aminteşte de limba română literară, cuvinte ca *„tuma"* în loc de *tocmai,* sau *„nimirica"* în loc de *nimeni,* sunt împământenite. Tinerii au fugit care–încotro din lipsa de servicii, toate instituţiile închise, nu industrie, nu fabrică de ciment, nu fabrică de aglomerate din lemn, nu combinatul de celuloză şi hârtie, nu şantierele navale, nu combinatul de maşini grele *Progresul,* care era inima şi plămânul pulsând al locului. Pustiire...

Ţara noastră cu rănile sângerânde se află la mare răspântie şi mă tem că bieţii oameni încremeniţi în durere şi în timp nu mai pot să ia în seamă nimic în afara de frica zilei de mâine.

Am găsit băncile de schimb valutar bine organizate, cu fete frumoase şi servicii profesionale prompte, librăriile pline de cărţi bune, un magazin de *Galle*–uri sofisticate şi ieftine. Am mers la piaţă unde mi–am încântat ochii cu peşte proaspăt în cantităţi mari, icre de tot felul, carne de porc şi de miel, legume şi fructe de sezon şi o brânză proaspătă de vaci, cum nu mai mâncasem de douăzeci de ani. Toate pieţele o explozie de flori divers colorate şi specifice locului. Foarte bine aprovizionat peste tot; dar nu văd cu ce bani pot cumpăra oamenii la preţurile astronomice pentru veniturile lor.

Teatrul *Maria Filotti* cu programe bune (brăilenii au fost întotdeauna mari iubitori şi cunoscători de teatru), pe afiş

„Méditerranée" de Panait Istrati în regia Cătălinei Buzoianu. Ce dor mi s–a făcut s–o văd!

Iată, dar, că mizeria creată de alții nu a putut distruge cultura care a rămas ca un virus implantat în ființa românilor, câți mai sunt din cei cu flacăra arzând de cunoaștere și nu de bani.

Să–mi arate mie cineva o altă nație în care omul de rând merge la teatru, înțelege, selectează, critică și admiră cu competență un spectacol; poate numai italienii, la *Scala din Milano.*

Sunt o mare iubitoare de teatru și nu mi–au scăpat piesele de glorie de la *Bulandra, Teatrul Mic, Giulești* și *Național,* la vremea când eram în țară; nu am văzut o singură dată în timp de douăzeci de ani, săli goale, la teatrele românești. Acest amănunt însemna două lucruri: un public educat, și cu simț artistic și... o mare școală de teatru. Se pare că așa au rămas.

Încercând să–mi aranjez geamantanul, am căutat biletului meu de avion, ca să constat că nu mai era acolo! Am înnebunit căutând dar n–a mai fost de găsit. Ceva în sufletul meu m–a făcut să bănuiesc că mi–a fost luat din geamantan și nu m–am înșelat. Spre norocul meu misiunile mele de caritate se sfârșiseră, dar mai aveam patru zile disponibile, când puteam încerca un duplicat la București. Am hotărât să plec imediat, sunat să mă aștepte cineva la gara din București. Am chemat un taxi și am spus adio Brăilei – scurtei și nefericitei mele copilării petrecute acolo.

Nebunia femeii cu care am împărțit o cameră timp de nouă zile, care vorbea singură zi și noapte, fără să–și dea seama ce spune, ura nestinsă împotriva mea, că nu mă mai are sub control, încercarea de a mă atrage cu oferta propriei mele pensii ce o va strânge pentru mine (?), mizeria camerei în care erau adunate toate vechiturile și praful de pe lume, orașul mort și complet străin mie, m–au îndemnat să fug cât mai repede.

În tren spre București m–am întrebat dacă vreodată aș mai putea merge acolo.

De–abia acum vedeam Bucureștiul bine. Șocul mare l–am avut la modul cum merg mașinile, fără nicio regulă, aproape se suprapun una peste alta și te întrebi cum de nu se ciocnesc la fiecare înaintare, mai rău ca la Athena sau Istanbul.

Am fost dusă de nepotul meu la Tarom, mi s–a promis duplicatul de bilet a doua zi și apoi am mers la spitalul Victor Babeș să–mi fac niște analize. Acolo am fost profund impresionată de comportarea personalului, curățenia imaculată a sălilor, campania de depistare și analize pentru hepatite de orice fel și am fost mândră, din nou, de calificarea doctorilor și asistenților pregătiți de școala de medicină romanescă.

Jos pălăria și i–aș invita pe domnii doctori americani la un simpozion să mai învețe câte ceva. În America au instrumente moderne și nu știu să pună un diagnostic, te lasă să mori cu zile fără niciun regret; refuză cu ignoranța și aroganța prostului orice medicament sau experiment pozitiv venit din bătrâna Europa, dar nu o vor putea ajunge niciodată cu toți banii și instrumentele lor fabulos de scumpe.

Condițiile de apostolat în care medicii români și–au făcut și–și mai fac meseriile sunt de plâns, dar și de admirat.

Mi–au rămas doar două zile de hoinăreală și mi–am luat picioarele la spate către *Hanul lui Manuc, Curtea Veche* și *Curtea Sticlarilor,* pe o ploaie mocănească, cu trotuare desfundate dar nici că mi–a păsat. La *Curtea Sticlarilor* am amuțit de frumusețile expuse: lămpi *Galle,* făcute în România, să râvnească tot Parisul la ele, *cobalt*–uri de cea mai bună calitate, icoane frumoase și picturi de vânzare, pe care nu aveam cum să le car cu mine; poate altă dată...

Cum fusesem la Veneția, anul trecut, îi mărturisesc patronului că nu am văzut la Murano ceea ce văd aici și mi–a răspuns că unul din sticlarii lui lucrase la Murano un an dar știa că era mai bun decât cei de acolo. Mie–mi spui! Pe ce pune mâna un român talentat face dumnezeiește numai să–i dai motivația și uite că și în condițiile vitrege în care se lucrează tot stau în frunte.

Bravo națiune!

M–am oprit, în drumul meu, să–mi ascut niște forfecuțe la o tocilărie și să mă adăpostesc de ploaie. Am conversat cu lucrătorul și proprietarul atelierului, în timp ce ascuțea forfecuțele, și mi–a spus ce noroc am avut venind săptămâna aceasta, fiindcă va închide atelierul pentru o lună; urma să plece la băiatul lui, care este violonist în orchestra din Barcelona.

Alt român valoros plecat în lume, gândesc eu fără glas.

S–a oprit ploaia a doua zi și am plecat să văd *Galeria Națională de Artă* din vechiul *Palatul Regal,* pe care o știam bine din tinerețe. S–a redeschis și a fost răsfățul meu de gală. Am intrat la zece și am ieșit la șase după masă, cu o scurtă pauză de prânz la *Cina.* Aici am fost fericită să aflu că în ciuda faptului că multe tablouri lipsesc, deteriorate și date la restaurat, altele dispărute la revoluție, încă sunt o mulțime de valori demne de admirat. Grija, talentul și gustul desăvârșit cu care sunt reașezate tablourile în noua galerie și mai ales pictura europeană expusă în aripa din stânga (unde locuia coana Leana) este încântătoare. Nu știi la ce să te uiți, la pereți, la tavane, la scări sau la exponate.

Nu am găsit afișe, mi–aș fi dorit „Omul cu tichie albastră" sau ceva de Luchian, Tonitza, Andreescu, ca să le iau cu mine.

Peste drum sta de strajă *Biblioteca Academiei,* refăcută foarte bine de n–ai putea ghici că a fost distrusă la revoluție. *Athene*–ul semeț și tot acolo, însă nu am putut intra, așa cum n–am avut timp să merg nici la un teatru.

A fost ziua mea de glorie, după care m–am tratat cu o vizita scurtă la *Galeriile Orizont.* Frumos, până la lacrimi!

Uite că n–a murit arta noastră (mi–am zis) chiar de au încercat atâția să ne distrugă tradițiile; înfometați, umiliți, dar ceea ce poartă românii visceral, nu s–a putut smulge și poseda. O flacără cu ardere continuă, ca o vrajă milenară se transmite ca printr–o memorie colectivă de la Zalmoxe până la scânteietorii lui urmași.

Mi–am încheiat excursia cu un tur la librăria de lângă biserica *Kretzulescu* și cadouri de la *Romarta,* două ii românești pentru mine (să moară lumea) și una pentru o prietenă americană care credea că România este ceva cam ca Zambia, din cele prezentate la TV de către cei ce „ne iubesc” și ne fac reclamă proastă în USA, chiar de l–au tradus pe Cioran din scoarță–n scoarță, Mircea Eliade umple rafturile, NASA are destule valori românești la lucru, în *fuzzy logic* o româncă briliantă stă la vârful piramidei lumii, lucrând mai mult în Japonia decât în USA, iar Bill Gate are peste 30% din personalul său tineri români, la Microsoft.

Am cumpărat și trimis zeci de ilustrate colegilor de serviciu ca să vadă că și Bucureștiul are și arc de triumf (și de i–a fost furat triumful), nu numai Parisul, că mânăstirile noastre stau mărturie a sute de ani de credință și cultură, iar totul a fost creat de noi și nu cumpărat sau furat de la alții.

Ceea ce m–a întristat a fost atmosfera străzilor, unde oamenii mișună fără niciun rost, în toate direcțiile, cu un celular la ureche, pozând drept afaceriști importanți. Ridicol, când nu ai ce mânca, să arunci banii pe un telefon portabil la care nu ai ce spune. Un fel de mișcare browniană în spațiu redus, cu șanse de a obține nimic.

Este evident că oamenii nu au de lucru, iar cei ce au, nu se omoară cu disciplina muncii și rezultatele se cam văd.

Am simțit că oamenii sunt debusolați, nu știu cum să acționeze, nu au nici capacitatea nici curajul, dar le place să ia seama, numai la acea parte din lucruri, pentru care tu ai muncit umilit și suferit în afara țării. Toți cu ochii după dolari nemunciți, fără a avea idee cu ce sudoare se fac acești bani și cu cât le dai mai mult, mai cer încă, sugerându–ți într–o formă deghizată nevoile lor.

Balcanisme greu de schimbat.

Un alt coșmar a fost cel al câinilor vagabonzi care umblă înfometați în haite, atacă, nu știi dacă sunt bolnavi de turbare sau nu, și noaptea latră fără încetare, torturându–te. Nu am văzut „aurolacii” despre care se fac mereu emisiuni pentru defăimarea românilor și nici nu m–au atacat hoții de buzunare, spre norocul meu, însă am fost în tensiune permanentă, cât am circulat singură sau cu taxiul prin oraş. Toate aceste aspecte dureroase fac pe vizitatorii străini să comenteze extrem de negativ lipsa de civilizaţie a poporului român, iar ei nu au înţelegerea noastră, a celor plecaţi din aceiaşi durere, ca să fie mai toleranţi sau iertători.

N–a fost timp de umblat prea mult, de–abia acum îmi mai revenisem din oboseală şi aş fi dorit să colind multe locuri, aş fi luat drumul către Sinaia să văd Peleşul, Braşovul, Sibiul, Sighişoara, Maramureşul, Clujul, Bucovina cu Putna, mânăstirile din Moldova şi Dobrogea cu dovezile culturilor cu care ne–am înfrăţit dar, poate altă dată, dacă...va mai fi *altă dată.*

A fost puţin, a fost trist, dar a fost o întoarcere în timp cu multe învăţăminte: pentru mine nu va mai fi acasă nicăieri, ci doar „aici" şi „acolo".

Suspendată undeva între două continente, pe care nu mi–au prins rădăcini, am supravieţuit în mod demn. Atât!

Mă întreb, unde oare o fi locul meu în această lume de neînţeles, şi mi–am răspuns cu vorbele lui Sorescu:

„Vine o vreme când trebuie sa tragem sub noi o line neagră
şi să facem socoteala:
Câteva momente când era să fim fericiţi
Câteva momente când era să fim frumoşi,
Câteva momente când era să fim geniali
*Toate acesta fac **un viitor pe care l–am trăit**"...*

Cu o durere surdă în suflet, am părăsit Bucureştiul, cu sentimente confuze şi amare.

***Origini,** USA, 29 mai, 2001*

Mărțișorul

Primăvara venea la București ca o zână bună ce ne atingea pe toți cu bagheta ei fermecată, ne scotea din bârloguri și ne împingea către viață cu pasiune și speranțe noi.

Simțeam venind dinspre pădurea Băneasa o adiere proaspătă de ghiocei și violete, vestitori ai primăverii, iar noi ne strecuram pe lângă copacii plângând șăgalnic sub resturile de gheață ce se topeau sub soarele promițător și revigorant, ca să binecuvântăm îngroparea iernii în uitare.

Vă mai aduceți aminte? Plecam dinspre mânăstirea Cașin, treceam de *Arcul de Triumf* și vroiam să fiu prima la botezul soarelui de primăvară în parcul de la șosea; bătea un vânt rece, dar promițător; că iarna s-ar fi dus pentru cel puțin opt luni din viața noastră!

Făceam un tur prin parcul în dezmorțire, ascultam ciripitul păsărilor zgribulite ce-și șușoteau povești tainice printre crengile scârțâind sub greutatea zăpezii și mă amețea aroma primăverii în devenire când oamenii de la primărie curățau aleile, scoteau gunoaiele adunate din crengile uscate, făcând toaleta de primenire a parcului. Simțeam cum mă înfiora un suflu nou de energie vitală, ce-mi sugera planuri uriașe de cucerit lumea, simțindu-mă încărcată cu forțe cosmice aduse de acea adiere parfumată și promițătoare de miracole.

Plecam la serviciu cu pași ușori ca de dans, mă opream la țigăncile de la Universitate sau la Piața Națiunii și-mi cumpăram cel mai mare buchet de toporași și ghiocei de pădure ca să-mi parfumeze biroul pentru câteva zile. Cu mult timp înainte de 1 martie începeam alergatul la toate magazinele și tarabele orașului ca să aleg și să cumpăr mărțișoare cu mesaje pentru fiecare persoană de pe lista mea; căutările erau atât de febrile de parcă alegeam cine știe ce bijuterii scumpe, însă în tradiția noastră, mărțișoarele erau adevărate diamante prin valoarea mesajelor, din alcătuirea lor.

Ziua de 1 martie era o adevărată paradă a mărțișoarelor și trebuia să le porți absolut pe toate, măcar în prima zi!

Primeam și oferеam cele mai fanteziste modele pe șnurul de mătase în roșu și alb, dar găseam și violete sau ghiocei proaspeți într–un berzelius de pe biroul din laborator, lăsați întotdeauna tainic, în dimineața dinainte de sosirea noastră.

Profesorul și șeful nostru de laborator aveau grijă să ne răsfețe, pe noi fetele, cu flori primăvăratece, deși puteam să le căutam și noi sub zăpada abia topită din pădurea Otetelșanu de la Măgurele. Se lăsa apoi cu cafele proaspăt aburinde, cu fursecuri și saleuri aduse de la Capșa sau Nestor, iar de aveam vreun seminar în ziua aceea începeam cu schimbul de mărțișoare și servitul bunătăților de pe mese, ca să simțim că este sărbătoarea noastră de reînnoire: o altă primăvară!!

După 1 martie urmau babele când iarna se zburlea din nou și mai ascundea soarele binefăcător pentru un timp, dar nu cu destulă putere ca să ucidă bietele floricele, gingași vestitori ai beției noastre efemere.

Ne alegeam fiecare câte o babă și ne amuzam de cum va arăta vremea pentru zilele însemnate de noi. Celebram apoi, cu mai puțin entuziasm, 8 martie – *Ziua internațională a femeii* – când ni se dădea drumul mai devreme de la serviciu; plecam în oraș și mă pierdeam în vitrinele de *„la coda lui Mihai Viteazul"*, îmi cumpăram vreun parfum, rătăceam prin librării sau vreo expoziție de pictură ca să–mi tihnească acel mic cadou de timp liber. În drumul spre casă îmi mai cumpăram niște flori dacă vreo țigancă apărea în calea mea cu coșul plin.

Atunci... parcă mai aveam timp să ne bucurăm și de viață, așa grea, cum era!

Celebrările primăverii se încheiau cu 9 martie, ziua de mucenici și ultima zi a babelor, când era și ziua de naștere a prietenei mele Eva. Făceam câte două feluri de mucenici: în zeama cu rom, miere și nuci și optarii moldovenești din coca de cozonac, dați cu miere pe deasupra, pe care îi duceam și la serviciu să-mi tratez colegii, alt prilej de stat în jurul mesei să ne șușotim și să facem schimb de rețete degustând mucenicii aduși de fiecare dintre noi.

Seara mergeam la Eva, unde ne aștepta o masă împărătească și unde duceam neapărat un mărțișor cu semnificație subtilă, alături de orice cadou ar fi fost ales pentru ziua ei.

Încheiam babele, cu un drum, sâmbăta, la Sinaia, urcam la Poiana Stânii, chiar și la Babele dacă nu era zăpada mare, făceam câteva tururi pe schiuri, ne luam baia de soare pe zăpadă, ne umpleam plămânii cu ozon, paharele cu vin roșu fiert și cu un entuziasm euforic să ne țină pe timp lung.

Ne întorceam la București cu brațele pline de flori culese de sub zăpadă și ținute până acasă într-un borcan cu cârpe ude, ca să admirăm prospețimea și culorile lor intense, mirosind a Bucegi, când le vom așeza în vazele noastre.

Mai târziu apăreau lăcrămioarele, alte gingașe flori ce completau parfumul primăverilor din România și pe care nu le mai găsesc aici.

Am uitat de vraja acestor sărbători aproape 19 ani, până anul trecut, când am găsit la poștă un plic mare verde; l-am deschis și am găsit o felicitare superbă pe care era fixat un mărțișor românesc, da, un mărțișor adevărat făcut din mărgeluțe mici și colorate. Acest mic și prețios dar mi-a adus lacrimi în ochi răscolindu-mi toate amintirile cu emoții legate de primăverile fără seamăn petrecute în țară și mi-a refilmat toate imaginile picturale din vremea când trăiam la București. Surpriza venea de la niște români de suflet, Boierii din Columbus, pe care nici nu-i cunosc în persoană, dar ne știm de pe internet.

Mesaje duioase, de la suflet la suflet, cu implicații adânci în ființa noastră dezrădăcinată și izolată pe acest continent. Așa mi-am amintit de semnificația lui 1 martie, apoi am avut niște vise învolburate în zăpezi sclipitoare cu flori multicolore, brebenei, ghiocei și toporași și parcă eram undeva la munte prin țara noastră, înotam prin albul amețitor și mă simțeam încălzită, ca într-o mantie de fericire supremă din care n-aș mai fi vrut să ies niciodată.

Subconștientul nu doarme!

A fost cel mai minunat dar ce mi l-ar fi putut oferi cineva pentru 1 martie 2002! Am căutat la piața de aici, ghiocei și violete, fără norocul de a le afla (iar de le-aș fi găsit probabil că n-ar fi avut niciun miros) ca să-mi umple goliciunea primăverii americane unde... nici nu prea există primăvară pe coasta de est, sau dacă se arată este mult prea scurtă ca să te bucuri de ea.

Drept consolare mi-am cumpărat un buchețel de violete artificiale făcute din mătase, o imitație perfectă, dar fără miros ca și viața noastră pe acest continent, tot artificială, dar nu de mătase.

Dacă aici nu mai avem nici mărțișoarele noastre de suflet, mesageri ai primăverii și urărilor de fericire, nici florile parfumate din pădurile învecinate orașelor și satelor românești, ar trebui să ne bucurăm măcar de fiecare zi cu soare și să ne oferim unii altora puțină iubire ruptă din raiul nostru pierdut în răsăritul milenarei Europe!

***Curentul Internațional**, USA, 27 februarie 2002*

Mușuroiul

Ne–am mutat într–un bloc nou în primăvara lui 1966. În scurt timp ne–am cunoscut vecinii, iar printre ei era și inginerul Rumbach, un neamț distins care nu se putea împăca cu ideea de a locui într–un bloc din București de îndată ce venise cu serviciul din Timișoara, unde lăsase o casă mare și gospodărească, ca toți bănățenii. Îl întâlneam deseori la intrarea principală când luam împreună liftul.

– Cum vă place noul apartament, domnule inginer, îl întrebă soțul meu într–o zi

– Eh... *un mușuroi,* o adunătură cu zeci de oameni cu care nu ai nimic în comun, nu știi cine sunt, dar trebuie să le dai bună ziua la toți, să le suporți zgomotele, în timp ce ei spionează și bârfesc, o adunătură, *un mușuroi,* zise dânsul din nou, abătut și evident nemulțumit.

Afară, alte *mușuroaie* de pământ și moloz lăsate în mijlocul străzii de șantierul care a construit blocul, lipsă de civilizație, o debandadă, continuă el.

Noi am bufnit în râs de comparația unui bloc, cu zece etaje, două intrări principale și vreo opt zeci de apartamente, cu un *mușuroi;* cred că avea dreptate bietul om, iar mai târziu noi am păstrat numele și astfel se împământenise definiția dată în glumă de vecinul nostru neamț; făceam haz spunând că „mergem la mușuroi", în loc de casă, sau „ai trecut pe la mușuroi", or „veniți la mușuroi pentru o plăcintă", așa încât devenisem de râsul prietenilor cu porecla blocului fiindcă și noi ne mutasem la *mușuroi* din lipsă de spațiu în casa părinților din Parcul Domeniilor.

Pe palierul nostru se aflau patru apartamente locuite de vecini care păreau oameni la locul lor. Nu–i vedeam prea des, fiecare fiind la lucru, noi eram la fel, plecați toată ziua, însă, de câteva ori ne–am lovit nas în nas cu doi asistenți de la universitate, care împărțeau un apartament vis–a–vis de ușa noastră. Alături de ei locuia, atunci, băiatul celebrului cântăreț de operă Octav Enigărescu cu soția lui, cu care mai târziu am devenit prieteni buni.

Lipit de apartamentul nostru și cu terasele alăturate locuia un cârciumar, cu familia, „nea Bănică–Tufănică", deși numele lui era Banea, porecla nu știu cine i–a dat–o, însă toți așa–l chemau. Era responsabilul unei cârciumi foarte căutate de pe lângă stadionul Republicii, având enorm de mulți clienți în zilele când erau meciuri de fotbal, în special pentru micii foarte buni făcuți numai de mâna lui.

Ne povestise cum a învățat meseria de cârciumar de la paisprezece ani, fiind băiat de prăvălie și cum știa să facă bani cinstiți vânzând marfă bună ca să atragă clienții și să–i mulțumească. Muncea zi și noapte, harnic și foarte întreprinzător, aducea la restaurant vinuri bune din podgorii vestite în Moldova și–l vindea clienților care știau aranjamentele, aceștia fiind avocați, medici, ingineri, directori ai unor instituții importante, făcându–și astfel și relații utile. Ca în România acelor vremuri când totul se găsea „pe sub mână".

Aducea și vin foarte bun pe care–l ținea pe balcon în damigene bine învelite, iar când noi aveam musafiri întindeam sticlele goale peste bara de separație dintre noi și le luam pline dându–i cât ne cerea.

Soția lui, o femeie blondă, tare frumușică, lucra cu el și venea deseori noaptea târziu după închiderea restaurantului, fiind adusă întotdeauna de careva din rudele care lucrau cu ei, dacă nea Bănică era plecat după marfă.

Ne–am apropiat mai mult vecinii noștri în momentul când una din fetele lor m–a solicitat s–o ajut să–și facă lecțiile. Mai

Muzeul „K. H. Zambaccian" (interior)

târziu, nevasta lui nea Bănică, m–a rugat să merg cu ea să–i aleg nişte tablouri bune, ca să–şi pună banii în ceva de valoare pentru fetele ei.

Din când în când mă mai rugase să mergem la consignaţie să–i ajut să cumpere argintărie, covoare orientale, tot pentru zestrea fetelor şi, am făcut–o cu plăcere, fiindcă mă atrăgeau obiectele de artă dintre care mi–aş fi pus multe în casa mea, dacă aş fi avut destui bani.

Soţul meu mă tot admonesta să fiu prudentă fiindcă oamenii needucaţi cu bani mulţi, cârciumarii în speţă, sunt de proastă calitate, nu ştiu să respecte decât banul şi nu te judecă decât după cât de bogat eşti.

– Tu nu vezi că el arată ca un troglodit buhăit de mâncare şi băutură, şi cred că amândoi au clase cât trenul! Ce treabă ai tu să–i tot serveşti pe mârlanii ăştia?

Eu eram mai puţin atentă la educaţie şi mai mult la sufletul oamenilor, ş–apoi fetele familiei Banea mi–erau foarte dragi, fiind inteligente şi bine crescute. Ele nu erau vinovate că părinţii nu erau educaţi.

Aşa am tot dus–o cu vecinii noştri cârciumari, până într–o dimineaţă de decembrie, cu ploaie de gheaţă, când, ieşind amândoi din bloc, am văzut o baltă imensă de sânge de era să călcăm drept în ea. Soţul îmi spuse furios:

– Uite, tu, la mitocanii ăştia, au tăiat porcul în faţa blocului, ca la ţară, înainte de Crăciun, dar n–au avut bunul simţ măcar să spele locul. A avut dreptate Rumbach că un bloc este ca un *muşuroi cu lighioane de tot felul!* Cum să faci asemenea mizerie?

Ne–am urcat amândoi în maşină plecând la lucru, uitând de balta de sânge de la intrare.

Venind acasă seara târziu am observat că locul fusese spălat. Am întâlnit în lift o vecină care ne–a întrebat dacă ştim ce s–a întâmplat cu doamna Banea.

Nu, nu ştiam, iar dânsa ne–a spus că ar fi fost atacată noaptea trecută la intrarea în bloc şi se află acum la spital în stare foarte gravă. N–am apucat să ne dezbrăcam că a sunat nea Bănică, care a cerut ajutorul soţului meu să–l ducă la spitalul unde se afla biata lui nevastă care fusese înjunghiată pe le spate de un ticălos.

Fusese găsită după colţul blocului lovită grav la cap, tăiată la gât şi în dreptul şoldului, când borfaşul încercase să–i taie geanta şi s–o violeze. Nea Bănică fusese plecat după marfă în noaptea aceea, dar soţia a venit adusă acasă însoţită de cumnatul lor; de la aleea unde oprise maşina până la intrarea principală era o distanţă bună, dar erau întotdeauna aprinse două felinare înalte aruncând lumina până departe, plus lumina puternică din holul de la intrare.

În noaptea accidentului becurile felinarelor fuseseră sparte, iar lumina din interiorul blocului scurtcircuitată ca să nu poţi vedea la un pas, deci totul fusese premeditat de către tâlhar.

Până la acel incident, nu ne gândisem vreodată, că ne–ar fi frică să venim acasă târziu, iar eu cu soţul eram constant *păsări de noapte*, ajungând în bloc la ore mici.

Soțul meu a sărit imediat să–l ducă pe nea Bănică la Spitalul de Urgență, fiind sigur că va trebui să–l ajute să–și transfere nevasta la un alt loc cu specialiști în traume craniene. Bietul om i–a spus că soția lui avea capul spart, ca un ou de Paște, iar din venele de la piciorul rănit pierduse enorm de mult sânge, deci șansele ei de supraviețuire erau extrem de mici. Doar văzusem balta de sânge de la intrare!

După plecarea lor, a venit la mine fiica lor cea mare, să–mi dea detalii despre cum fusese înjunghiată biata lor mamă. Pierduse mult sânge de la două noaptea, când a avut loc atacul, până la șase dimineața când primul locatar care pleca la lucru, a auzit un geamăt și a descoperit–o pe doamna Banea, care abia mai respira. Fetele erau șocate, plângeau în continuu, fiind sigure ca–și vor pierde mama; una să fi avut atunci vreo 11 ani, iar cealaltă 14 ani.

Mi s–a făcut rău numai auzind cele petrecute în *mușuroiul* nostru și la gândul a ceea ce se putea întâmpla oricăreia dintre noi venind acasă noaptea, pe întuneric. Chiar la acel timp eu mergeam la festivalul Mozart–Brukner de unde veneam acasă mereu la miez de noapte.

Cum incidentul făcuse ocolul Bucureștiului, existând și alte câteva crime asemănătoare pe rol, Ceaușescu a dat ordin organelor de miliție să fie prins vinovatul în maximum două săptămâni, astfel că au adus de la Brașov pe vestitul investigator Ceacanica pentru rezolvare. Tot orașul fierbea de spaimă și indignare, dar în scurt timp l–au prins pe criminal și i–am văzut mutra în toate ziarele: bărbat tânăr cu un chip atrăgător, student la medicină veterinară; nici prin cap nu ți–ar fi trecut ca acest chip de poet visător ar putea fi al unui criminal feroce.

A venit și vremea procesului, care s–a desfășurat cu ușile închise, nu se putea intra decât cu invitație specială, cu excepția victimei cu soțul și a inculpatului cu părinții săi. Sala fusese plină până la refuz, iar afară așteptau roiuri de oameni în fața tribunalului să audă verdictul și să afle amănunte. Fusese cel mai tulburător proces din ultimii cincizeci de ani.

Soțul meu primise o invitație, fiindcă modul în care fusese prins criminalul pornise de la niște amprente ale dinților acestuia găsite și recuperate de pe gâtul uneia din victime; fiind medic stomatolog fusese invitat să–și spună opinia despre amprentele prezentate de investigatori și să facă comparație cu mușcătura bestiei. În același timp a fost și sprijin moral pentru vecinul nostru, nea Bănică.

Eu am fost foarte speriată pe tot timpul dezbaterilor fiindcă nu mai auzisem de un asemenea crimă în viața mea. Cum ziarele românești țineau orice informație importantă la „secret", noi trăiam pe sub pământ ca niște cârtițe, complet neinformați sau dezinformați despre orice eveniment–șoc.

Când s–a terminat procesul, soțul mi–a relatat cu amănunte întregul spectacol al acestor crime fără precedent, săvârșite cu sânge rece, de studentul Ion Râmaru.

Râmaru a declarat în plin proces cum tatăl său îl învățase să ucidă de când era mic în scopul jafului de genți, bijuterii, bani, orice s–ar fi găsit asupra unei persoane, dar să opereze numai singur ca să nu existe martori și să nu fie descoperit. A arătat cum mama lui purta la urechi, chiar atunci o pereche de cercei, pe care el îi smulsese uneia din victime.

Când tânărul a ajuns adolescență, își căuta fete pentru companie, după care a început să atace ca un jaguar, pândindu–și prada, momentul și locul pentru a săvârși un viol, după care urma înjunghierea victimei și jaful.

Își alegea cu mare atenție victima, o urmărea, să–i învețe traseul și timpul de venit acasă; toate femeile atacate sau omorâte, fuseseră blonde și lucrau în meserii de unde se puteau scoate bani buni. Preferințele lui fuseseră stewardesele, chelnerițele și casierele magazinelor mari, pe care le bănuia că ar trebui să aibă ceva bani după o zi de lucru, plus bijuterii. Urmărite erau femeile care veneau acasă numai seara târziu sau noaptea, potrivit cu programul slujbelor.

Când a atacat–o pe vecina noastră, fusese la pândă să atace o stewardesă, pe care o urmărise de multă vreme, care era blondă și purta o haină de piele de culoare verde, exact cum avea și doamna Banea una. Fusese ghinionul ei, că era blondă, avea o haina verde și părea mult mai tânără văzută din spate în umbra nopții, a declarat criminalul. A mai declarat alte victime descriind amănunțit desfășurarea fiecărei crime, sau atac; se presupunea că ar fi fost vinovat de uciderea a nouăsprezece femei.

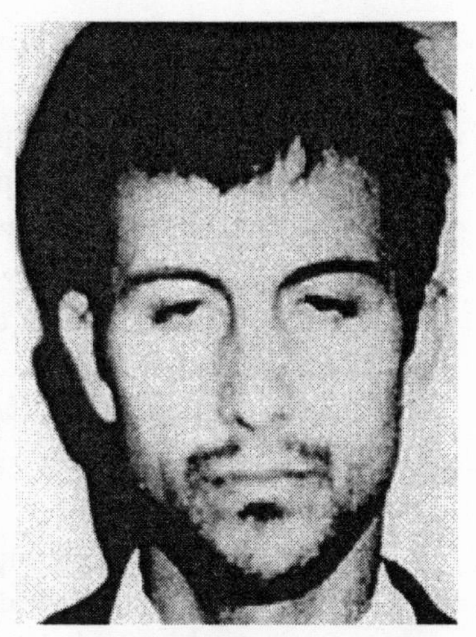

Ion Râmaru

Cu ocazia procesului s–a făcut o șocantă descoperire, datorită declarațiilor lui Râmaru. Dintre victimele lui scăpaseră cu viață doar trei, una dintre ele fiind vecina noastră. O alta era o fată care reușise să fugă din mâinile lui, când într–o primăvară o invitase la o plimbare prin cimitirul Grivița, a încercat s–o îmbrățișeze împingând–o peste un mormânt amenințând–o cu un cuțit, ca să facă dragoste cu el. Ar fi urmat desigur violul și uciderea ei.

Fata s–a speriat, iar intuiția a făcut–o să acționeze rapid reușind să se smulgă din brațele lui țipând și alergând spre ieșirea din cimitir unde paznicul se mai afla la datorie. Vinovatul s–a speriat și a fugit în direcție opusă; cum se lăsa seara fusese greu de identificat cine era, de la distanță, iar ea a a spus paznicului că logodnicul ei ar fi fost acela ce ar fi încercat s–o omoare cu cuțitul; pe baza declarațiilor ei, poliția l–a arestat pe băiat și l–a trimis imediat la pușcărie.

Râmaru a dezvăluit în proces și întâmplarea cu cimitirul, moment în care sala a rămas încremenită. Fata făcuse declarația mincinoasă ca să se răzbune pe logodnicul care o părăsise, refuzând să se căsătorească cu ea, în loc să–l reclame pe adevăratul făptaș, adică pe Râmaru.

În urma celor aflate la proces nevinovatul logodnic a fost imediat eliberat.

Pentru juriul prezent la proces, în ziua aceea, fata care trimisese un om nevinovat la puşcărie (unde putea rămâne pe viaţă fiind acuzat de tentativă de omor), fusese la fel de ticăloasă ca şi Râmaru. ***Criminalii nu-s toţi de-un fel!***

Eu am fost obsedată mult timp de asemenea gest odios, ca şi soţul meu, care fusese în sala de judecată la toate dezbaterile acelor trei zile, venind acasă răvăşit de fiecare dată.

Ce multe firide ascunse şi întunecate poate avea sufletul uman!

A mai trecut ceva timp după care vecina noastră a început să se simtă mai bine în urma operaţiei făcute de neurochirurgul profesor dr. Arsene, la intervenţia soţului meu. Mai avea unele amnezii, care au dispărut după un an, şi o problemă cu piciorul care fusese grav rănit.

Nea Bănică s-a apucat de afaceri noi prin mandatariatul care tocmai fusese lăsat liber comercianţilor. Omul fiind foarte capabil s-a aruncat cu pasiune în renovarea cârciumii, schimbat chelnerii, creat meniuri noi, având astfel din ce în ce mai multă clientelă şi câştigând cu mult mai mult decât înainte.

Acumulase destui bani, investise în aur şi tablouri, alese cu mine din consignaţie sau din muzee, iar restul păstra în casă: *cash*.

Cum comuniştii nu aveau scrupule, i-au lăsat pe mandatari doar nouă luni după care le-au închis restaurantele şi i-au arestat, făcând percheziţie minuţioasă fiecăruia dintre ei. Fusese un plan diavolesc al miliţiei economice care spera să scoată bani şi eventual aur agonisit de mandatari, chiar de nu era posibil să faci averi uriaşe în atât de scurt timp.

Pe acel moment de disperare a apărut vecina mea cu fetele ei care m-au implorat să le păstrez la mine o sumă foarte mare de bani, până va trece percheziţia, plus două covoare Buhara şi câteva tablouri de Corneliu Baba, Schweitzer-Cumpănă şi

Pallady. Cum soțul meu nu era acasă nu am vrut să accept pe moment, dar ulterior m–am gândit că tot ce acumulaseră era pentru fete şi parcă mi–a fost milă de ei, după atâtea necazuri cu tragedia doamnei, şi am spus „da", cu condiția să fie pe termen scurt şi să spună că nu sunt în relații cu mine, ca să mă scape de întrebările poliției în cazul că vor veni. Nici nu am numărat banii, erau împăturiți într–un ziar, şi i–am ascuns într–un colț de dulap ştiut numai de mine, în spatele cărților din bibliotecă.

A trecut şi percheziția, poliția a venit să mă întrebe de vecini și le–am spus sec că nu–i cunosc bine şi nu aveam cu ei relații de vreun fel. Mi–au cerut totuşi permisiunea să intre în apartamentul meu, fără a face percheziție, s–au uitat în jur, dar nu au avut ce vedea fiindcă covoarele erau aşezate peste mocheta mea, iar tablouri aveam şi eu, iar ale vecinilor erau agățate printre ele. Frică mi–era de bani! (*Chelul își pune mâna–n cap!).*

După plecarea polițiştilor le–am înapoiat urgent totul, inclusiv banii, pe care i–au numărat şi văzând că sunt neatinşi, m–au întrebat de ce nu mi–am luat din ei în cazul că aş fi avut nevoie!? Nu–mi spuseseră asta ,când mi i–au adus să–i păstrez, dar nici nu mi–ar fi trebuit. Am fost mulțumită că am putut să–i ajut, că de..., *mila ne omoară.*

Nu–mi amintesc să fi auzit cuvântul „mulțumesc", dar am fost fericită că am scăpat de frica banilor străini la mine în casă.

Mi–au spus în schimb că *„vai, vă suntem recunoscători pe viață şi nu vom uita niciodată cum ne–ați salvat la momente grele! Oricând veți avea nevoie de ceva vom fi gata să vă ajutăm din tot sufletul".* Aveam să aflăm curând că „sufletul lor de cârciumari" era de cârpă putrezită.

Dacă soțul meu ar fi ştiut cum le–am ținut banii m–ar fi sculat la miez de noapte să le înapoiez totul fiindcă la o eventuală percheziție putea cădea el drept hoț, fiind medic care făcuse bani ilicit şi eventual ținuse sute de mii de lei ascunse în casă.

La acel timp salariul lui era penibil de prost, dar nu ar fi atins un ban de altundeva. Făcuse parte din comisii care investigau medici şi tehnicieni care făcuseră bani ilicit şi era înspăimântat de cum fuseseră trataţi colegii lui la interogatoriile unde erau maltrataţi să declare, fiind numiţi *hoţii în halate albe.*

A trecut furtuna şi am mai uitat de toate incidentele cu vecinii noştri din *muşuroi,* dar a venit vremea să ne luăm o altă maşină şi nu aveam suficienţi bani să plătim suma întreagă, aşteptând un împrumut de la CAR. Atunci soţul mi–a spus că acum vom vedea mărinimia vecinilor pe care îi ajutasem de–a lungul anilor, şi eu, şi el în diferite momente de mare cumpănă; doamna Banea trăia de fapt datorită intervenţiilor lui la cei mai buni medici care au operat–o, îngrijit–o şi salvat–o.

Am îndrăznit să apelez la vecinii mei pentru un mic împrumut, pe termen foarte scurt, bănuind că au destui bani cash, dar m–am izbit de mirarea din ochii lor goi şi refuzul leşinat că *vai, ar fi vrut să ne servească, dar nu aveau bieţii de ei niciun leu!?*

Trecuse ceva timp de la nenorocirile în care le–am fost alături zile şi nopţi, anii în care le–am meditat pe gratis şi cu tot dragul fetele, dar... li se încleiase memoria.

Mi–am muşcat limba pentru greşeala de a fi apelat la ei, amintindu–mi de cum definise domnul Rumbach un bloc în care locuieşti cu oameni necunoscuţi:

Un „muşuroi" cu lighioane de tot felul.

Şi mi–am revizuit atitudinea vis–a–vis de indivizi de teapa lor.

Mai târziu am fost încercată de experienţe mult mai crude cu oamenii pe pământ străin unde nu te ajută nici românul, nici vecinul băştinaş, dimpotrivă: ambii te vor dispărut din preajma lor ca să nu cumva să le iei pâinea. Unii fură cât se poate, pe unde se poate, fiindcă *numai banul contează în societăţile capitaliste.* Şmecherii care fac afaceri pe sub mână operează cu bani lichizi şi nimeni nu–i poate controla.

„Hoțul neprins e negustor cinstit", spunea zicala.

Angajații care au profesii serioase lucrând pentru companiile mari, plătesc taxe 38% din salariu, ca pe vremea faraonilor, iar cărțile de credit, invenție diavolească, te usucă cu interesul cerut. Băncile te execută cu procente mari la sumele împrumutate, iar de vrei să te plângi, vorbești cu ușile lor...

Uneori dispar din cont chiar banii tăi pentru care ai muncit cu sudoare și foarte rar îi mai poți recupera. Diferența între sisteme este așa de mică încât nu cred că a meritat efortul de o afla; în țară am muncit pe nimic neavând destui bani pentru mâncare, în timp ce aici mai avem câte ceva, cât de cât, dar nu știm pentru cât timp.

La capitolul crime, nu mai poți privi la TV, fiindcă știrile încep cu cele săvârșite zilnic care au drept scop mai ales banii: copii care–și ucid părinții ca să le rămână casele și banii, soți care–și ucid partenerii ca să preia asigurările de viață, unii care omoară din plăcere, alții din sadism, sau dezaxați mintal. La acestea se adaugă crimele cu molestarea copiilor, de cele mai multe ori chiar a propriilor lor copii, prin pofta sălbatică de a devora carne vie.

În comparație cu aceștia Ion Râmaru pare doar un biet copil rătăcit.

„Welcome în the land of freedom"!

Trăisem într–un vacuum în România, între serviciu, biblioteci, concerte, expoziții și prieteni, fără să fi fost expusă la atâtea pericole; fusesem ferită de tragediile acestui secol și complet străină de cruzimile și demența speței umane descoperite în lumea nouă.

Am început să cred că acum întreaga planetă a devenit un ***mare mușuroi.***

Destine Literare, Canada, iulie, 2011

Drumuri și parfumuri...

Cobor pe aeroportul Lisabona călcând cu stângul fiindcă bagajul mi-a fost rătăcit la Paris. M-am adresat autorităților din aeroport ca să descopăr un oficiu cu șase fete vorbind engleza, bine organizate și cu computere la lucru. M-au asigurat că bagajul va ajunge cu primul transport și va fi trimis direct la hotel. Așa a fost!

Prima impresie bună, după oboseala drumului și întârzierea de două ore, la transbordarea din Paris.

Mi-a rămas pe retină un grup de cinci persoane vorbind o limbă amintind cu greu de ceva urme de limbă română din vremea lui Ștefan cel Mare, amestecată cu ucraineano-ruso-esperanto. El, m-a frapat pe aeroport la Paris, îmbrăcat ca un marțian, cu nasul spart ca de boxeur, troglodit ca apariție, însoțit de o femeie până în 40 de ani cu doi copii și probabil soțul ei. Arătau ca scăpați din lagărele de concentrare, speriați, soioși și rău mirositori.

– Și ni fașhem frate aculu?

–Gde bre?

–Lasă fă că cu portughiza asta eu n-am prublemi!? Alti limbi să nu ne întrebe!

Vai mie m-am gândit eu, numai să nu mă aflu în întuneric cu aceste mutre sinistre! I-am lăsat pe aeroportul Lisabona unde au așteptat pe un „tovarăș", îmbrăcat ca un activist de partid de pe vremuri, fluturând un telefon portabil și urlând cât îl țineau plămânii, în limba rusă, la funcționarele amabile din birou, care nu puteau înțelege decât portugheza, spaniola şi engleza. Flăcăul cu nasul spart uitase limba *portughiză* cu care se dădea mare pe aeroportul din Paris.

A fost prima duhoare ce m–a izbit la aeroport, amintind–mi de **estul sălbatic** de unde scăpasem în urmă cu mulţi ani. Să fi fost ăştia români urgisiţi de prin Basarabia, Ucraina sau Transnistria, mândri şi voioşi urmaşi ai lui Ştefan cel Mare? Aferim Doamne!

Ce limbă era acea? Ce căutau acolo? Greu de ghicit.

Un taxi m–a dus la hotel şi spaniola m–a scos din încurcătură, fiindcă limba engleza o vorbesc puţini, mai mult la hotel, restaurant, business–uri şi bănci.

Somn bun, cu inima împăcată, că geamantanul meu venise cu avionul următor şi mă aştepta la uşă. Dimineaţa am coborât cam buimacă, dar m–a întâmpinat zâmbetul cald al unei fete frumoase de la recepţie, Sandra, ce vorbea o engleză cursivă şi literară. Am decis pe loc să iau primul tur al oraşului Lisabona ca să învăţ locurile, înainte de a pleca pe jos să descopăr singură vestigiile acestei vechi metropole cu un farmec unic.

La *breakfast*–ul din hotel ne serveşte o fată înaltă, roşcălie şi plină de pistrui, care ne verifică numele de pe listă.

– Sunteţi din Statele Unite, mi se adresează mie într–o engleză foarte chinuită.

– Da, răspund eu, dar de ce mă întrebaţi?

– Fiindcă aveţi un nume mai deosebit care nu pare a fi american, apoi v–am auzit vorbind în hol cu nişte oaspeţi din Venezuela şi am crezut că... am întrebat pe *concierge* şi mi–a confirmat că aveţi paşaport American.

Foarte interesant, gândesc eu, de ce o fi pus dânsa ochii pe mine?!

– Da, răspund eu (şi mă întreb în gând pentru ce atâtea întrebări ca să iau un ceai de dimineaţă!?).

– Ştiţi, eu sunt fugită din România şi lucrez aici de nevoie până ne ies actele să plecăm în America, spuse ea în aceeaşi limbă engleză de baltă. Am depus cerere la loteria de vize şi sper să primim viza de intrare în USA, de aceea credeam că vă pot întreba câte ceva despre cum se intră în America şi cum să completez formularele.

Nu i–am răspuns, dar mi s–a părut straniu şi prea îndrăzneţ stilul de a te răscoli, cine eşti şi, de unde vii, chiar la prima masă de dimineaţă.

– Din ce loc sunteţi din România, întreb eu în engleză, evident.

– Din Ucraina. (sic!)

– După cunoştinţele mele de geografie nu cred că Ucraina se află în România, răspund eu.

– Ba da doamnă, nu ştiţi dumneavoastră, dar Ucraina cu România sunt tot una, adică laolaltă.

M–am felicitat în gând că am fost prudentă şi nu m–am deconspirat că sunt plecată din România. La aşa o lecţie de *geografie bolşevică* cred că aş fi izbucnit rău de tot ca să–i dau o replică. Mi–am amintit că am mai întâlnit o ucraineancă, în oraşul unde locuiesc în Statele Unite, care mi–a ţinut teoria că românii le–au *invadat* pământurile lor.

A doua zi dimineaţă am întâlnit o familie din America la breakfast, vorbind engleza cu accent rusesc şi i–am văzut conversându–se cu fata cea roşcată în cea mai perfecta limbă ucraineană. Erau toţi din Kiev, numai că cei din America erau evrei plecaţi de zece ani din Ucraina şi păreau mai fini şi educaţi.

– Aceasta este limba română pe care o vorbeaţi adineauri cu familia din America, întreb eu fata roşcovană, făcându–mă că nu pricep nimic, de niciun fel.

– Ştiţi este şi româna şi moldovenească, o limba amestecată care se vorbeşte peste tot în estul României, nu am cum să vă explic pentru că nu aţi putea înţelege.

Măi să fie! Nici n–ar fi nevoie, am priceput cum cei fugiţi din Transnistria şi Ucraina se simt mai bine dacă spun că sunt din România, decât din fosta Rusie.

Nu ştiu de ce, dar am simțit nevoia să evit *breakfast*–ul şi să nu–i mai văd fața ucrainencei obraznice, pe timpul cât am stat în Lisabona.

Puteam să–mi fi dat seama de unde vine după dâra de parfum înecăcios pe care o lăsa în urma ei, amintindu–mi de copilăria mea când *rusoaicele–hazaice* miroseau cam la fel, de–ți tăiau respirația. Mi s–a făcut greață, dar m–a durut adânc gândindu–mă la cum sunt reprezentați românii în afara țării: o amestecătura de ruşi, ucraineni, basarabeni şi ceva rromi pe ici pe colo. Vai de noi!

După turul meu de informare asupra Lisabonei am decis să merg a doua zi, la Estoril și Cascais la sfatul Sandrei de la recepție, care îmi devenise prietenă prin bunăvoința şi căldura ce izvora din ochii ei frumoşi şi inteligenți.

Am luat un taxi să mă ducă pe malul oceanului până la Estoril, în acea zi când vara se topea în toamnă în vestul Europei şi când nu ai mai fi vrut să te smulgi din mângâierile palmierilor sărutând pământul, apelor calde şi oamenilor atât de primitori şi buni.

Am coborât din taxi în fața plajei din Tamariz din Estoril şi am plecat pe jos să explorez locurile care sunt la fel de ademenitoare ca la Nisa. M–am oprit la oficiul de turism să cer informații, unde am primit un superb batic de mătase și o faianță portugheză drept amintire ca am vizitat acele locuri... ce locuri şi ce oameni!

Am mers pe plajă, unde oamenii mai făceau baie, şi am luat masa la un restaurant de unde mi–am lăsat ochii să alunece în infinitul apelor calde ale oceanului.

După peştele proaspăt la grătar şi serviciile ireproşabile ale chelnerilor m–am ridicat să plec. În drumul meu, trecând pe lângă un post de poliție, m–am oprit la un mic chioşc cu vederi să cumpăr câteva. Lângă mine un tânăr solid, bine îmbrăcat şi arătos se cam înghesuia către stânga mea, unde țineam poşeta, făcându–se că priveşte la ilustrate, ca şi mine. M–a izbit un parfum puternic masculin, cu o aroma cunoscută, dar acră.

Coasta Estoril

– Vezi Barbule că asta pare turistă, du–te mai aproape, aud o voce mai din spate.

N–am întors capul aşteptând şi ţinând mâna foarte strâns pe mica mea poşetă, în care nu aveam decât rujul de buze, câţiva euro şi un creion de scris, fiind bine pregătită pentru drumuri necunoscute, cu banii şi paşaportul în loc bine ascuns, sub bluză.

La o mică distanţa de mine am zărit o fată foarte drăguţă şi modern îmbrăcată cu un băiat prezentabil de ai fi putut crede că sunt studenţi veniţi în vacanţă. Individul spătos şi mult prea parfumat de lângă mine, s–a apropiat şi mai să mă împingă, adresându–se cuplului:

– Căraţi–vă bă după timbre, că eu pot *opera* şi singur!

Am scos un ţipăt de a răsunat locul, chemând poliţia ce se afla la câţiva paşi, şi am strigat în acelaşi timp către cei trei borfaşi:

– Ruşine, să venim de la mii de kilometri ca să fim furaţi de proprii noştri conaţionali, ticăloşilor! Numai aici nu ajunseseră borfaşii români la drumul mare!

Într–o clipă a apărut polițistul, însă cei trei o luaseră la fugă, prin pasajul ce ducea dinspre plajă către cazinoul din Estoril. Îmi tremurau picioarele de emoție și teamă că m–ar fi putut lovi, fiind trei, iar polițistul mi–a spus că trebuie să fi fost un grup de trei tineri români care a operat în Spania și despre care au fost avertizați de o săptămâna în presă ca și la TV.

M–am simțit umilită ca și cum eu eram hoțul și m–a spintecat durerea că nația noastră se face de rușine transmițând în lume numai mesaje oribile despre noi toți. Am făcut asocierea parfumului greu, cu hoții de buzunare români și mi–a rămas în memorie acel moment pentru toată vacanța mea din Portugalia.

La un moment dat devenisem obsedată și mi se părea ca toți bărbații din Lisabona emanau acel miros puternic de parfum masculin, greoi, folosit de șarlatanii români.

Întristată de cele întâmplate am luat primul taxi către Lisabona, apoi direct la hotel și n–am mai ieșit afară până a doua zi.

După colindat muzeele Gulbekian și Museu Nacional de Arte Antiga, apoi locuri și monumente superbe pe malul râului Tego și al Atlanticului, am plecat să mă bucur de atmosfera Coimbrei, mult reputata cetate universitară de peste 300 ani ce–și dispută vechimea doar cu Padova. Tot la sfatul Sandrei din hotel am decis să merg cu autobuzul, la dus, și să mă întorc cu trenul ca să vad cât mai multe locuri în drumul de peste 200 kilometri spre Coimbra. Am luat minimum de bagaj, lăsând restul la hotel, făcut rezervație la Coimbra și fugit direct la stația de autobuze din mijlocul orașului, bine plasată, și eficient organizată cu excepția... cerșetorilor, ce nu păreau agresivi, fiindcă scoteau din buzunar câte un bilet scris în portugheză, în care explicau cine sunt și pentru ce vor bani.

La un moment dat o fetiță de vreo 5–6 ani, *cam bronzată* dar cu ochii albaștri ca cerul, a venit pe lângă fiecare dintre oamenii ce așteptau liniștiți la linia de plecare a autobuzului; a făcut câteva ture şi iar s–a întors împingând obraznic un bilet sub nasul fiecăruia din cei ce ne aflam la linia de aşteptare.

Pe bilet era scris în portugheză: „Ajutați familia Mihnea din România să mănânce că avem trei copii şi nu avem nici de pâine, faceți–vă milă, vă rugăm să ne dați ceva bani".

Eu m–am uitat în gol ca şi când nu înțelegeam nimic din mesajele adresate. M–am simțit ca într–un film de Hichcock, unde personajele sunt obsedate de fantome stranii de care nu mai pot scăpa; în câteva zile de la sosirea în Lisabona găsesc atâtea întâmplări amare generate de cei veniți din țara mea la cerşit sau la furat, că este devastator!

Cum să mai spui că eşti român?

Copila şi–a terminat turele fără succes, dar a apărut din senin „piranda–mamă", îmbrăcată cu nişte pantaloni stil jeans trei sferturi, destul de modernă pentru a îndrăzni să cerşească, care s–a adresat agresiv fiecăruia dintre noi, cerşind în limba română şi împingând biletul să ne lămurească ce vrea. Când a ajuns la mine eu m–am făcut că nu înțeleg nimic şi am dat din umeri; atunci s–a declanşat ca turbată, adresându–mi–se în italiană, în spaniolă, după care, văzând că nu are răspuns, a început să mă înjure şi blesteme ca la uşa cortului pe româneşte–țigăneşte, aşa cum hârtia aceasta nu poate duce greutatea limbajului ei grobian. Am făcut un efort să nu bufnesc în râs!

A dat Domnul de a venit autocarul şi aşa am scăpat de blestemele ei oribile, dar o am în minte de–aş putea–o recunoaşte dintr–o mie dacă o mai văd. Din nou un „odecolon", aruncat pe o piele transpirată cu mult jeg, s–a răspândit după plecarea ei şi mi–a adus în față imaginea țiganilor din Bucureşti mişunând pe străzi, tărcați şi parfumați peste măsură, să–ți taie respirația.

Am ajuns la Coimbra unde am luat un taxi către hotelul Don Luis pe un deal de unde puteam admira toată panorama oraşului încremenit în timp ca o stampa veche în sepia. Mi–am petrecut fiecare zi în cetatea universitară, unde am călcat pe urmele împăratului Traian, din subsolul cetății romane din Museu National de Machado de Castro, am vizitat biblioteca universitară unde am amuțit de atâta frumusețe, catedrala sublim ornată și păstrată, apoi mi–am petrecut multe ore pe strada Borghes clătindu–mi ochii cu vitrinele rafinate ale magazinelor.

În fiecare zi am luat cafeaua şi nelipsitul croissant la una din mesele aşezate în stradă, unde cântau formații spaniole şi peruviene, de nu–ți mai venea să pleci.

În ultima zi dinaintea întoarcerii mele la Lisabona am fost martora unei mari sărbători locale unde am asistat la manifestații importante în stradă, discursuri (pe care nu le–am înțeles) ale primarului şi altor personalități din Coimbra, când obosită m–am aşezat pe o bancă să ascult muzica ce spinteca spațiile şi să admir coloritul costumelor de sărbătoare.

Pe o bancă, alături de mine, un grup de vreo şapte indivizi, aparent muncitori ieşiți la soare în zi liberă, îngrijiți, vorbeau o limbă românească cam ciudată, însă o puteam înțelege. Oameni amărâți veniți la muncă pe vreun şantier din Portugalia, îşi sunau pe rând nevestele de la un telefon celular şi mi–a tresărit inima la căldura cu care se adresau celor rămaşi acasă, probabil în Basarabia.

M–a cuprins tristețea că bieții români, nu se mai ştie pe unde, s–au risipit ca potârnichile căutând de lucru şi încet, încet vor rămâne doar urme din limba şi cultura noastră contopite cu ale altor neamuri ce ne vor înghiți cu totul.

Acest grup de oameni cinstiți şi harnici emanau un parfum al libertății, un parfum de prospețime şi bun simț pe care nu puteai să nu–l remarci în apropierea lor.

Am aflat că în Portugalia se află mii de români din Basarabia şi România, care lucrează pe şantierele de construcții, sau la munci grele, unde nu se duce nimeni. Săracii români cumsecade nu mai pot trăi la ei acasă, nu au avut ce lucra şi nu au avut ce mânca, de au luat drumul pribegiei.

M–am înapoiat cu trenul la Lisabona, purtând în mine imaginea grupului de muncitori din Coimbra, care mi–a adus lacrimi în ochi pentru țara noastră. Măcar aceştia nu te fac să roşesti că te–ai născut în aceiaşi țară cu ei.

Am meditat la ideea că România este de zece ori mai frumoasă şi mai mare decât Portugalia, dar nu a avut şansa să fie departe de lupii flămânzi, ca să–şi poată păstra cetățile, monumentele, mânăstirile şi să le arate cu mândrie turiştilor care nu ştiu nimic despre noi.

Înainte de a părăsi Lisabona am luat un tur pentru a vizita partea de vest a țării cu Sintra şi Capo de Roca, unde toți turiştii făceau de zor poze şi luau certificate că au atins punctul cel mai vestic al Europei.

Se afla acolo o cruce imensă pe care mi–am aşezat brațele privind către vestul unde se află America, la cca 6.000 mile, şi mi–am zis:

O, Doamne, pentru mine acesta nu este cel mai vestic punct al Europei, ci este cel mai depărtat punct de ruşi, acesta este locul unde hoardele bolşevice nu au putut ajunge sau nu au ştiut prea mult despre acest pământ binecuvântat. De aceea acest popor a trăit în pace şi si–a putut păstra tradițiile, istoria şi neamul de sute de ani neschimbate; i–au invadat arabii, i–au ocupat celții, li s–a schimbat limba cu multe cuvinte aduse de invadatori, dar niciunul nu a fost ticălos ca rusul, să şteargă de pe fața pământului milioane de oameni, cum a făcut Stalin cu basarabenii sau cum s–a scris „balada siberiană" cu prizonierii români.

Mi–am spus în gând rugăciunile sub acea cruce uriaşă, atât de departe de țara mea şi m–am rugat cu lacrimi în ochi să–i ție Dumnezeu departe de România pe mujicii de la răsăritul țării noastre.

Curentul Internațional, USA, decembrie, 2002

Acasă la Dante

Florența se așterne la picioarele vizitatorului ca un covor moale de mătase pe care calci fericit, că–ți mângâie tălpile și nu te mai simți obosit, chiar de–ai merge kilometri pe zi. Nici nu poți vedea cu adevărat frumusețile locului decât umblând în tihnă numai pe jos; după fiecare călătorie prin orașele europene, unde am poposit numai pentru artă, am aruncat câte o pereche de *snickers* distruși cu umblatul pe jos.

Când ridici ochii și privești în jur deasupra orașului vezi acoperișuri roșii și turnuri cu decorații unice, construite de marii arhitecți ai timpului, biserici încărcate de artă, pe lângă palatele și muzeele unde te pierzi cu săptămânile, ca să poți cuprinde și memora măcar câteva din capodoperele expuse, precum la Ufizzi. Aici, se află cea mai mare concentrație de artă, după Veneția.

Dacă mai iei un tur la San Gimignano sau Siena, te întorci obosit de atâta culoare, faci *sindromul Stendhal,* fiind saturat cu artă și vrei o pauză. Schimbi traseul către Ponte Vecchio, te mai oprești la vitrinele cu bijuterii de cel mai mare rafinament, te așezi la o masă într–o *trattoria* pentru o gustare și o cafea verificându–ți lista locurilor pe care ai putea să le mai vezi în timpul rămas până la plecare.

La Florența trebuie să petreci mult timp, apoi să revii pentru a repeta experiența bucurându–te cu adevărat de frumusețile care te orbesc, dar te fac cu mult mai bogat și fericit.

Într–una din acele zile, când aveam nevoie de o pauză de la muzee, am căutat casa lui Dante Alighieri și am plecat într–acolo, „la picior".

Dintre pilonii literaturii universale Cervantes, Shakespeare şi Dante, acesta din urmă a fost cel care m–a atras cel mai mult, m–a obsedat din adolescenţă, pe când căutam febril esenţa lucrurilor şi înţelesurile trilogiei fără egal, lansate cu peste şapte sute de ani în urmă, dar atât de actuală.

Am găsit casa în care locuise Dante cu familia lui, situată pe o străduţă îngustă cu clădiri foarte vechi, dar foarte solide, cu pereţi groşi de zid şi uşi grele încrustate în lemn. Intrarea era pe stânga. Trebuia să urci multe trepte de lemn la etajul unde am găsit un băiat tânăr ce dădea biletele de intrare. Mi–a eliberat biletul explicându–mi succint distribuţia şi funcţiile camerelor, aşa cum fuseseră folosite la timpul când marele poet a locuit acolo. Nimeni în jur.

Am trecut foarte încet dintr–o cameră în alta cu pioşenia cu care intri într–o mânăstire; simţeam că păşesc prin secolul în care trăise Dante cu toate frământările vremurilor lui. Deasupra primei uşi era scris cu litere mari: ***„aici a locuit Dante Alighieri, care s–a născut în zodia gemenilor, între 29 mai şi 10 iunie, a anului 1265".*** Pentru mine, Dante a fost şi rămas un Dumnezeu al literaturii universale, dar şi un mare vizionar.

Priveam la puţinele obiecte ce se mai aflau pe pereţi, pe ramele geamurilor uriaşe, pe câteva mobile păstrate încă, dar aveam sentimentul că cineva mă urmăreşte din spate. La un moment mi s–a părut că am auzit chiar o respiraţie cu un oftat în preajma mea şi am întors rapid capul să văd cine se află lângă mine, crezând că băiatul de la intrare m–a urmat, sau vreun alt vizitator se afla acolo. Nimeni!

M–am înfiorat fiindcă era o zi de toamnă aurie, fără nicio adiere de vânt, o linişte caldă şi odihnitoare care nu ar fi avut de unde să aducă nici o şoaptă. Am auzit înfundat un tuşit bărbătesc şi un scârţâit de mobile, când am întors capul din nou. Tot nimeni!

Am gândit că fantoma cuiva rătăcise în acel spaţiu unde energia celor ce locuiseră casa cândva rămăsese înmagazinată

în pereți, în mobile și tablouri avertizând orice intrus, ca un gardian loial locului. Pentru o clipă mi s–a părut că văd ca pe o pânză diafană mișcătoare, chipul lui Dante, cu nasul lui coroiat și coroana din frunze de lauri acoperindu–i capul. Mi–am continuat însă vizita prin restul camerelor încercând să elimin imaginea care mă tulbura simțind în preajmă o prezență ca un suflu al unui alt timp de demult, sau poate chiar am trăit în acel timp pentru o clipă.

Am revăzut și înregistrat pe pelicula memoriei mele fiecare amănunt din camerele vizitate, dar am simțit nevoia să ies repede din acel loc precum dintr–un vis obsedant.

La plecare, din nou pași urmărind–mă din spate, care... parcă călcau pe ai mei; am întors capul și... din nou nimeni.

Se vede treaba că arătam puțin răvășită la plecare fiindcă băiatul de la bilete, student la arte, m–a întrebat:

„Cum vi s–a părut locul, ați simțit cum spiritul lui Dante este prezent în fiecare colț al acestei case?"

I–am răspuns că DA și că am simțit cum o fantomă m–a urmărit peste tot, călcând pe urmele pașilor mei. *„Știam, de aceea v–am întrebat, fiecare vizitator al acestui*

lăcaş a trăit aceleaşi emoţii şi nu este întâmplător. Aici vine numai cine l-a citit şi iubit pe Dante căutându-i duhul, dar el este prezent în fiecare scândură pe care aţi călcat pe podea, în fiecare perete, în fiecare mobilă rămasă aici, ca şi cum şi-ar conduce musafirii arătându-le casa. Este prezent în subconştientul nostru şi-l purtăm în noi, iar spiritul lui ne întâmpină aici, după sute de ani. Mergeţi vă rog la capela familiei şi puneţi o lumină pentru el."

Mi-am dat seama că băiatul, era un mare iubitor al lui Dante.

Dar cine nu este?

M-am scuturat de ceea ce trăisem, am mulţumit şi plecat din casă coborând treptele largi, având oricum intenţia să văd capela. Am trecut străduţa vis-a-vis şi am intrat la capela familiei Alighieri, unde am găsit destul de multe lumânări arzând în tăviţe rotunde cu nisip, aşezate pe suporţi metalici cam la înălţimea unui om. Capela mică, dar destul de impunătoare doar pentru o familie, avea câteva statui cu Fecioara Maria, Christos şi câţiva alţi sfinţi pe pereţii înnegriţi de vechime şi de lumânările arse de-a lungul secolelor. Mă urmărea încă imaginea iluzorie a lui Dante.

Am luat o lumanare, lăsând banii şi am aprins-o rostind cu voce tare o rugăciune care s-a întors la mine într-un ecou estompat: *„Eu îţi dau lumină, tu să-mi fii ghid şi inspiraţie pentru ceea ce am de înfăptuit. Mulţumesc că am putut ajunge aici să mă bucur de prezenţa spiritului tău căruia îi doresc odihnă deplină".*

Ca prin minune n–am mai simțit „suflul" acelei *prezențe* care mă urmărise prin toată casa, m–am așezat pe o canapea de lemn masiv din capelă lăsându–mă în voia gândurilor și încercând să mă umplu cât mai mult cu atmosfera aceea tainică.

Mă aflam șezând pe o canapea sculptată în urmă cu sute de ani, inhalam aerul care degaja din pereți și odăjdii cu aroma de smirnă și ceară arsă de–a lungul atâtor secole, poate că aveam în jurul meu sute de spirite jucându–se ca niște licurici, trăiam o experiență mistică cu ochii deschiși.

Am simțit un curent electric slab pătrunzându–mi în fiecare celulă, m–au trecut fiori reci și am închis ochii lăsând drum liber imaginației potrivit cu timpul la care au fost scrise ***Infernul, Purgatoriul*** și ***Paradisul.***

Poate că exact pe acest loc stătuse Dante rugându–se pentru el și Beatrice, când a pierdut–o, pe aici trecuse de multe ori marele poet vizionar mult prea avansat în gândire pentru timpul său, iar eu aveam acum privilegiul să–i ating urmele.

Acești coloși ai gândirii universale trăiesc de–a pururi!

Am meditat la ceea ce se petrece acum în lume, la ***Infernul*** în care trăim noi, conform premoniției marelui poet al lumii și m–am cutremurat la gândul că mai avem de parcurs drum lung până la ***Purgatoriu,*** neștiind cât de dramatic ne va scutura Dumnezeirea pentru distrugerile aduse acestui „pământ–mamă" (cum spun indienii–incași), care ne hrănește generos în timp ce noi acoperim soarele, „tatăl–creației", cu nouri grei de poluare, otrăvim toate izvoarele de apă, smulgem pomii, ucidem animalele cu bună știință și ne sfâșiem noi între noi dornici de putere, aur și sânge.

Cât despre ***Paradis...*** nu poate fi vorba, pe acela nu–l vom mai apuca noi!

Cum să–ți mulțumesc Doamne că mi–ai îndrumat pașii către *aici*?

Destine Literare, *Canada, aprilie, 2011*

La Sfântul Anton

Mă aflam la Veneția, în anul 2000, când, obosită de atâta culoare și măreție în artă am decis să mai colind și alte locuri ca să schimb puțin peisajul. Plouase în fiecare zi și apa ajungea până la glezne, în unele locuri chiar mai sus, așa că am plecat spre gară să iau trenul pentru Padova, la vreo 30 Km, să văd orașul și vestita universitate cu care numai Coimbra mai poate concura, la reputație și vechime, de peste 300 ani.

Am coborât în gara Padova în fața căreia se desfășura un bulevard larg și foarte modern, la capătul căruia am văzut o biserică uriașă. De la distanță nu prea avea aspect de biserică catolică, așa încât, curioasă, am plecat pe jos să văd cum arată mai de aproape. Mi–am făcut socoteala că aș fi avut destul timp să descopăr orașul după aceea și să caut clădirea universității.

Era duminică și mi–am zis că nu mi–ar cădea rău să mai merg la o biserică, după ce le văzusem cam pe toate din Veneția, una mai grandioasă decât alta și unde am avut norocul să asist la diverse slujbe de mântuire cu puhoi de lume.

Fiecare biserică la Veneția este o operă de artă și fiecare are istoria ei despre cum a fost construită, de multe ori ridicate de către oameni care au făcut asta drept mulțumire pentru vindecările lor miraculoase.

Am ajuns la biserica numită *Sfântul Anton*, am intrat și am fost copleșită de mărimea ei cu cel puțin patru aripi în care se țineau slujbe diferite, ca și cum erau încorporate acolo alte bisericuțe unde se aflau oameni veniți la slujbă sau pentru spovedanie. Cred că am auzit vorbindu–se acolo zeci de limbi, pe lângă italiană.

Bazilica San Antonio din Padova

De la intrare, înaintând pe stânga spre fundul bisericii, am văzut oameni aşteptând la rând în jurul unei imense cripte în care se afla coşciugul cu trupul mumifiat al celui care fusese cândva Sfântul Anton; am văzut pe pereţi sute de scrisori de mulţumire înşirate până la tavan, pentru minunile făcute în urma rugăciunilor multor oameni maturi sau copii aflându-se pe patul de moarte. Surprinsă, am citit multe scrisori trimise de părinţi din România care aduceau mulţumiri cu profundă recunoştinţă pentru miracolele petrecute cu copiii lor care-şi aşteptaseră sfârşitul, dar au fost vindecaţi instantaneu prin puterea duhului Sfântului Anton.

Făcusem acea călătorie fiindcă nu vroiam să mor înainte de a vedea Veneţia; plecasem la drum cu un risc incomensurabil de îndată ce cinci medici specialişti mă trimiseseră acasă să-mi fac testamentul şi să-mi aştept sfârşitul. Nu făcusem niciun plan să ajung la biserica dedicată Sfântului Anton fiindcă nu ştiam de existenţa ei.

Am aşteptat la rând unde mi s-a arătat cum se ocolea cripta aceea de trei ori şi mi s-a spus ca în timpul rugăciunii să ţin palma lipită pe partea laterală a acesteia, adică cea expusă oamenilor. Restul coşciugului era zidit în beton pe celelalte trei laturi.

M–am concentrat şi m–am rugat pentru sănătate şi vindecare, numai dacă este în planul Forţei Divine, Forţa Vieţii (*–Dumnezeu–*) să mai rămân în această dimensiune, având încă ceva de îndeplinit. Eram aşa de sleită de puteri, atât de pregătită să părăsesc lumea pământeană că aproape nu–mi mai păsa ce se va petrece cu mine. Făcusem chiar o asigurare bună, pentru cazul în care mor în această călătorie, să fie totul acoperit, ca să nu plătească moştenitoarea mea cheltuielile de transport şi înmormântare.

Am simţit o căldură în tot corpul, sau mai curând un fel de curent electric de mic voltaj, cât timp am ţinut mâna pe partea deschisă a coşciugului şi am ştiut cumva, în spirit, că „ceva" m–a atins. Fiecare celulă din mine a răspuns la acel indescriptibil curent şi am fost energizată, trezită. Aproape că mi–a fost frică.

Când am terminat cele trei ture şi rugăciunile mele profunde am păşit în afara criptei ce se afla aşezată pe un piedestal gros de beton. În aceiaşi clipă o lumină orbitoare a intrat printr–una din ferestrele dinspre stânga criptei şi a străpuns mulţimea de oameni din biserică. Nu era soarele, fiindcă pe cerul înnourat văzusem numai torente de ploaie de o săptămână, a fost ceva foarte neobişnuit, ca un fulger care m–a cutremurat.

Am întrebat pe un preot din biserică şi mi–a răspuns calm că ei au văzut deseori asemenea lumini venind din fereastra cea mai apropiată de cripta Sfântului Anton, mai ales când erau acolo mulţi oameni veniţi la rugile pentru vindecări. Atmosfera era aşa de încărcată de energie luminoasă vibratorie că simţeai cum te pătrunde până la os şi te înfioară, o ştiai că este acolo fără a o putea defini. Atât a fost.

Am luat trenul înapoi spre Veneţia, cam răvăşită, dar cu convingerea că am trăit ceva miraculos; am acceptat asta ca pe un răspuns la rugăciunile mele, dar am uitat întâmplarea după un timp.

Revenind în America m-am simțit mult mai bine, deşi eram după o călătorie foarte obositoare de câteva săptămâni, dintre care ultimele zece zile la Paris unde umblasem mult pe jos să revăd muzeele mele preferate.

Fernando de Bulhoes

N-am spus nimănui despre experiența mea din biserica Sf. Anton din Padova ca să nu fiu suspectată de făcătură şi mi se părea că oricum fusese numai întâlnirea mea cu *sacrul,* taina mea...

În 2002 am plecat în Portugalia pentru două săptămâni. Am colindat împrejurimile Lisabonei cu piciorul, apoi am luat câteva tururi să vad castele şi mânăstiri impresionante, printre care, o zi la Fatima. Acolo nu am avut nicio emoție şi niciun semn al vreunei prezențe speciale; m-am rugat şi atât, fără a detecta vreo reverberație. Am văzut acolo oameni mergând pe genunchi, drum de sute de metri în rugăciune cu voce tare, până la intrarea în biserica principală.

Într-una din zilele când umblam pe jos în Lisabona ca să descopăr locuri noi, sau clădiri vechi, unele pe jumătate distruse la bombardament, dar tot frumoase, am luat-o pe lângă linia tramvaiului care urca undeva, pe un deal, în necunoscut.

Am trecut pe lângă o poartă deschisă larg către o curte unde am văzut o bisericuță asemănătoare cu cele din România şi m-a tentat să văd cum arată înăuntru.

Era cea mai veche biserică a lor construită prin anii 1130, iar alături se afla locul unde se născuse aşa numitul Sfânt Anton!? Stupoare!

Am intrat în biserică unde m–a întâmpinat un călugăr (sau preot?) îmbrăcat în negru, vorbind fără efort câteva limbi şi care mi–a explicat că acesta este locul unde s–a născut **Fernando de Bulhoes** prin 1232 – cred – fiindcă în 1982 Papa de la Roma a venit pentru slujba de sfinţire la aniversarea a 750 ani de la naşterea acelui sfânt cunoscut de noi sub numele ***Sf. Anton de Padova.*** Coincidenţa m–a făcut să tresar: era o zi de marţi (ziua lui Sf. Anton celebrată de catolici), avusesem experienţa din 1999 în biserica din Padova, unde se afla depus coşciugul cu trupul său, iar aici am fost atrasă, aproape adusă în mod misterios ca să intru.

Îi spun călugărului istoria mea, la care el îmi răspunde:

– ***Spiritul Sf. Anton este foarte puternic!*** El a fost protectorul copiilor şi aşa a plecat din Lisabona la Padova, când avea vreo doisprezece ani. Acolo s–a dedicat până la moarte copiilor săraci, bolnavi şi părăsiţi, iar cine se roagă la el pentru orice suferinţă să ştiţi că este ascultat şi vindecat.

Novenele pe care le facem noi în post şi rugăciune timp de nouă zile consecutive de marţi, primesc întotdeauna răspunsul dorit. Oamenii vin aici, ca şi la Padova, din toate colţurile lumii să se roage cerând vindecări. Primesc constant scrisori de mulţumire de la cei care au fost atinşi de duhul sfânt şi infinit de bun al Sfântului Anton; a fost un om de o mare bunătate, iar acum spiritul lui lucrează în acelaşi fel salvând oameni care nici nu–i cunosc limba fiindcă Dumnezeu săvârşeşte minuni pentru cei care cred în el, iar Sf. Anton este un mesager întru vindecare.

M–a condus călugărul prin nişte culoare întunecate ca de labirint, am coborât apoi câteva trepte de piatră, foarte vechi şi tocite, când m–am aflat în faţa unui loc îngrădit cu bare de metal şi cu un mic altar înăuntru, pe care ardeau lumânări groase de ceară bună. Locul arăta mai curând ca o mică grotă.

– Aici, exact în acest loc, s–a născut **Fernando de Bulhoes,** canonizat ca **Sfântul Anton** la care vin oamenii în pelerinaj să se roage, mi–a şoptit călugărul. Vă las acum să vă rugaţi pentru ceea ce aveţi nevoie să vă ajute.

Ştiu sigur veţi primi harul lui!

Pe peretele din stânga altarului îngrădit se aflau fotografii şi câteva fraze rostite de Papa la celebrarea celor 750 ani de la naşterea Sfântului Anton.

Am îngenunchiat şi m–am concentrat ca să pot comunica cu spiritul prezent, poate ca o energie acumulată în acel loc şi am rămas un timp să meditez la legăturile noastre eterice pe care şi, de nu le înţelegem, le simţim prin efectele lor asupra noastră.

După rugăciunile cu meditaţii şi întâlnirile mele cu forţa miraculoasă a duhului Sfântului Anton „ceva" s–a schimbat în evoluţia bolii mele, fiindcă n–am mai suferit ca înainte şi n–am murit, aşa cum prevăzuseră toţi doctorii în 1998, care acum se crucesc când mă văd pe picioare.

(Am avut o colegă de serviciu care fusese diagnosticată cu cancer terminal şi în disperare se culca în fiecare seară cu poza maicii Thereza pe locul tumorii rugându–se profund pentru vindecare. Trăieşte şi astăzi).

Doctorii cu deschidere şi înţelegere a Universului Sacru precum Larry Dorsey, Deepak Choopra, Adam Dreamhealer, Bruce Lipton (*Biology of belief*) şi mulţi fizicieni, oameni de ştiinţă de prestigiu, ca Goswami, Greg Braden (*Isaiah Effect*), Wolf, au dovedit că ştiinţa a făcut un salt uriaş după descoperirea mecanicii cuantice.

Totul este sacru în univers, iar legăturile noastre cu Divinitatea nu sunt ceva nou, le redescoperim doar.

Important este să rămânem conectaţi în permanenţă cu Universul Nostru Sacru, la Dumnezeul nostru. Să nu–l ignorăm, fiindcă EL există!.

Vocea Basarabiei, 2008,

Open House (Pastila de Crăciun)

La începutul lui decembrie am zărit la panoul cu anunțuri din holul condominionului nostru un anunț colorat și cu litere de-o șchioapă în care eram invitați la un *„OPEN HOUSE”* în apartamentul nr. 7, pe 14 decembrie, la ora 2 pm. Eram rugați să ne facem timp sa onorăm invitația unei familii mutate de un an în *condo*–ul nostru, prilej cu care să ne mai cunoaștem cu noii vecini, ca să împlinim ceea ce americanii numesc *to socialize,* înainte de sărbători.

M–a sunat președintele blocului să nu lipsesc de la celebrare, apoi o altă vecină, englezoaică, în fine; se făcuse destul tam–tam despre eveniment. Întâlnisem de câteva ori cuplul locuind în ap. 7 având garajele vis–a–vis și mi s–au părut oameni foarte drăguți, care mă invitaseră de Paște să merg la biserica lor lutherană, calvină, evanghelică, apostolică sau catolică (nu mai știu de care), când am refuzat politicos știind că toți vor să te atragă la religia lor, pe care nici ei nu și–o cunosc prea bine, dar se duc la slujbe precum oile la țarc.

Cu câteva zile înainte de 14 decembrie tocmai înmormântasem o prietenă și nu aveam eu sufletul deschis pentru o vizită, însă mi s–a părut nepotrivit să jignesc niște oameni care poate se pregătiseră să primească musafiri.

M–am dus după ora fixată găsind ușa deschisă pentru orice invitat. Hall–ul de intrarea lor era decorat cu Moși Crăciun de toate felurile, apoi un țap de lemn în mărime aproape naturală (care se vroia cerb) cioplit grosolan cu coarnele făcute din crengi înfipte în capul strâmb de care atârnau câteva beculețe colorate, proptit chiar în ușă... era *operă de artă* executată cu mândrie de stăpânul apartamentului cu pricina.

Când am ajuns, gazda a sărit să mă întâmpine, cu zâmbete și vorbe dulci, iar eu am pășit pragul apartamentului unde am găsit câțiva vecini stând de vorbă. Stăpâna foarte amabilă, m–a îndemnat să merg să–mi arate cum și–a decorat apartamentul, trecând prin toate camerele în care se aflau zeci și zeci de jucărioare de gips cu alți Moși Crăciun, îngerași de toate mărimile, toate kitsch–uri, niște animale vopsite pe post de bibelouri, apoi beculețe atârnate din plafoane, de pe lămpi, din jurul câtorva poze înrămate pe pereți sau de niște plase de pescuit puse deasupra patului, sugerând că locuiesc la o margine de ocean, mi–a explicat ea. Două felinare marine tronau pe cele două noptiere ca să completeze peisajul rustico–romantico–marin care mi–a amintit de satul 2 Mai de la Marea Neagră. De ce ne–o fi chemat, mi–am zis eu, să ne arate colecțiile lor de artă?

Mi–a mai arătat amintirile de familie așezate pe diferite piedestale, vorbindu–mi de la cine moștenise acele *obiecte de artă*, despre însemnătatea lor, alți îngerași făcuți din gips, vopsiți ca la bâlci, apoi nenumărate alte jucării din pomul de Crăciun, la baza căruia era instalat un trenuleț care funcționa. Acela era drăguț fiindcă mi–a amintit de copilărie.

Ne–am reîntors în bucătărie unde soțul tocmai pregătise o carafă mare de cafea – mirosind a orice, numai a cafea, nu – să ofere oaspeților, când m–am lovit de un birou așezat în colțul unde ar fi trebuit să existe o masă. Atunci gazda mi–a explicat, cu o mină foarte dulce, că acela este locul unde scrie facturile, fiindcă ei nu pregătesc decât cafea sau ceai în bucătărie (că oricum le făcea tot *honey*), mănâncă numai în oraș de când s–au căsătorit, de vreo cincizeci de ani. În fine, e treaba omului cum își organizează viața, dar m–am întrebat de ce a făcut atâta reclamă să nu cumva să lipsim de la invitația ei la *Open House*. Casă deschisă la ce?

Putea să fi făcut efortul să comande măcar o pizza, să improvizeze ceva simplu, sau să ne fi spus să aducem fiecare ceva de mâncare, fiind ora mesei.

M–am îndreptat spre living să stau puțin de vorbă cu vecinii, când ea și soțul m–au urmat invitând grațios pe toată lumea să servească ceva de pe masa așezată acolo; mai corect pe jumătatea de masă pe care se aflau niște prăjiturele scoase dintr–o cutie mică de *danish cookie*, iar pe un șervețel așteptau exact cinci pachețele de ceai Lipton, din cele ieftine care se găsesc gratis la orice restaurant și... o cutie dreptunghiulară cu compartimente foarte mici în care se aflau cubulețe de brânză, câțiva crakers, un salam cât un creion de gros și un *ball* de brânză acoperit cu migdale sau nuci. Această cutie era cu siguranță un cadou adus de cineva, dar nu putea sătura decât o vrabie, darămite optsprezece oameni???

Gazdele generoase și zâmbitoare ne tot invitau să gustăm din *bunătățile* de pe masă, oamenii se uitau unul la altul, că nu prea aveai ce să iei, iar eu am cerut un ceai. A sărit prompt găzdoiul să mă onoreze cu niște apă călie într–o cană de ceramică în care aruncase un pachețel de ceai. Mi–a făcut antologia acelei cești *antique* din care numai mama lui a băut și ce valoare avea (lut ars de duzină, vopsit pe deasupra) de mi–a trecut și setea. Când am văzut pachețelul cu ceaiul de trei parale am mulțumit frumos și am fugit la mine în apartament să–mi iau un ceai verde englezesc să am și eu măcar o bucurie. La înapoiere le–am adus în dar o cutie originală cu ceai verde de Ceylon și o pungă de *Cafe Rare* primită de la prietenii mei din Franța. El a sărit să mă îmbrățișeze cu foc pentru gest, dar mă îndoiesc că știa de ce calitate era conținutul pachetelor aduse. A fost pomana mea pentru sufletul morților că dumnealor tot nu știu ce înseamnă asta, lipsindu–le cu desăvârșire spiritualitatea ca și cultul celor plecați dintre noi.

Am încercat cu mare efort să stau alături de invitatele la „petrecere", să leg două vorbe cu vreuna. Conversațiile lor artificial–superficiale, numai despre copii, scutecele nepoților și ceva *savings* exprimate în fraze sterile din care respira numai ignoranță și lipsă totală de cultură, m–au lăsat mută; măcar vreo știre din ziarul local și tot era mai cu rost. Să nu credeți că vecinii mei sunt oameni săraci (câțiva sunt milionari), sau analfabeți; așadar, ar fi putut să–și arunce niște bani pe câteva cărți, spectacole bune sau călătorii să se mai lumineze la minte... Dacă au șapte clase, sau două, sau colegiul, nu știu, însă doamnele merg la coafor, cel puțin o dată pe săptămână, au unghiile lungi și strident colorate, sunt pline de bijuterii foarte scumpe, mănâncă de două ori pe zi numai la restaurant și fac „nimic" acasă, unde unicul mijloc de culturalizare este TV–ul. Aș fi fost curioasă să le văd măcar scrisul!

Nu tu educație, nu gospodărie, nu croșetat, nu cusut, nu citit, nu călătorit, nu, nu, nu, nimic; cum or fi trăind cu creierele așa de goale? Intre dusul la biserică și făcut copii doar coaforul și vidul.

Meschinăria gazdei de a pune pe masă niște pișcoturi râncede uitate pe vreun raft și alte fleacuri minuscule când ai invitat oameni din 24 de apartamente, rămâne de neînțeles pentru mine. N–am rezistat mult și am inventat un motiv să dispar, când amfitrioana casei m–a oprit insistând să servesc ceva din cele puse pe masă. Am ignorat masca ei zâmbitoare și glasul mieros bine regizat, am găsit o scuză și am fugit. Am făcut–o fiindcă gustasem dintr–un biscuit ca să–mi beau ceaiul, dar era vechi și cu un gust rău.

Acasă, m–am aruncat într–un fotoliu şi mi–am amintit de mesele făcute de noi, româncele, bine şcolite şi cu servicii grele în ţară sau aici, când ne pregăteam cu cel puţin o săptămână înainte de a primi oaspeţi şi când ne întreceam ce să punem mai bun pe masa lor, dacă invitam la ceea ce se numeşte aici *open house*... Chiar în timpurile de sărăcie tot improvizam ceva pentru servit musafirii, păstram cu grijă vreo bucată bună de şuncă luată pe sub mână, caşcaval, ceva sardele, schimbam reţete de torturi cu ingrediente mai ieftine, inventam fel de fel antreuri ca să arate masa frumos şi să ne întâmpinăm prietenii cu masa pusă.

Noi am învăţat acasă să croşetăm, să ne coasem singure tivurile şi fermoarele, să gătim sănătos, să împlinim toate funcţiile unei gospodine, paralel cu studiile pe care le–am urmat. Noi ştim care este capitala Mexicului şi nu spunem că Franţa se află în Angola! (vezi show–ul lui Leno de peste noapte).

Noi putem face corect *speeling*–ul limbii americane, am putut face rapoarte şi scrie materiale grele, chiar manuale, în timp ce 47% din absolvenţii unei şcoli medii de aici nu pot citi ziarul!? (vezi „Scientific American" record).

Noi nu avem nevoie de calculator sa împărţim 100 la 10, cum făcea managerul meu din NY, putem face la viteză orice înmulţire, împărţire şi chiar extrage rădăcina pătrată care, pentru locuitorii *ţării tuturor posibilităţilor* este de neconceput, fiindcă unii nici nu au auzit ce este asta.

Mi–am amintit de asemeni că în orice sat din fundul ţării te–ai fi nimerit, din întâmplare, oamenii pământului românesc primitori şi generoşi erau încântaţi că le–ai călcat casa şi improvizau din nimic nişte mese minunate. Dacă nu aveai unde să înnoptezi te invitau cu tot dragul să dormi la ei şi–ţi ofereau patul lor cu aşternuturi curate, ei culcându–se pe jos pe o saltea sau pe vreo laviţă.

Am fost în vizită la ţărani săraci din Bucovina, care aveau numai două camere modeste cu o bucătărie, dar am dormit şi mâncat ca la rude bogate, fiindcă au tăiat vițelul (în taină, că era interzis la acel timp), pe care l–au declarat mort și împărțit cu veterinarul și milițianul satului, numai ca să ne onoreze pe noi.

La fel în numeroasele excursii prin țară și delegații la minele din Băița–Bihor unde oamenii locului ne–au tratat ca pe rude. Minerii care ne–au invitat la ei acasă ne–au oferit măcar pită cu slană (clisă), cârnați făcuți de casă și eventual o palincă, dacă nu au avut altceva în sărăcia lor, doar asta mâncau și ei. Îmi amintesc cu emoție cum noaptea, când stăteam în abataje alături de ei la măsurători, își desfăceau pâinea și slana cu ceapă aduse de acasă și nu te lăsau până nu gustai și tu, întinzându–ți să servești primul. La fel moții din Apuseni, săracii–săracilor, te invitau măcar la un boț de brânză afumată în coji de brad, dar nu plecai din casa lor *neomenit.*

Asta înseamnă cultură acumulată de mii de ani, asta înseamnă noblețe sufletească și bucuria omului că poate să–ți ofere ceva din puținul lui, asta înseamnă sentimentul de frăție. Acest lucru se întâmplă numai la popoare vechi, la popoare care și–au transmis din generație în generație acele trăiri profunde traduse prin grija și respectul pentru aproapele său, prin OSPITALITATE, sentiment care nu există pe acest continent al actorilor cu măști de cânepă. Un rânjet fals și o cană de cafea surogat este tot ce oferă ei unui om pe care l–au invitat în casă, la Crăciun.

Asta înseamnă că trebuie să fim mândri de neamul din ne–am ridicat și să ne știm valoarea; băștinașii n–ar fi în stare să supraviețuiască dacă i–ar scoate cineva din ograda lor fără McDonald, fără Burger King, fără scramble eggs gata făcute, fără ceapa gata tăiată, fără găina gata curățată, fără supa scoasă „proaspătă" dintr–o tinichea coclită, pe care scrie „home made".

Să fie la ei!

Curentul Interanțional, USA, 25 decembrie, 2010

Femeia, eterna poveste...

Un prieten m–a întrebat cândva care este părerea mea despre ***feminism*** şi cum văd eu evoluţia acestei mişcări în secolul 21. Întâmplarea face să–mi fi pus eu însumi această întrebare în lupta zilnica cu greutăţile imense întâmpinate mai ales aici, în America, unde mişcarea este atât de puternică şi bine organizată, poate şi din cauza competiţiei acerbe dintre bărbaţi şi femei cu aceiaşi pregătire.

De la matriarhat până la Elena din Troia, şi mai târziu, până la noi, au trecut o sumedenie de ani în care femeia s–a metamorfozat după împrejurări, în funcţie de modul cum societatea a obligat–o să ocupe diverse roluri.

Îndrăznesc să cred ca feminismul a apărut ca o forţă de sens opus pentru a contracara tendinţa bărbaţilor de a menţine supremaţia în toate domeniile şi de a împinge *femeia–iubită, femeia–soţie, femeia–mamă, femeia–adolescent,* numai către îndatoririle administrative ale casei, grija creşterii copiilor, pregătitul mâncării, responsabilităţi menite să le ofere lor o viaţă comodă, fără a–i da şansa să stea alături de ei şi în meserii similare.

Societatea a fost organizată de bărbaţi pentru beneficiul lor din timpuri străvechi şi s–a perpetuat obiceiul până în zilele noastre. Nimic nou.

Feminismul s–a născut din frustrările de a merge la studii egale cu bărbaţii, la poziţii meritate egale cu cele ale bărbaţilor, iar uneori ca reacţie la neizbutiri sufleteşti, când femeile şi–au căutat „un rost” în viaţă, pentru a completa un mare gol al lipsei de iubire sau al trădării partenerilor.

Îmi vine în minte cum a ajuns Maria Curie savantă de renume mondial: fiind foarte tânără, la vârsta liceală, a lucrat în casa unor oameni de condiție foarte bună, unde băiatul s–a îndrăgostit de ea nebunește, dar a refuzat a se căsători cu ea fiindcă era săracă și nu aparținea unei familii nobile.

Cu inima zdrobită a plecat la Paris, a locuit cu o verișoară în condiții foarte modeste și s–a aruncat cu disperare în studii pentru a uita durerea dragostei neîmplinite.

A fost extrem de inteligentă și frumoasă, astfel că Piere Curie s–a îndrăgostit de ea devenindu–i soț și colaborator de nădejde, iar restul este istorie bine cunoscută.

A fost prima femeie laureată a premiului Nobel de două ori; ea a creat de fapt chimia nucleară care a dominat știința în lume pentru un secol. Fără acea frustrare în dragoste poate nu s–ar fi dedicat cu atâta determinare studiilor ce i–au adus consacrarea în știință.

S–a lansat prejudecata că femeile sunt proaste și bune numai pentru decorație sau menaj și s–a preluat ideea cu entuziasm de către cei ce nu s–au simțit confortabil să colaboreze cu femeile capabile.

Fauna este plină și de femei și de bărbați de tot soiul, pentru varietatea peisajului, și nu văd cine este super–omul care are capacitatea de a examina gradul de inteligență al ambelor sexe. Nici măcar testele de IQ nu sunt exacte.

Bărbații cu adevărat superiori *nu se tem* de femeile inteligente, ci le stimulează și apropie pentru bucuria comunicării spirituale. Asta nu schimbă însa mentalitatea la scară largă, fiindcă este mai ușor să adopți spiritul de turmă când al tău lipsește cu desăvârșire.

În America societățile profesionale trimit anual situația salariilor pe întregul continent și se publică oficial că salariul unui femei este cu 25–30% mai mic decât al unui bărbat cu același titlu, în aceiași profesie, cu aceeași vechime.

Aşadar se pleacă din start cu regula că o femeie trebuie plătită cu mult mai puţin decât un bărbat cu aceeaşi pregătire, capabilitate şi responsabilitate pentru serviciul prestat.

Când lucram la o companie particulară şi mă tot lăuda preşedintele pentru ceea ce făcusem pentru ei, l–am întrebat foarte delicat de ce nu primesc un salariu mai mare de îndată ce salvasem compania de câteva ori de la a fi închisă. Mi–a răspuns că trebuie să înţeleg că noi femeile *suntem o minoritate în America* şi acestea sunt condiţiile pe care nu le poate schimba el. Astfel, prejudecăţile devin legi, acolo unde femeile nu pot acţiona ca să înfrunte umilinţele.

Aveam la acel timp un manager fără studii superioare, beţiv, care se mai şi droga din când în când, care venea la serviciu când avea chef, primea un salariu aproape dublu cu al meu, în timp ce eu îi făceam o bună parte din treburile lui. El era bărbat!

Am dat doar acest exemplu foarte bine cunoscut şi trăit de mine.

La serviciul meu actual toate muncile grele de rutină sunt automat distribuite femeilor chiar dacă sunt bine educate şi pregătite, iar deciziile şi conducerea sunt exclusiv în mâna bărbaţilor ce şi le apără cu înverşunare.

Vreau să sper că acest lucru se întâmplă mai frecvent în domeniul tehnic şi mai puţin în altele.

Cunosc o fostă colegă de meserie, cu doctorat făcut în Germania, pe care au ţinut–o ani în şir pe poziţie temporară la un prestigios institut american de cercetare, iar când au încadrat–o „permanent" au folosit–o doar ca tehnician de manipulat un instrument complex şi nu în munca de creaţie, unde era bună. La un moment X, în timp, i s–a recunoscut valoarea, dar i s–a spus ca ea nu este *decât o femeie* şi trebuie să înţeleagă că asta era situaţia femeii în societatea noastră(?) şi... că le pare foarte rău de cele întâmplate. Părerile de rău veneau la ieşirea ei la pensie, când nu mai reprezenta un „pericol" şi când nu mai valora două parale.

O altă strălucită matematiciană lucrând acum în *fuzzy-logic* mi–a povestit cum a primit–o profesorul american la admiterea la doctorat: I–a spus că soția lui a stat acasă toată viața și n–a mai avut nevoie de doctorat, la ce i–ar fi ei necesar un asemenea titlu?

Amica mea, colțoasă și deșteaptă foc, i–a ripostat sec: „dar eu nu sunt soția dumneavoastră domnule profesor, sunt o altă persoană, și am o altă menire în lume!".

Nu i–a fost ușor dânsului să primească atunci așa o ripostă, dar mă întreb ce și–o fi spunând acum, când îi vede numele pe lucrări și proiecte originale recunoscute în întreaga lume.

Situația nu este mai roză nici pentru femeile care s–au născut și studiat aici; ele sunt confruntate zi de zi cu aceleași probleme de discriminare.

Când apar asemenea condiții crunte la serviciu nu se poate să nu te doară frustrarea că nu ți se recunoaște munca prin respectul și mai ales plata cuvenită.

Când bărbații simt că o femeie este capabilă, energică și eventual apreciată de cei din jur, ea devine un pericol, că eventual ar putea căpăta un post managerial, devine deci un competitor periculos care trebuie eliminat. Am trăit asta permanent în America.

Când anii trec, apare discriminarea de vârstă; a se vedea ce se petrece și în România unde li se spune direct femeilor că după 40 de ani nu mai au șanse de a aplica pentru un serviciu. Am două rude, una specialistă în computere și alta inginer mecanic, ambele prezentabile, bine pregătite, având în jur de 42–45 ani, cărora li s–a refuzat brutal dreptul de a fi măcar măcar audiate din motive de vârstă; ca și cum ar fi aplicat pentru poziția de dansatoare la un bar de noapte *Play Boy!?*

În universități și la guvern este mai greu de înlăturat o femeie, de îndată ce a fost numită pe post cu toate drepturile, dar este și greu de ajuns în poziția respectivă.

La *Massachusetts Institute of Technology* (MIT), cel mai prestigios institut tehnic din lume, lupta împotriva femeilor este aproape oficială prin bariera de a nu fi lăsată nicio femeie să pătrundă în posturi cheie cu niciun preț; poate fi secretară, bibliotecară, funcționar administrativ și cam atât.

Înaintea generației mele femeile americane au avut șansa de a–și lua o diplomă numai în domenii strict limitate: educație (învățătoare), cadre medicale de ajutor (asistente în speță) și secretare.

Personal, nu sunt adepta ideii de a fi egală cu bărbații pentru că biologic nu suntem egale cu ei și nici nu vreau să fiu.

Consider că un bărbat trebuie să mă împlinească, să mă protejeze, să mă facă să mă simt femeie, să–mi fie partener și nu competitor. Dacă eu devin un satrap în competiție cu el, atunci viața nu mai are niciun haz.

Încordarea relațiilor dintre femei și bărbați duce la o luptă veninoasă, distructivă, chiar dacă este vorba de competiția profesională, unde fiecare dorește supremația, sau competiție *„la domiciliu"* ceea ce este cu mult mai grav. Detest acest gen de competiție și l–am evitat pe cât s–a putut în viața mea personală.

Sociologic, economic și politic lucrurile stau puțin diferit: egalitatea socială între sexe a apărut ca o necesitate impusă la timpul când femeile au fost ***obligate*** să se implice în procurarea bunurilor materiale muncind alături de bărbați, pentru a face față nevoilor economice crescânde ale societății actuale.

Familia nu a mai putut fi întreținută numai cu un salariu, deci femeile au fost nevoite să se alăture forței de muncă masculine pentru a–și susține casa.

Femeia *bibelou* a trebuit să iasă din tiparele vechi și să se reinventeze pentru a demara către alte idealuri. Din acel moment femeile au fost încărcate cu atât de multe obligații încât „egalitatea" cu bărbații le–a adus numai „inegalități".

Dintr–o dată s–au trezit că trebuie să îndeplinească funcții multiple: de a fi om bine pregătit profesional și responsabil la lucru, soție sau iubită acasă, mamă, educator, bucătăreasă, femeie la curățenie, om de cultură (eventual) și... să mai rămână feminină și fermecătoare... Cum?

În același timp bărbații au păstrat aceleași jilțuri confortabile, în poziții de conducere, cu drepturi păzite strașnic, vieți comode și nicio altă responsabilitate.

Egalitate?... Nu!

De aici a izbucnit lupta pentru recunoașterea drepturilor și așa a apărut mișcarea feministă, cam odată cu mișcarea de eliberarea apărută în America anilor 1960.

Paralel au fost implicate în această mișcare și alte aspecte ale vieții femeilor, deci s–a extins lupta pentru apărarea drepturilor femeii de a fi salvată de la mutilare (Africa), libertatea de a–și alege partenerul și de a nu fi vândută oricui aduce venituri familiei (unde tot bărbatul–tată decidea acest lucru) precum la indieni și arabi.

În India, până nu de mult, femeia era arsă de vie pe rug odată cu soțul care murise; în anumite zone foarte primitive încă se mai practică ritualul.

Situația femeilor din țările civilizate este foarte bună, comparând cu ceea ce se petrece în Orientul Mijlociu, Asia și Africa, fiindcă societatea acționează în raport direct cu gradul de civilizație și cultură.

În Rusia comunistă, femeile au avut destule drepturi egale cu ale bărbaților și au existat multe femei–savant, femei–pilot, femei–astronaut, femei–medic, etc., cu toate neajunsurile sistemului. Chiar și în România, la timpul când eram acolo, discriminarea femeilor nu era atât de puternică precum în societatea de aici și, în afară de *„savanta cu șapte clase"*, ce se vroia implicată în toate aspectele vieții politice, științifice și culturale (vai nouă), nu prea știu femei care s–au luptat pentru drepturi egale cu bărbații, cu excepția „activistelor" de sindicat sau de partid ce doreau să aibă puterea de partea lor pentru a manipula. Mai toate urâte, grosolane și... proaste!

Mişcarea feministă a ajutat la iluminarea şi salvarea femeilor abuzate de sistemele unde bărbaţii le tratau – şi le mai tratează – ca în vechile haremuri, însă **a degenerat atunci când femeile au schimbat lupta pentru egalitate în drepturi cu lupta pătimaşă pentru... PUTERE şi CONTROL.**

Cui să–i placa femeia–comandant de oşti, sau femeia–jandarm?

Femeile care luptă pentru putere îşi pierd feminitatea şi aşa prăfuită de munca epuizantă şi de frecuşurile zilnice ale vieţii cotidiene, şi–şi pierd timpul fără rost.

Sunt o mulţime de alte căi prin care se pot rezolva conflictele discriminărilor evitând procesele juridice şi ridicolul scandalurilor frecvente în societatea în care trăim astăzi şi tot atâtea lucruri frumoase de consumat timpul liber în extazul cunoaşterii naturii, muzicii, artei, filozofiei, literaturii, poeziei, că nu ar mai rămâne timp pentru luptă.

Lupta ca să... ce?

Valorile adevărate tot se impun, mai devreme sau mai târziu, prin selecţie naturală, chiar dacă sunt feminine; nu se poate ca toată lumea să fie oarbă şi surdă ca să le ignore.

Eu rămân o idealistă de moda veche şi regret că nu m–am născut cam pe la jumătatea secolului trecut. Sunt adepta căutării echilibrului între acel **Yin şi Yang,** armonia ce vine din împletirea forţei feminine şi masculine întru emanaţia energiei universale, când vibraţiile ajung la unison; acolo unde se sting ambiţiile, se întâlnesc şi se interpătrund spiritele elevate.

Lupta nu este arma mea decât pentru apărare şi numai când nu mai am de ales.

Iubesc pacea şi armonia care sunt înălţătoare, luminează sufletul şi fără de care nu pot trăi.

Cât despre ***feministic movement...*** nu prea se poate conta pe mine ca susţinător al acestei mişcări.

***Origini,** USA, 29 august, 2001*

Ai noștri tineri în lumea nouă

Într–o zi banală la serviciu a venit un coleg să mă anunțe că o avem o romånca ce lucrează la niște programe speciale de software pentru divizia noastră. Am sărit imediat să aflu unde, şi am găsit–o la doi paşi de mine, în aceeași clădire.

Am întâlnit o fată înaltă, tânără, drăguță ca un model de Vogue, cu prestanța de om educat şi inteligent: Ariana, venită de scurt timp din țară prin loteria de vize.

Ne–am pus pe spovedanii, că de... limba noastră, bătu–o–ar norocul este dulce şi aromată ca un şerbet din fructele pasiunii, şi aşa am aflat că la Cincinnati se afla un mare grup de români veniți la studii sau la lucru, fiind câştigători ai Loteriei vizelor de intrare în USA.

Singurii mei prieteni români erau o familie de profesori universitari care lucrau mai mult în străinătate decât aici, deci nu ştiam despre nucleul de români înjghebat la Cincinnati în ultimii ani.

Ariana era absolventă a Facultății de Informatică din Institutul Politehnic Bucureşti şi foarte apreciată în software, lucrând la acel timp pentru o companie sub–contractor al companiei mele.

Am aflat mai târziu, de la colegii ei, că fusese şefă de promoție şi lucrase pe un contract de câteva luni în Franța, apoi câştigase loteria de vize pentru USA.

Mi–a devenit tare dragă şi invitând–o la mine, i–am cunoscut şi soțul, inginer electronist; făceau o pereche de reclamă comercială, ca să nu mai pun la socoteală capacitatea lor de adaptare imediată, forța de a penetra în noul sistem şi legătura solidă dintre ei pentru a reuşi în necunoscutul junglei din *lumea nouă...*

Mi–au povestit cum au ajuns aici din New York, cum au fost îndrumaţi de nişte foşti colegi români ce se aflau la studii în Cincinnati şi cum şi–au făcut un grup de prieteni români alcătuit ad–hoc.

Am fost invitată de Crăciun la petrecerea acestor studenţi organizată de sufletul micii comunităţi române, Ioana Popescu, un fel de maica Thereza pentru orice român nou venit la studii pe meleaguri americane. Acolo am întâlnit un grup mare de studenţi şi doctoranzi de la *Cincinnati University* şi de la *Ohio State University* din Columbus. Nişte mese întinse ca la nunţile din România, doar că lipseau lăutarii: oale cu sarmale, mâncăruri româneşti de tot soiul, prăjituri de casă făcute de româncele noastre ce–şi făceau disertaţiile în matematici, *computer science*, biologie, iar din *Columbus* doctori, ingineri şi alte profesii solide.

Atmosferă caldă şi românească de nu mi–a venit a crede că nu mă aflu între prietenii mei lăsaţi în ţară, iar în mijlocul petrecerii Prof. Dr. Anca Ralescu, singura femeie *full–profesor* de *computer science* din *Facultatea de Engineering* a Universităţii, cu soţul ei Dan Ralescu, profesor de matematici la aceiaşi universitate, neavând braţe destule să care platouri cu fripturi, salate şi antreuri.

O mare şi unită familie de români, un exemplu de menţinerea relaţiilor între oameni ce au aceiaşi cultură şi limbă.

Casa gazdei Ioanei Popescu era situată în *Clifton University Campus* şi arăta ca o clădire veche de pe calea Victoriei din secolul trecut, cu un farmec aparte, cu nişte scări de lemn vopsite în roşu urcând până la etajul al doilea, cu prezenţa nelipsită a lui Flash, un motan negru cu ochii verzi şi miraţi ce–şi tot foia coda pe lângă fiecare din noi în chip de „vai, ce bine–mi pare că ai venit" şi cu soţul Ioanei jonglând la două grătare – ca la două ţambale – să ne facă fripturile proaspete la moment.

Am fost mirată cum soțul Ioanei, american get–beget, era cu totul şi cu totul cufundat în misiunea de bucătar–şef pentru a ne face nouă sărbătoarea plăcută.

Mi–au povestit cum au făcut nunta în România, iar el învață româneşte de dragul Ioanei, ca să nu mai amintesc câte alte pizze şi bunătăți am mâncat cu alte ocazii din mâinile acestui doctor în biologie.

Nu mai avusesem aşa un Crăciun de când am venit de la Paris în 1992! Evident, erau toți oameni cu o generație după mine, dar a fost absolut minunat şi am venit acasă cântând în maşină!

După aceea a urmat Paştele, apoi *Thanksgiving*–ul, când am fost invitați la doamna Profesor Anca Ralescu care a stabilit un fel de tradiție ca în fiecare an *Thanksgiving*–ul să se facă la ea (cu excepția anilor când nu era în State), unde erau invitați toți studenții români, cu familiile lor, plus alți români cunoscuți la biserica ortodoxă–americană, o familie de arhitecți cu copiii lor, plus nişte profesori japonezi, plus, plus, plus...

De nedescris ce efort a însemnat să pregăteşti un Paşte pentru mai mult de treizeci de oameni, cu mielul şi cu drobul pe masă, cu salate de boeuf uriaşe, cu zeci şi zeci de tratații care mai de care mai tradiționale, aşezate pe o terasă privind către un câmp verde–crud şi cireşi în floare.

A fost o zi ca de vis şi din nou am vibrat de bucurie pentru atmosfera româneasca a întâlnirii.

Această femeie de excepție, care a lucrat în Japonia la cel mai prestigios institut internațional, a avut grijă de doctoranzii şi studenții ei ca o cloşcă de puii aduşi pe lume; i–a ghidat, i–a ajutat, a venit uneori din Japonia să fie prezentă la examene, iar pentru unii a căutat şi aranjat posturi potrivite, după ce au terminat studiile.

Mi–a vorbit despre doctoranzii români cu o mândrie de mamă, mi–a descris calitățile fiecăruia, de câte ori ne–am întâlnit.

La întoarcerea din Japonia, în 1988, Profesor Anca Ralescu a avut inițiativa să formeze *Romanian Student Association of Cincinnati (RoSA)* şi cu ajutorul şi devotamentul lui Alexa Doboli, ce–şi făcea al doilea doctorat în electronică la acel timp, au reuşit crearea acestei societăți care a adunat studenții şi doctoranzii români într–o mare familie de prieteni.

Tot la Cincinnati a mai luat ființă *Fundația Maria Elencu* pentru ajutorarea studenților români care este sub controlul Prof. Dr. Anca Ralescu şi care a fost înființată în memoria mamei doamnei Ralescu ce a părăsit lumea noastră în 1998 şi care ar fi dorit să facă ceva pentru românii veniți la studii în Cincinnati.

Am mai întâlnit un student din Chişinău, venit aici în urmă cu un an, îmbrățişat şi invitat de colegii lui români. L–am revăzut din nou invitat la o familie de români ce l–au întâlnit la biserică şi care sunt un alt exemplu de ajutor dezinteresat pentru alții: familia de arhitecți Cristina și Dan Georgescu, doi buni samariteni ce au adăpostit în casa lor câțiva copii străini cu probleme, ținuți laolaltă cu copiii lor, ocrotindu–i, hrănindu–i şi ajutându–i ca şi cum erau ai lor. Mai târziu i–au fost şi naşi la cununie.

În timp ce scriu aceste rânduri aflu că trei studenți din România şi al patrulea din Basarabia vin mâine la Cincinnati şi vor fi aşteptați la aeroport, apoi cazați la compatrioți români care au terminat doctoratele, dar mai sunt aici; îi vor ajuta pentru început până vor putea să se descurce singuri. S–au întâlnit prin internet, deci nu sunt prieteni vechi, însă spiritul de întrajutorare pentru frații români a fost prezent.

Aşadar menirea societății române studențeşti şi–a ajuns scopurile!

Un alt mare grup de studenți români se află în Chicago şi am citit pe internet cum au organizat sărbătorirea lui George Enescu cu invitația pianistului Lupu, cum celebrează curent evenimente legate de cultura şi tradițiile româneşti, despre care m–au informat şi pe mine şi pe compatrioții români ce aveau adresele pe internet.

Tristețea mare este că pe măsură ce termină studiile pleacă toți acolo unde au găsit job–ul, dar au mai lăsat pe câte unul să preia ştafeta.

Ioana Popescu, pilonul de bažă al grupului românesc din *Cincinnati University*, a primit post de profesor în Missouri şi a plecat de o săptămână, lăsând pe fratele ei şi alti câțiva români să continue tradiția.

Alexa Doboli a luat postul de profesor la *Stonny Brook University* din Long Island, iar soția lui Simona Doboli, a terminat cu premiul pentru cea mai bună lucrare de doctorat în America şi a fost numită profesor tot în Long Island la o universitate particulară.

S–a întâmplat să mai apară şi mici discordii, invidii, după ce fiecare a mers la slujbă şi a primit un salariu mai mare sau a acumulat ceva bunuri materiale. Se mai întâmplă, este omeneşte dar... se întâmplă parcă mai frecvent la români, din nefericire.

Ceea ce am învățat de la tinerii români veniți aici pentru continuarea studiilor este că acum este infinit mai uşor să vii să lucrezi, aplicând la loteria pentru viza de intrare în America, atâta timp cât ai o meserie cât de cât cerută pe piața de job–uri şi cunoşti sau aprofundezi bine limba engleză.

Când am venit noi era cu totul altfel...

Cu educație şi experiență americană se poate pleca practic oriunde în lume, mai ales la acest moment când globalizarea deschide toate granițele dintre continente.

Prof. Dr. Adrian Bejan, şeful catedrei de *Mechanical Engineering* de la *Duke University NC*, a făcut şi difuzat în 1990 programe–ghid pentru încurajarea românilor să vină la studii plătite de USA.

Acest român, recunoscut în lume ca unul din marii specialişti în *Mechanical Engineering*, dacă nu cel mai mare, a făcut eforturi mari de a aduce studenţi la masterate şi doctorate în universitatea lui şi mi–a spus că toţi erau excepţionali. Ba chiar decanul facultăţii l–a întrebat ce–au mâncat ei când au fost mici de sunt atât de deştepţi. Bejan i–a răspuns că „mai nimic", fiindcă el se născuse după foametea din România, iar tinerii nou veniţi au dus–o chiar mai rău.

Experienţa mea de muncă în *science* şi *engineering* timp de 18 ani de la venirea în State şi confruntarea cu informaţiile obţinute de la studenţii români m–au învăţat câteva lucruri de principiu ce pot fi preluate de tinerii noştri ce doresc să vină la studii sau la lucru în USA:

– **Trebuie** venit cu limba engleză/americană bine stăpânită din ţară, pentru a câştiga timp.

Se poate merge la *Institutul Fulbright* din Bucureşti pentru informaţii despre testele *Toefl* şi *GRE* şi trebuiesc promovate aceste teste, în cazul când doreşti să vii la studii.

– **Trebuiesc** traduse şi autentificate „în engleză" diplomele de studii din România, apoi, obţinute trei recomandări, scrise tot în limba engleză, de la profesori sau companii la care s–a lucrat înainte.

– **Trebuiesc** căutate pe internet toate universităţile americane şi cerute pachete de aplicaţii pentru a fi acceptat la studii aici; este înţelept să le completezi şi să răspunzi la toate. Costă, dar merită efortul!

Atenţie la noile cerinţe pe piaţă; ca de exemplu *bioengineering* este *HOT*, *software* în declin.

După aprobare, intrarea în America se face cu vize de student care au un statut special.

– **Pentru cei veniți direct la lucru prin vizele câștigate la loteria pentru USA, este bine să aibă** ceea ce un profesor de la *New York University* numea „hârtii americane", deci ori un masterat în aceeași (sau asemănătoare) profesie sau un doctorat pentru cine simte că are rost acest *degree*, or niște cursuri de reîmprospătare a cunoștințelor apoi mers direct la examen pentru licență. Exemplu: *Engineering–in–training (I)* și *Professional Engineering Licence (II)*, pentru ingineri, susținute în fiecare stat de două ori pe an.

Foarte multe dintre cursurile luate în facultățile românești se recunosc și de cele mai multe ori mai sunt necesari cel mult doi ani ca să iei un masterat american, când mergi în profesii similare.

A nu se uita că un master, luat în Romania după 5 ani de studii, este echivalat aici cu un *bachelor;* știu, este nedrept, este sfidător, dar asta este realitatea crudă și nu este de ales.

– **Trebuie,** sau... este bine să devii membru al cel puțin uneia dintre societățile profesionale de prestigiu fiindcă acestea dau o mulțime de informații „la zi" despre job–uri existente în lume, au conferințe naționale anuale și regionale unde se fac oferte deschise de slujbă și sunt cel mai bun mijloc de a face conexiuni profesionale, a afla despre cursurile periodice ce se țin în specialitate plus că dau garanția educației individului ce a fost acceptat într–o societate americană.

– **Este ajutător** a se căuta relații cu românii veniți mai devreme, acest lucru fiind ușor acum datorită internetului; în acest fel se câștigă un alt timp de învățare al regulilor locului, bani, cec–uri, bănci, împrumuturi, asigurări, extrem de complicate și în care noii veniți nu sunt inițiați, cum n–am fost nici noi la venirea pe acest continent plătind foarte scump ignoranța.

Am menționat exemplul românilor din Cincinnati și Columbus ca să amintesc tinerilor ce doresc să vină la studii în USA că numai legătura cu „ai tăi" te poate ajuta să câștigi timp şi să economiseşti bani când eşti nou venit şi nu ştii care este obiceiul locului.

Aş îndrăzni să sugerez tinerilor români să învețe să se iubească între ei; avem prea mulți duşmani care ne folosesc dezbinarea pentru a ne distruge. SĂ NU NE MAI URÂM ÎNTRE NOI CĂ NE URĂSC DESTUL ALȚII!

Amintiţi-vă că veniţi dintr-o naţie dotată cu inteligențe superioare greu de găsit la altele, o naţie care a dat lumii un Eliade, Cioran, Ionesco, Brâncuşi, Georgesu-Roegen, Palade, Coandă, Enescu, Lipatti şi că trebuie sa fiţi foarte mândri de aceasta moştenire ducând mai departe stindardul culturii şi ştiinței româneşti.

Aş dori ca tinerii români capabili şi educaţi în USA să se întoarcă acasă, să ducă lumina învăţăturii moderne în companiile sau universitățile țării, pentru a schimba fața acesteia; dacă pleacă toţi în lume vor rămâne acolo doar bătrânii şi țiganii şi nu vor mai exista forțe de renaştere a neamului românesc şi aşa împuţinat prin plecarea milioanelor de emigranţi peste hotare.

Nu lăsaţi pe invidioşi să strecoare discordia între voi şi ţineţi unii cu alţii, ajutaţi-vă, că numai aşa se poate învinge.

Strângeţi-vă mâinile cu încredere şi dragoste de câte ori vă întâlniţi, bucuraţi-vă pentru succesul celuilalt ca pentru al vostru şi veţi deveni mai puternici.

Nu vă invidiaţi şi nu vă loviţi fraţii!

Conjugaţi de câteva ori pe zi verbul *A IUBI!*

Încercaţi asta zilnic ca o mantră tibetană şi veţi vedea rezultatul: nici nu ştiţi ce putere magică au vorbele şi ce încărcătură energetică aduce dragostea umană!

TE IUBESC, NE IUBIM, VĂ IUBIM ŞI VOM REUŞI!

Lumea Liberă, *USA, 2001*

Bunicuții spășiți

M-au chemat niște cunoscuți la o cină unde invitaseră prieteni români și ceva membri de la biserica ortodoxă-americană din oraș.

– Vino neapărat dragă că avem și un oaspete din România pe care trebuie să-l cunoști, că a lucrat la IFA! Băiatul lui este doctor la un spital din oraș, și atât de drăguț, o să-ți facă mare plăcere; i-am întâlnit la biserica noastră și-mi plac tare mult, insistă gazda arătându-și entuziasmul.

Cum mai fusesem invitată la diverse întâlniri cu puținii români ce se mai află prin jur, m-am dus.

Casa era plină de musafiri de tot felul, vreo trei foști studenți de la universitate, pe care îi știam, preotul cu nevasta, un ucrainean, cunoscut pianist și compozitor cu nevasta și fetița, o altă pereche de ruși tineri ca și alți oameni din biserică, americani și ne-americani. Întâlnirea avea iz est-balcanic, cu mâncăruri specifice, cu vinuri românești, cu atmosferă foarte caldă. Ba chiar mi-am testat memoria sa verific cât îmi mai aduc aminte din 9 ani de limba rusă făcută *cu de-a sila* la școală.

A fost interesant fiindcă pianistul era un om de clasă și soția lui o femeie tare frumoasă și nobilă.

– Unde este musafirul din România, întreb eu gazda?

– Mă tem că nu va ajunge din cauza ploii și fiindcă tinerii au unul din copii foarte mici și, nu știu ce să spun, vom vedea.

Mai spre seară au apărut și românii vizitatori cu băiatul lor, nora și doi copilași.

Când a intrat pe ușă tovarășu' Z. am recunoscut același

individ pe care îl ştiam de prin anii 1963–'65, îmbătrânit, adus de spate, cu acelaşi rânjet coclit pe sub „mustaţa pe oală", încercând să pară cum nu se poate mai blând şi smerit.

– Bună seara domnule... Z, l–am întâmpinat eu cu falsă amabilitate! Ce surpriză să vă întâlnesc după atâţia ani şi tocmai aici! Ce mică este lumea!

N–a schiţat un gest de surprindere, a păstrat o mască imobilă, ca de lut.

A venit încetişor către mine, mi–a prezentat nevasta şi mi s–a aşezat în coastă.

Hlizit, cu un dinte de aur vizibil aşezat să–i înnobileze mutra lui de lăutar de mahala, cu privirea aceea bine cunoscută aruncată pe sub sprâncene a securistului profesionist, a început foarte subtil cu întrebările, dar i–am luat–o eu înainte ca să–l „strâng cu uşa":

– Când aţi venit aici şi cu ce ocazie, întreb eu încercând să–mi îndulcesc vocea.

– Vai doamnă, ştiţi, am venit la băiatul meu, care este doctor la un spital de aici şi are nevoie de noi să stăm cu copiii. Am devenit bunic şi sunt atât de mulţumit că am ieşit la pensie şi pot să mă plimb acum cât vreau şi unde vreau (era cam încurcat să mă privească direct în faţă, mai ales ca eu nu–l slăbeam din ochi).

– Aveţi bani pentru călătorii? Ştiu că săracii români, au nişte pensii că nu le ajung nici de mâncare.

– O, da!!!... eu am pensie bună, fac cu soţia împreună peste nouă milioane pe lună şi *ne descurcăm*. Eu am ieşit la pensie acum 12 ani şi am luat bani foarte buni (imediat după revoluţie, să nu–i căsăpească, fac eu socoteala).

Pe copii „i–am aruncat" peste ocean imediat după ce au terminat facultatea; unul în Canada, inginer şi acesta de aici, doctor.

I–auzi domnule ce simplu, de parcă i–ar fi aruncat cu praştia! Pentru noi nu s–a găsit o praştie să „ne arunce" nici măcar peste Dunăre la Ruse, că nu ni se dădea niciun paşaport, eram ţinuţi ca vitele de povară, în ţarc.

– Vă mai ajută copiii, înţeleg?

– Da de unde... noi îi ajutăm pe ei cu bani! (ia te uită ce bănet pe bunicuţul strângător, să dea el bani din România pentru copilaşul lui – doctor – în America!).

– Hm... zic eu, ştiţi că şi eu primesc acolo 980.000 lei pe lună, echivalent a 31 dolari pentru 26 ani de munca neîntreruptă şi nu am fost măturătoare de stradă.

– Aceşti bani nu v–ar ajunge nici să vă plătiţi lumina pe o lună! Vedeţi, dumneavoastră aţi lucrat în cercetare şi acolo nu erau salarii prea bune. Eu am avut funcţii cu salarii mari (auzi glumeţul, parcă nu ştiam ce „funcţii" avusese: colonel de securitate pe post camuflat de administrativ).

– Bine, bine, dar mama mea care a fost profesor emerit şi a lucrat 35 de ani, primeşte tot o pensie mică astfel că i–o las pe a mea, ca împreună cu ceea ce mai trimit de aici, să poată avea ajutor la îngrijit, mâncare şi medicamente.

– Da... şi în învăţământ au fost salarii proaste (unde–or fi fost alea bune, numai la secu'?) şi nu avea cum să capete o pensie bună!

Vorbea cu o voce joasă, bine controlată ca să pară blând şi foarte spăsit, copleşit de înţelegere, ca şi cum ar fi împărţit duios cu mine nemulţumirile legate de trecut.

Măi sa fie, al naibii de descurcăreţ a mai fost bunicuţul ăsta securist, am gândit eu.

– Îmi amintesc că după un timp, v–aţi mutat la o fabrica de ceva... avioane... şi, nu v–am mai văzut prin institut, continui eu.

– Da! M–au numit director tehnic(?) la fabrica de... a MAI–ului.

Ei, ce dacă nu avea băiatul nicio calificare tehnică, era colonel de securitate şi „l–au numit". De acolo a ieşit la pensie cu bani buni şi cine ştie câţi dolari prin alte conturi.

– Pe unde locuiţi în Bucureşti, continui eu binevoitor, întrebând–o pe soaţă.

– În cartierul Floreasca, avem o vilă frumoasă, suntem foarte mulţumiţi, răspunde dânsa. Bineînţeles, ca toţi ceilalţi cu „epoleţi albaştri", gândesc eu fără grai. Îmi amintesc cum şi apartamentul meu frumos amenajat, a fost luat de un colonel de securitate imediat după plecarea mea din ţară.

Domnul doctor, feciorul tovarăşului Z. securistul, foarte tăcut nu vorbea decât dacă era întrebat şi foarte prudent la răspunsuri. Se uita atent către mine cu temerea că eu aş putea să–l dau de gol spunând cu voce tare cine a fost tatăl său în urmă cu mulţi ani.

M–am sculat din scaun şi am plecat să mai văd şi altă lume ca să nu–mi stric seara fiindcă m–au năpădit amintirile şi, cum am o memorie fotografică, l–am revăzut pe tovarăşu' Z. la IFA cu peste treizeci de ani în urmă; era înalt, cu gâtul lung şi ţeapăn, rânjind pe sub nelipsita mustaţă, încercând să poarte o mască de „*Gică băiat bun*", ştim noi cum. Era prezent oriunde, ştia tot şi atunci ca şi acum şi trecea ca o umbră prin toate secţiile rotindu–şi ochii întunecaţi pe unde nu avea nicio treabă. „Ochitor" nu glumă, era plin locul cu de–alde dânsul!

La sfârşitul serii, când să plece, a venit spre mine cu soaţa ce m–a îmbrăţişat lipicioasă şi mi–a spus că va sta mult timp aici, deci ar trebui să ne mai vedem.

– Da, de ce trebuie?... întreb eu.

– Ei ştiţi, de dragul amintirilor de unde am lucrat împreună (amintiri... el cu mine... el, la filat şi eu la muncă), mi–ar face plăcere...

– Daţi–mi telefonul fiului dumneavoastră şi am să vă sun eu, când voi avea timp, răspund ca să mă scap de el (*la calendele greceşti*, îmi spun în gând).

– A, nu... că eu am telefonul dumneavoastră!

Am simțit că mor pe loc!

– De unde, întreb consternată, că eu nu sunt înregistrată în cartea de telefon.

– Ei... l–am aflat, vedeți, așa că o să vă caut eu.

– Voi i–ați dat telefonul meu acestui cameleon, întreb eu gazdele, referindu–mă la tovarăşul Z.

– Da de unde, nici nu ştia că vei veni, nu am discutat de tine înainte. Când am aflat că a lucrat în același loc cu tine ne–am gândit să–ți facem o surpriză să întâlnești pe cineva din vechii colegi.

Voi avea grijă să țin *answering–machine*–ul în priză ca să filtrez cine mă sună, îmi spun în minte. Numai pe acest copoi nu–l adusesem în casa mea.

După plecarea musafirilor am rămas special ca să le spun gazdelor cine fusese bunicuțul spăsit de astăzi, care „se dădea" drept fost coleg cu mine. El era deja acolo bine înfipt într–un post „cheie" când eu am fost angajată la institut, mult mai târziu şi nu primeam soldă de la securitate.

– Lasă dragă că nu mă interesează pe mine cine a fost dânsul. Ce dacă a lucrat pentru securitate, a trebuit să mănânce şi omul o pâine, iar asta a fost atunci de mult, nu mai contează, spuse Adina.

M–am întors scârbită, fără a–i răspunde.

Mi–am amintit imediat de un alt bunic securist întâlnit la o altă petrecere cu studenții români, în urma cu doi ani, tovarășu' S., un vlăjgan mare cât muntele, o brută care fusese student la geologie în generație cu mine şi prieten cu un văr al meu; colindase tot mapamondul după terminarea facultății. Şi acesta „își aruncase" copiii în America să studieze tot medicina, iar dânsul se tot călătorea între București și USA, tot ca un inocent şi grijuliu părinte. Băieții lui, tot ca el, chiar mai deșirați, cu nişte mutre hidoase, trăiseră toată viața într–o bunăstare pe care de–alde noi o văzusem doar în filme.

Când se afla în țară adusese copiilor lui jucării, echipament sportiv și haine atât de scumpe că acestora le era frică să le arate altor copii din vecini, ca să nu se ghicească misiunile importante ale tatălui.

Acum devenise un spăsit și inocent bunic, tot adus de spate, părând umil și complet absorbit doar de rolul său patern.

M–a condus spre casă, un prieten din grup, care pe drum îmi spune:

– Am fost lângă tine și am auzit cum l–ai luat tare pe tovarășul Z. ce are o mutră de securist de carieră! Mi–am dat seama imediat.

– I–am spus gazdei că a fost colonel de securitate și nu prea i–a păsat.

– Sigur că nu, fiindcă și tatăl ei a fost director la... și tot cu niște „epoleți MAI", că nu se putea să ai acea funcție fără sa fi fost securist. Eu o știu bine din țară.

– Am fugit de Dracu', dar el a venit peste noi! Toți o apă și–un pământ!

Nu vom scăpa de ei decât în mormânt și nu se știe dacă acolo nu vor avea o misiune ca fantome gradate.

Spășiți și aduși de spate, ca și cum ar fi purtat pe umerii lor tot greul pământului, aceste reptile târâtoare și fără suflet ***au trăit bine, făcând numai rău*** și–au trimis copiii din timp peste hotare, iar acum au devenit bunici milionari ocupându–se de creșterea nepoților, jucând rolul pocăiților, dar refăcând listele celor din diasporă pentru noua securitate de la care poate mai primesc o soldă.

Deformație profesională... și... dacă tot se află pe aici de ce să nu ia și niște „note informative" când mai trec pe la biserică sau vizitează „prietenește" pe alți români. Nu strică!

Origini*, USA, 19 decembrie, 2001*

Despre români și țară

S–a întâmplat să văd de curând un interviu luat de Barbara Walters celebrităților Nicole Kidman și Rene Zellweger la o emisiune 20/20, la întoarcerea lor din România după opt luni de filmare. La întrebarea Barbarei „de ce v–ați dus tocmai în România"? au răspuns aproape simultan: ***„oh, it was wonderful, it was a real blessing time for all of us to be there!"*** *(„o, a fost minunat, a fost o reală binecuvântare pentru toți cei care au fost acolo").*

Artistele au descris frumusețea sălbatică unică a locurilor, ca și bunăvoința localnicilor ospitalieri și foarte calzi cu ele. La opinia lor s–a adăugat cea a regizorului care a afirmat că nu a găsit un loc mai potrivit pentru filmare datorită splendorii peisajului transilvănean pe care nu l–a putut afla în America, unde nu mai sunt de găsit terenuri virgine fără industrie și deșeuri la tot pasul. A subliniat și el comportarea remarcabilă a oamenilor de rând din România și sprijinul prietenesc oferit oaspeților veniți la filmări.

Vocea ironică și tendențioasă a doamnei Walters ca și expresia feții arătau fără efort ce dispreț, dacă nu chiar silă, avea pentru România de parcă s–ar fi vorbit despre o colonie de leproși din Africa și nu despre o țară europeană cu istorie și cultură străveche.

Mi–am amintit imediat de emisiunile făcute de dumneaei pe ABC despre copiii orfani, despre mizeria din România și mai apoi o revenire a unui pui de țigan handicapat (însoțit de un corespondent de la ABC) la coliba părinților lui, după o înfiere și succes în America. Adică, vezi Doamne, el a fost victima nepăsării românilor fără inimă însă venind aici i s–au creat toate oportunitățile să înfrângă handicapul și să devină campion la înot.

Îmi mai amintesc cum la reîntoarcerea băiatului (copil de țigan ungur) în țară, reporterii ABC–ului au filmat numai noroaie, gropi, mizerie fără seamăn mergând către casa părinților ca și cum asta ar fi reprezentat toată România: un pământ unde doar noroaiele, sărăcia și primitivismul domnesc peste tot locul.

Mi–am zis eu atunci cu amărăciune: *Păi dacă țara aceea este așa de mizerabilă de ce oare se tot înghesuie străinii să–și cumpere pământuri (nu de mult chiar prințul Charles), de ce se întorc acasă sașii din zona Sibiului, de ce s–au dus nemții și italienii la Timișoara făcând investiții solide, de ce s–au dus chinezii și alte neamuri nechemate la ros un ciolan, de ce ungurii vor Ardealul pretinzând că este al lor și de ce vecinii de dincolo de Prut nu dau pământurile străbune înapoi?*

Fiindcă atâta vreme cât mai este ceva de luat, se tot zbat cu toții ca vulturii să pună ghearele pe pământurile românești cu minereuri aurifere din Apuseni, cu rezerve de molibden, wolfram și alte metale rare de la Băița–Bihor (de unde au exploatat și luat rușii tot uraniul între 1951 și 1963 cu mâinile bieților mineri români care nu au apucat să trăiască peste 42 de ani), minele de sare, pășuni și păduri, iar lista nu s–ar mai termina să–i sature pe nechemații lacomi de avere și profituri de la *„proștii și înapoiații"* de români, cum ne prezintă madam Walters, care, mă tem că a avut nevoie de ajutor pentru a afla unde se afla România pe harta Europei. Dacă s–ar încumeta să facă un drum în România te pomenești că i–ar veni ideea să–și cumpere vreun castel, acolo, să fie...

Suntem definitiv asociați numai cu țiganii ce fură sau cerșesc peste tot locul și nu mai putem să ne redobândim reputația decât strigând cu voce tare la tot pasul numele și realizările celor peste 14 milioane de români plecați în lume. Chiar dacă s–au afirmat în afara țării, creierele lor sunt moștenire genetică a unei nații extraordinar de robuste și dotate, și dacă–i place lui madam Walters, și dacă nu!

Barbara Walters

Om fi și noi poporul ales, și de ce nu!? Cine a suferit ca noi obida tuturor ocupațiilor de–a lungul veacurilor, cine a trebuit să renunțe la pământurile luate cu japca dintre Tisa și actuala graniță pe vest, apoi Basarabia, Cadrilaterul, Timocul, Bucovina cu ținutul Herței; cine a mai avut un asemenea holocaust comunist de proporții necunoscute de vecinii noștri și exodul de populație fără precedent în istoria bieților români, numai pentru că națiunea aceasta a dat mari gânditori, mari filozofi, fizicieni, doctori, artiști, poeți și scriitori de clasă. *Să citim cu atenție articolele istoricului Dr. Dogaru din acest ziar, care ne învață istoria uitată și adevărată a românilor, la fel istoria veche a Dacilor reactualizată de Dr. Săvescu și să strigăm cu voce tare cine suntem, să nu lăsam pe toți neisprăviții să ne califice drept troglodiți, că aceștia ne fac proasta reputație în lume!*

M–am întristat profund, așa cum se întâmplă de câte ori aflu opinii transparente despre români și în mod deliberat numai vești rele selectate și răspândite cu multă dibăcie prin media.

„Proștii de români" au fost izgoniți de acasă, dar venind aici sau altundeva în lume, stau mai toți în fruntea intelectualilor în toate profesiile și în toate statele. Îmi făcusem cândva o listă cu români pe care îi știam strălucind pe aceste meleaguri; numai în ultimii douăzeci de ani și de care nu se pomenește nicăieri. Poate ar fi timpul să ne unim eforturile și să–i împrospătam

memoria doamnei Walters și altora din media americană, cu nume românești care fac cinste ambelor țări.

Aflu că există în Canada un profesor care a alcătuit o carte a românilor de prestigiu din exil; propun să punem mână de la mână, să cumpărăm una și s–o trimitem la ABC–ul lui madam Walters întru inițiere.

Mă gândesc, de exemplu, la Cristina Constantinescu–Gets, arhitecta tânără ce a făcut proiectele pentru terminalului lui *Delta* la aeroportul *Kennedy* și *La Guardia,* câștigând concursul dintre sute de participanți. De câte ori veți trece prin aceste aeroporturi gândiți–vă cu mândrie ca proiectul a fost făcut de o româncă cu școala de arhitectură din România nu din USA!

Profesor Dr. Adrian Bejan de la *Duke University,* care este o somitate în mecanică recunoscut în lume ca fiind poate cel mai valoros în domeniu și care a făcut un masterat și doctorat la MIT în câțiva ani de s–au speriat profesorii lui la acel timp.

Profesor Dr. Anca Ralescu de la *University of Cincinnati,* o valoare în *fuzzy logic,* care este invitată în fiecare an să lucreze în Japonia la cel mai prestigios institut din lume la proiecte despre care nu se scrie în presa curentă. La fel ca ea avem în America vreo două mii de români matematicieni de mare valoare, care au tot venit aduși la început de profesorul Corduneanu. Numai la Universitatea din orașul meu sunt cinci profesori de matematici din România.

Avem la NASA câțiva oameni de știință de care nimeni nu vrea să știe sau să–și amintească.

Mai de curând aș putea cita studenții și doctoranzii pe care îi cunosc, veniți aici la studii și fiind toti la înălțime, (unul care a fost primul la teste din 800 de candidați, a fost pus la catedră să predea imediat după începerea studiilor). De prisos să amintesc ce engleză trebuia să vorbească un nou venit ca să intre direct la predare americanilor, în timp ce își face și doctoratul în *business.*

Anca Ralescu

Firma Microsoft are cam 30% români, ceruți de Bill Gates; din România, s–au cumpărat cele mai bune sisteme de depistat viruşii la computere şi de *proşti ce sunt* au spart codurile de câteva ori la Casa Albă şi Pentagon!

Să vă spun drept m–am şi bucurat în speranța că o fi aflat şi Madam Walters vestea, deşi s–a trecut sub tăcere totul, fiindcă asta dovedea creierele inventive ale românilor în *computer science* şi lipsa de vigilență sau nepricepere a băştinaşilor.

La *Standford University* genialul student român Alexandru Popa le–a dat peste cap programele standard ale facultății uimind profesorii când a terminat toate studiile de masterat și doctorat cam în doi ani și jumătate (sic!).

Anul acesta la concursul de informatică ținut în USA pentru tinere talente, primii doi medaliați cu aur și al treilea cu argint au fost români.

Anul trecut la concursul european de cibernetică au fost câștigători tot tinerii participanți români. în același timp la concursul internațional de matematici din Seattle USA, pe primele cinci locuri au fost... tot românii.

La concursul de matematici din acest an în Japonia câștigătoare a fost o romanca de 18 ani la rezolvarea unei ecuații date la peste 600 de participanți din lume!

Acestor tineri li s–au oferit burse la *MIT* sau *Princeton,* dar nimeni nu vrea să–şi amintească de nația noastră decât înotând prin noroaie, sau dormind în canalizările bucureştene. Pe aceştia îi filmează *reporterii generoşi trimişi anume* pentru a colecta senzații tari din România.

Românii au creiere pentru matematici, cibernetică și științe exacte, plus o creativitate fără limite, că mă întreb cum de n–o fi aflat ABC–ul încă, *taman dumnealor* care știu totul!

O fi având madam Walters un cui pe noi, dar nu putem s–o lăsăm dezinformată, nu?

Ziarul *Curentul Internațional* a publicat deseori succesele românilor în lume, iar eu păstrez articolele, împreună cu alte știri despre români într–o cutie mare dedicată fraților mei ce dovedesc că de acolo au ieșit mai multe minți creatoare decât din multe alte țări importante ale lumii, judecând în termeni statistici.

Henri Coandă a fost și rămas un nume în știință făcând cinste României, Angliei și Americii.

Mircea Eliade, Emil Cioran și Ioan Petre Culianu nu mai au nevoie de prezentare cred, deși mă îndoiesc că reporterii de la TV au ceva de–a face cu cultura universală.

De Brâncuși, care are o sala la Muzeul de Arte Moderne în Manhattan și mai multe la Philadelphia, nu are rost să mai pomenesc, dar ***are rost să–i învățăm pe cei din media americană respectul față de alții și bunul simț de a nu murdări o națiune despre care nu știu bine nici unde se află pe hartă.*** Apropos de hartă, la momentul războiului din Iugoslavia, domnul Peter Jennings de la ABC a prezentat evenimentele stând cu picioarele pe o hartă uriașă a Europei de est, unde am văzut stupefiată cum între Ungaria și Rusia, nu exista România; granița desenată arăta ca Ungaria ar fi vecina Rusiei, iar noi eram scoși din peisaj!?

În alte emisiuni am văzut prezentându–se România fără Transilvania pe hartă.

Cine ne iubește așa de mult că ne vrea afară din harta Europei o știm, dar noi avem datoria să ne facem cunoscuți cine suntem, fără să ne pese de țiganii răspândiți în lume după cerșit și furat, sau conducătorii actuali de cârpă, mașini ale aceleiași mașini KGB–iste care ne–au vândut țara aruncându–ne pe noi peste granițe.

Mai are rost să reamintesc de Angela Gheorghiu, considerată cea mai mare divă de operă în lume și care este primită la *Covent Garden* ca o regina a artei? Oare să nu o fi văzut madam Walters nici pe ea?

Lista este enormă și va rog să contribuim cu toții pentru a o păstra la zi.

Mai exista unii români care și–au schimbat numele, se rușinează la ideea de a mărturisi de unde vin, dar sunt puțini; atât de puțini că nici nu trebuiesc adăugați la lista celor autentici, să fie sănătoși, dar eu aș vrea să–i văd dacă de Crăciun îndoapă hamburger cu cartofi prăjiți, sau sarmale cu mămăliguță, cârnați românești cu o țuică sau vin de Murfatlar!?

M–au podidit gândurile acum de 1 decembrie, ziua României, când în Basarabia frații noștri, care au mai rămas, se luptă cu ultimele suflări să țină piept comuniștilor ruși care vor să șteargă românismul pe veci demonstrând că Moldova este pământul lor.

În țară, dincoace de Prut, nu este mai bine de îndată ce conducătorii au fost și au rămas rusofilii educați la Moscova și feciorașii de nomenclatură, cărora le pasă doar de milioanele lor și de putere. Milioanele însă nu–i vor ajuta să–și cumpere niște creiere noi, nici caractere, nici iubire de patrie!

Am avut multe coșmaruri, în care vedeam țara împărțită și, deie Domnul să nu se întâmple aceasta nenorocire, de când cu globalizarea, însă noi cei din afara țării trebuie să ne facem cunoscuți ca cetățeni de onoare, apărători ai unei națiuni de oameni capabili, harnici și mândri de geneza românească!

Mi–a venit acum să strig către lume vorbele lui Păunescu: *„Suntem aici de două mii de ani”*, numai că cercetări și documente arată că în spațiul actualei Românii s–a dezvoltat cea mai veche civilizație europeană ca și prima scriere dovedită cu plăcuțele de la Tărtăria, deci cu mult mai multe milenii înainte.

LA MULȚI ANI ROMÂNIE DE 1 DECEMBRIE 2003!

Curentul Internațional, USA, 1 decembrie, 2003

Valori folclorice românești pe piață

Mă aflu, de vreo doi ani încoace, în fața unui fenomen pe care cred că l–au semnalat și alți români: **furtul de modele unice ale costumelor naționale românești,** în speță iile noastre, purtate acum de stelele de la Hollywood, vândute prin cataloage Sears sub numele de *„poet blouse"* sau *„country blouse"*, pe internet sau pur și simplu în diferite magazine.

La inceput, când am observat acest lucru, ca pentru mine, am crezut că a fost o situație izolată, cine știe cum, vreo bluză ce seamănă cu ale noastre făcută pentru vreo prezentatoare de TV să fie originală și colorată, dar m–am înșelat.

A apărut pe piața americană o avalanșă de ii românești de toate culorile și toate modelele, autentice creații românești, unele cu lucrătură specifică, cusute cu mătase, altele puțin diferite făcute mai în grabă și superficial, însă croiala și linia generală absolut românească, așa cum o știm de două mii de ani și mai mult din stampele vechi de la Biblioteca Centrala de Stat și din muzee.

Până și Matisse a fost fascinat de unicitatea acestor bluze, pictând câteva variante dintre care una se află în muzeul de artă din Cincinnati, Ohio, USA, sub numele de *„bluza românească" (Romanian blouse).*

Mă întreb cum niciunul dintre românii, lucrând pentru comerțul bramburit al țării noastre, nu au luat în seamă acest lucru, cum consulii sau mai curând soțiile lor lucrând în străinătate, or reprezentanții comerciali, au trecut neobservat acest rușinos furt din tezaurul românesc atât

2005. Primul festival românesc la Ottawa, Canada

„de neconfundat", fiindcă eu consider aceste extraordinare ii un adevărat tezaur îmbogățit de generații și generații de româncele care se mândreau cu originalitatea cusăturilor de pe costumele noastre naționale.

Când am plecat din țară mi–am dorit să cumpăr un costum de Muscel și altul de Sibiu, dar erau așa de scumpe că nu mi–am putut permite s–o fac. În urma cu doi ani am cumpărat din România două ii cu cusături superbe de mătase și când am apărut la serviciu îmbrăcată cu una din ele, secretara noastră a sărit să–mi spună:

– Vai ce frumoasă bluză ai, dar eu știu de unde ai cumpărat–o, de la Sears, nu?

De prisos am încercat sa o conving că este parte din costumul național românesc, că nu poate avea Sears așa ceva decât dacă plătește foarte scump pentru cusăturile de mână.

La New York s–au vândut la unele *boutique*–uri ii românești lucrate cu mătase la prețuri de 600 $ bucata, spunându–li–se clientelor că sunt făcute undeva prin Austria???

În America se fac procese scandaloase în cazul unor furturi de modele în orice domeniu, modă, maşini, proiecte speciale, medicamente, etc. cu câştiguri substanţiale pentru reclamant.

Ce–ar face firma Versace, Oscar de la Renta, Gucci, Oleg Cassini sau Chanel dacă cineva ar îndrăzni să copieze şi prezinte modelele, create de fiecare din ei, ca fiind originale? Ar cere despăgubiri de milioane de dolari şi i–ar scoate din competiţie pe hoţii de creaţie!

Creaţia este un lucru sacru, la fel ca un patent de care nu se atinge nimeni să copieze decât cerând permisiunea, plătind şi anunţând reverenţios cu bine cunoscuta frază:

„S–a făcut acest lucru cu permisiunea firmei sau autorului"... sau... *„mulţumim firmei X pentru permisiunea de a copia"*...

Iile noastre pot fi asemuite cu viorile Stradivarius pentru care se plătesc sume fabuloase ca să fie cumpărate, dar nu ştim să le preţuim, păstrăm şi vindem valorile creaţiei adevărate şi nimeni din ţară nu ia în mână controlul acestui furt.

Am văzut în Santa Fe, de vânzare, îmbrăcăminte specifică din Guatemala, în special veste foarte intens colorate, specifice culturii Inca, dar era anunţat cu mare fală, la intrare ca şi în magazin că: *„Vindem haine lucrate de mâna şi obiecte de artă autentică din Guatemala"*.

Eu nu ştiu cu ce se ocupă cei implicaţi în probleme de comerţ exterior, din conducerea actuală a ţării, dar un lucru este sigur: nu le pasă decât de propriile lor afaceri şi câştiguri.

Pentru chestiunea furtului modelelor de ii româneşti cu cusături specifice ar trebui făcut un serios proces de acuzaţie firmelor ce vând aceste obiecte şi recuperată identitatea acestor opere de arta naţională ale ţării noastre.

***Curentul Internaţional**, USA, 8 ianuarie, 2003*

De ce nu se mai întorc românii acasă

M–am înapoiat dintr–un concediu mai lung din care am petrecut ultimele zile la Paris. Întâmplarea a făcut că la familia de prieteni unde am stat a venit într–o seară, un român de vreo treizeci de ani, specialist în comunicații, foarte distins și sprinten la minte. În discuția avută ne–a povestit că tocmai avusese un meeting cu reprezentanții firmei franceze pentru care lucra el și cei din partea României, pentru o investiție pe care francezii doreau s–o facă în țara noastră. Descriind atitudinea românilor se simțea jenat de faptul că aceștia nu au fost în stare să ia decizii, să discute deschis, pentru rezultate în favoarea lor, la o eventuală tranzacție extrem de avantajoasă.

Când mi–a arătat lista numelor cu reprezentanții români, am recunoscut imediat numele unui fost coleg de institut, care era fiu de colonel de securitate, și provenea din cadrele MAI care formaseră ingineri pentru telecomunicații. Individul fusese coleg cu noi doar cu numele, fiindcă nu lucrase mai nimic, și toți știam că era băiat de *gradat cu ochi albaștri.*

Un alt reprezentant care participase la dezbateri în Paris era un excelent fizician și fost profesor trecut de vârsta pensiei, dar acesta nu a avut puterea de decizie și nici curajul să spună ce gândește la meetingul respectiv, urmărind tot timpul reacția domnului fecior de securist, parcă așteptând temător aprobarea acestuia.

În momentul când mi s–a relatat reacția românilor la acest *meeting* mi–am amintit imediat de atmosfera conferințelor cu străinii, pe timpul când eram în țară, unde se aflau de obicei şapte securişti şi un biet profesionist care, timorat, nu îndrăznea să deschidă gura ca să nu facă vreo greşeală şi să-şi piardă postul.

Tânărul inginer român întâlnit de mine la Paris lucrează acolo de trei ani şi a pus atâta suflet în crearea condiţiei favorabile pentru a aduce României nişte bani şi slujbe, că era revoltat cum se poate ca fiind în faţa unei asemenea oportunităţi să o laşi să-ţi fugă printre degete, fără pic de regret, sau puţin efort de a aduce lucrurile în matca ta.

– Doamnă, este revoltător cum românii nu mai ştiu să se comporte, nu ştiu să negocieze pentru interesul ţării, nu ştiu nici să primească ceea ce li se oferă pe tavă! Sunt bâlbâiţi, împiedicaţi, neconvingători, speriaţi la momentul deciziilor şi cred că merită să trăiască aşa cum ştim, adică prost!

Remarcase şi el că fostul meu coleg de institut şi generaţie era un neisprăvit trimis acolo probabil numai pentru a observa cum decurg lucrurile, iar fizicianul-profesor logic şi inteligent era complexat, nu avea săracul nicio putere de a lua decizii.

Aşadar, nimic nu s-a schimbat în România, stilul este acelaşi şi orice efort din partea românilor angajaţi în străinătate de a-şi ajuta ţara rămâne fără rezultat.

– Cum să mă mai duc eu înapoi, în România, după terminarea contractului aici, când asemenea oameni de cârpă se află încă la conducere, ne spune inginerul. Uite cine reprezintă ţara noastră şi uite cine hotărăşte! Cum să mai cred eu în schimbări radicale acolo când colegi de-ai mei care s-au întors nu sunt angajaţi şi sunt trataţi ca nişte balasturi nedorite? Cine mai poate crede în vreo schimbare în România după 13 ani de la *revoluţia furată*, când faptele ne arată clar că noi, cei educaţi şi cu experienţă de lucru în companii străine, suntem împinşi în afara ţării? Cum să trăiesc eu acum în România cu 100-200 $ pe lună când îmi cunosc valoarea profesională şi a banilor cu care sunt plătit aici? Am foşti colegi ce lucrează acum în

America şi care nu doresc să se mai întoarcă în ţară din cauza modului în care au fost întâmpinaţi de cei rămaşi acasă care se tem de competiţie.

Mi–a plecat gândul imediat la alte exemple ce le am în oraşul unde trăiesc acum.

O româncă de 32 ani, absolventă a Facultăţii de Informatică din Politehnică, a venit în America în urmă cu 5 ani şi acum lucrează în software cu 85.000 $ pe an. Înainte de venirea ei aici, prin câştigarea loteriei de vize, a lucrat în Franţa pe contract, a strâns bani şi i–a depus la una din băncile române de unde au dispărut aproape toţi.

– Cum să mă mai duc eu să lucrez în România când ***nu ne mai vrea nimeni acolo.*** Suplimentar, am nevoie de bani să–mi ajut părinţii bătrâni ca şi pe cei ai soţului meu. Cum aş putea eu face banii aceştia acolo când ei sunt în stare să ne sfâşie de gelozie că venim din străinătate. Am încercat să tatonez doar ca să văd reacţiile întreprinderilor, chiar printre cunoscuţi, când am fost acasă în concediu; a fost îngrozitor, nu ştiau cum să se scape de mine. Am primit răspunsuri veninoase, ironice şi respingătoare de la toţi oamenii la care am apelat pentru o slujbă. Am o garsonieră dublă, superbă, în Bucureşti şi mă gândeam să ne facem ceva bani, apoi să ne întoarcem în ţară, să avem copii fiindcă are cine să ni–i crească, dar nu se mai poate!

Un alt băiat tânăr ce a venit în America la un masterat în business, având un master în engineering, s–a înapoiat în ţară şi a reînceput lucrul la compania de unde plecase şi fusese era foarte apreciat.

Mi–a comunicat prin internet că nu se mai simte în largul sau la slujbă, este mereu întrebat când pleacă înapoi, de ce s–a întors, etc. Acest om tânăr este un mare patriot însufleţit de dorinţa de a schimba ceva în bine acasă, dar îmi mărturiseşte că regretă enorm că s–a întors; spune că va încerca să supravieţuiască pentru o vreme, dar nu ştie cât va rezista.

Mai am alte exemple relatate de foşti studenţi sau doctoranzi la universităţi americane, care au povestit cum că mergând acasă în vacanţe au înţeles că nu sunt doriţi acolo, iar modul în care sunt respinşi este cam acelaşi: **„sunt socotiţi super–calificaţi şi nu li se poate oferi salariul pe măsura studiilor şi a capacităţii lor de muncă"**!!??

Auzi domnule ce invenţie diavoleasca pentru a ţine departe de ţară minţile creatoare şi entuziaste!

Înainte de al doilea război mondial, când toţi intelectualii români se şcoleau la Viena, Göttingen, sau Paris, de–abia aşteptau să vină acasă şi să aplice ceea ce au învăţat întru propăşirea ţării! Acum, domnii din conducerea ţării, foşti „tovarăşi" ce şi–au trimis odraslele lor la studii în străinătate, nu mai vor ca şi alţii să vină şi să ajute la refacerea ţării, îi ţin numai pe ai lor ca să le continue scaunul la domnie şi tradiţiile comuniste prăfuite, dar încă active.

O prietenă din New York, trecută de şaptezeci de ani, a încercat de câteva ori să meargă în ţară unde a stat câte şase luni, să încerce a se adapta pentru eventualitatea rămânerii acolo până la sfârşitul vieţii.

– Nu se poate tu, nu se mai poate trăi acolo, că nu te lasă în pace şi nu te mai vor cu niciun preţ, mi–a spus după înapoiere.

O alta romancă de optzeci şi patru de ani s–a repatriat cu gândul să moară acasă; nu s–a putut adapta şi a fost nevoită să se întoarcă în State la băiatul ei din Pennsylvania, plângându–se de acelaşi lucru: **că nu se mai poate trăi în România din cauza atmosferei create împotriva românilor din străinătate.** Mai mult chiar, românii din ţară sunt îndoctrinaţi cu ideea că noi, cei din afara ţării, lucrăm împotriva lor şi ajutăm la dezastrul economic de acolo (???).

Deci, cei din conducerea actuală a ţării, cu creierele *luminate* dinspre răsărit, nu mai vor pe nimeni din afara ţării să se întoarcă (nici tineri, nici bătrâni) ca nu cumva să aducă idei noi, experiențe „periculoase" pentru șubredele lor scaune proptite doar cu rafie roșie *„made în Moscova"*!?

Toți românii din generațiile tinere care au studiat sau studiază în America se plâng da același lucru, că nu se mai pot întoarce acasă, fiindcă un curent nociv bine organizat, pe ascuns, îi respinge automat aproape obligându–i să–și ia drumul înapoi de unde au venit.

În acest mod viitorul țării va rămâne în grija bătrânilor neputincioși și săraci, la mâna țiganilor în creștere și a miliardarilor de proveniență dubioasă. În ultima vreme până și țiganii au plecat în străinătate la furat ca să distrugă reputația românilor operând sub numele de *rromi* și creând confuzia legată de originile neamului nostru vechi și nobil.

Îmi cer scuze, fiindcă mi–am amintit imediat de un singur exemplu care se va întoarce să stea de–a dreapta domnului Năstase la cârma țării. Acesta este Alexandru Popa, un student–minune care a răsturnat toate regulile de la *Stanford University* cu mintea lui strălucită și pe care, înțeleg că îl doresc dumnealor în sfatul țării!

Mira–m–aș, dar ceva tot este ascuns în aceasta bunăvoință fiindcă eu cunosc mulți studenți români de excepție care au uimit profesorii din Universitățile Americane și pe care nu–i mai vrea nimeni în țară.

Se vede treaba că actualii conducători ai României au orbul găinilor și nu mai pot separa neghina de grâul sănătos, decât în situații convenabile lor, dar mai ales vecinilor care stau la pândă, ca șacalii, să înhațe pământul țării, gonind spiritele înalte și cultivate din locurile acelea.

Ce rușine și ce mare durere pentru țară!

***Origini,** USA, 30 octombrie, 2002*

Nicolae Tesla, un geniu român

În anul 1986 mă aflam în New York, când un bun prieten, strălucit inginer electrotehnician şi lector la Manhattan College, a venit cu propunerea să mergem la cimitirul din Ardsley– on– Hudson să caute mormântul lui Nikola Tesla. El era fascinat de personalitatea acestui mare inventator şi părinte al celor mai remarcabile realizări în domeniul electricităţii.

Nu aveam idee că fusese înmormântat atât de aproape de locul unde lucram, locuind atunci în Westchester County, la circa 26 mile nord de Manhattan şi, nici nu ştiam prea multe despre el, cu excepţia celor învăţate la cursul de motoare electrice din facultate.

Era o primăvară superbă, cu cimitirul plin de soare şi de flori. Am găsit locul cu ajutorul ghidului de la cimitir, deşi rămăşiţele lui Tesla nu mai erau acolo, fuseseră transferate la Zagreb în 1957. Prietenul meu a rămas într–o rugăciune meditativă minute în şir, apoi s–a aplecat şi a mângâiat piedestalul de piatră păstrând o tăcere cucernică precum în faţa unei statui sacre dintr–o biserică. A scos de sub pardesiu o lumânare şi aprins–o de la bricheta lui, păstrând în continuare tăcere absolută; era un bun creştin, foarte spiritual şi atent la toate semnele dumnezeieşti şi nu voi uita faţa lui transfigurată de solemnitatea acelei clipe. Pentru el, Tesla era un alt Dumnezeu.

Am uitat de acea întâmplare până când anul acesta am primit un articol publicat în România, în care profesorul universitar Dinu–Ştefan Moraru semnalează originea românească a marelui inventator. Mi–am amintit de ceea ce mi–a povestit prietenul din New York despre Tesla şi mi–a trezit interesul să

Nicolae Tesla (1856–1943)

aflu mai mult despre acest super–om, aşa cum a fost considerat de contemporanii săi, fiind român la origine şi împlinind multe din caracteristicile neamului acesta înzestrat cu calităţi neobişnuite transmise genetic de mii de ani. Se spune că oameni ca Arhimede, Goethe, Dante, Shakespeare, Newton, Da Vinci, Einstein, El Greco, Beethoven, Mozart, Goya, Eminescu, Coandă, Brâncuşi, Eliade, aparţin lumii şi nu unei anumite naţii, însă eu cred că plămada locului şi însemnul sângelui zvâcnind visceral de la strămoşii noştri are ceva de spus în alcătuirea individului, mai ales a unor „luceferi" de dimensiuni gigantice cum a fost şi Tesla. Ei au venit în această dimensiune la un moment dat, cu un anumit scop şi s–au întrupat din rădăcinile unei anume naţii, printr–un destin sacru.

Nikola Tesla s–a născut în noaptea de 9 spre 10 iulie 1856 în comuna Similian, provincia Lica, din Croaţia, din familie de istro–români cu numele de Drăghici, dar cu porecla devenită nume Teslea, de la „teslă" cu care se practicase dulgheria în familia strămoşilor lui. Familia tatălui era din grăniceri antiotomani ai fostului imperiu austro–ungar, iar mama Gica Măndici era tot romăncă. Biografii americani îi atribuie familiei lui Tesla rădăcini ale unor ucraineni ce ar fi trecut prin Romania şi s–ar fi aşezat în Croaţia (1), ceea ce este inexact.

Henri Coandă vorbea despre Tesla ca fiind român–bănăţean din Banatul sârbesc, dar şi această relatare este puţin alterată. Henri Coandă îl cunoscuse pe Tesla (numind–l Teslea) de la tatăl său, generalul Constantin Coandă, fiind foarte apropiat de vârsta acestuia, timp la care Tesla era celebru în lume, deşi în România nu se vorbea despre el.

Ascultându-l, Coandă declară că fost uluit de lucrurile extraordinare prezentate de Tesla tatălui său şi că nu a putut uita niciodată felul lui şocant de a gândi, chiar de era un copil.

Tatăl lui Nicolae Tesla a fost preot ortodox, un om cult, interesat în literatură, filozofie, matematică şi ştiinţe naturale, manipulând cu uşurinţă câteva limbi străine. El l-a antrenat pe fiul său cum să-şi dezvolte memoria şi facultăţile intuitive, astfel încât Nicolae ştia pe dinafară sute de versuri, chiar a scris el însuşi poezie şi vorbea cursiv în douăsprezece limbi.

Savantul de mai târziu îşi aminteşte numeroase *out-of-body* (în afara corpului) experienţe în copilărie, iar mai târziu *near-death-experience* (aproape de moarte, după o electrocutare), după care i-au venit avalanşe de idei în a inventa şi demonstra forţe necunoscute bazate pe electricitate ce-l obsedau în permanenţă. Din fragedă copilărie avea viziuni în care primea soluţia la problemele la care se gândea şi rămânea perplex de exactitatea acestora.

A povestit că fiecare impresie a fenomenelor misterioase observate în copilărie produceau zeci de mii de ecouri în mintea lui...(2)(4).

În noaptea când s-a născut, cerul a fost bântuit de fulgere şi tunete cumplite, iar el a relatat despre aceste fenomene descrise de mama lui, susţinând că toată viaţa a avut obsesia energiilor dezvoltate de fulgere de unde i s-a tras pasiunea de a descoperi tainele electricităţii. Pentru Nicolae Tesla totul era ca o vrajă din care extrăgea idei pentru descoperirile lui şi inspiraţie pentru versurile ce le aşternea pe hârtie.

A fost, fără îndoială, un copil neobişnuit de îndată ce între de vârsta de zece şi paisprezece ani a terminat liceul real şi a fost interesat în electricitate chiar de la începutul educaţiei sale făcând experienţe cu baterii şi bobine de inducţie.

Mintea lui funcționa ca un receptor conectat la o sursă de unde primea informațiile în mod continuu, era preocupat zi și noapte numai de invenții legate de electricitate și când, copil fiind, a văzut o poză a Niagarei a spus unchiului său că într–o zi el va plasa o roată gigant sub acea cascada de apă și o va utiliza pentru a produce energie. Așa a fost!

Era un mare vizionar, având premoniții legate de ceea ce va urma în descoperirile lui, iar la timpul acela a fost acuzat permanent de a fi un *„mare vrăjitor"*.

Avea o hiper–sensibilitate nativă a auzului, și vederii, obsesia microbilor, a problemelor de igienă și în special pentru purificarea apei de băut, rămase de la epidemia de holeră din copilăria lui care l–a marcat pe viață.

Adora mersul pe jos, în natură, de unde simțea că vine cu mai multă forță de inspirație.

Asta mi–a amintit de Leonardo da Vinci, care colinda de mic toate poienele, aduna flori și fluturi și studia fiecare amănunt din natură, de unde i–au venit mai târziu toate inspirațiile pentru pictură, desene arhitecturale și schițe pentru diferite mașini de zburat de neobișnuite (după spusele lui).

Tesla a fost trimis de tatăl său să studieze la Institutul Politehnic din Graz în Austria, la numai 175 mile nord de casa lor, dar în mod vădit și pentru a evita concentrarea lui în armată împotriva turcilor. A fost un student cu note maxime la începutul școlii, dar nu a absolvit institutul politehnic niciodată și din acest motiv nu a dorit să–și mai confrunte părinții. După un timp, în 1889, a plecat în Boemia să–și continue educația la universitatea din Praga. Cu toată silința lui de a învăța și lucra până la epuizare Tesla a susținut că *toate descoperirile lui au venit din afara acestei lumi prin inspirații esoterice.*

Fiind încă la Praga el a decis să caute soluții practice pentru supraviețuire și astfel a plecat la Budapesta unde o companie americană de telefoane *(American Telephone Company)* începuse instalări la care aveau nevoie de executanți cu profil tehnic. Tesla a fost prezentat lui Thomas Edsion drept „Napoleon al invențiilor" ale cărui îmbunătățiri au revoluționat domeniul comunicațiilor.

Din banii câştigaţi şi–a cumpărat baterii, sârme şi metale de care avea nevoie pentru experimentele sale. Aici a muncit până la epuizare şi a avut o cădere nervoasă alarmantă amplificată de ultrasensibilul său auz la orice mic zgomot chiar venind de la distanțe foarte mari. Tesla devenise susceptibil şi la razele solare considerând că au o influență uriaşă asupra creierului său. S–a ridicat din suferință cu greu şi mergând prin parcul central al Budapestei i–a recitat prietenului său Szegedy strofe din *Faust* de Goethe, pe care–l ştia pe dinafară, după care, dintr–odată i–a venit în minte o lumină strălucitoare, ca o revelație supremă: *soluția problemei pentru motoarele cu curent alternativ*. S–a comportat ca un om în transă, impresionat de această revelație primită rapid ca un mesaj transmis din alte lumi şi i–a explicat prietenului său Szegedy viziunea sa desenând diagrame ş,i iar diagrame, pe care le–a utilizat şase ani mai târziu în prezentarea de la (AIEE) Institutul American al Inginerilor Electricieni exact în aceiaşi formă. Imaginile explicate de Tesla lui Szegedy erau atât de clare şi solid argumentate încât atunci s–a născut *principiul câmpului magnetic rotativ* care a revoluționat lumea(2). Memoria lui fabuloasă şi exactitatea cu care reținea şi relata orice amănunt uluia pe cei mai avansați profesori şi savanți ai timpului său.(2)(3)(4)(5)

În timp ce lucra pentru *Bell Company* la Budapesta a îmbunătățit comunicațiile, se cățăra şi repara cu mâna lui echipamentele, iar după orele de lucru se pregătea continuu în domeniul matematicii şi mecanicii. A studiat principiul inducției prin care o masă având o sarcină electrică sau electromagnetică poate genera o sarcină corespunzătoare sau forță sau magnetism în cea de a doua masă fără ca acestea să fie în contact.

În 1883 proprietarul rețelei de telefoane din Budapesta i–a oferit lui Tesla o poziție avansată la *Societatea Continentală*

Statuia lui Tesla in fața Casei memoriale din Lica – Croația

Edison din Paris. Aici el a întâlnit pentru prima oară americani şi primul lui succes a fost în a–i bate la biliard! De la Paris compania Edison l–a trimis să repare ceva linii telefonice la Strassbourg, întrucât ştia limba germană; aici a impresionat pe toată lumea cu priceperea sa, inclusiv pe cel mai apropiat om al lui Edison, dar nu a fost răsplătit niciodată, nici cu bani, nici cu recunoaştere de vreun fel pentru munca depusă.

A studiat foarte atent invențiile lui Edison, ca telegraful multiplex ce a permis introducerea alfabetului morse codificat pentru transmitere simultană de mesaje în două direcții, apoi *speakerul* cu disc de carbon, plat şi circular, uşor de înlocuit, care se găseşte şi astăzi în fiecare receptor de telefon. A participat constant la modificarea multor părți din instrumentele existente fiindcă era în natura lui să studieze şi îmbunătățească orice structură tehnică, exemplu: dând discului plat de carbon din receptorul telefonului o formă de con el a modernizat un amplificator care să repete şi să mărească semnalul de transmisie. Tot el a inventat un precursor al *speakeru-*

lui cu voce tare şi nici nu i–a păsat să lupte pentru a obține un patent pentru acest lucru.

În orice clipă liberă a avut la dispoziție a fost preocupat de eliminarea comutatorului din maşinile DC (curent continuu) şi căptuşirea AC (curentului alternativ) fără intermediari greoi.

Creația AC a fost cunoscută sub numele de *câmp magnetic rotativ.* Tesla a utilizat două circuite în loc de unul singur pentru a transmite energie electrică generând astfel curenți duali distribuiți la 90 grade unul față de altul. Efectul net a fost că un magnet primitor (ori *motor armătură)* s–ar putea roti în spațiu prin intermediul inducției şi prin urmare să atragă în mod continuu un curent de electroni depinde de cum este sarcina; negativă sau pozitivă. El a studiat profund mecanismul acestui AC pentru a putea explica efectul acestui fenomen. Ideea a fost prezentată schematic pentru prima oară în lectura sa ținută la întâlnirea de la *American Institute of Electrical Engineers* din New York, în anul 1888.

Profesorul de fizică Silvanus Thomson din Londra a subliniat că valoarea descoperii lui Tesla, față de încercările predecesorilor săi, constă în faptul că *„el a pus la îndemână o metodă nouă de transmitere a PUTERII electrice".* Puterea electrică putea acum fi transmisă la sute de mile depărtare nu numai pentru a genera lumină ci şi pentru maşini industriale şi de uz casnic, ceea ce nu fusese posibil înainte pentru distanțe mai mult de o milă.

Câțiva ani mai târziu el a publicat patentul „Sistemul alternativ Tesla de curent polifazic", când *Institutul American al Inginerilor Electricieni* a considerat că Tesla a creat un produs care funcționează excelent inițiind o adevărată revoluție în arta circuitelor electrice.

Reîntors la Paris a fost anunțat că va trebui să meargă în America pentru a lucra la reproiectarea unor maşini pentru compania Edison.

A ajuns la New York cu 4 cenți în buzunar, o carte cu propriile lui poeme, un articol ştiinţific şi un pachet de calcule legate de planurile sale pentru construit maşini zburătoare. Banii i se furaseră în portul Le Havre la îmbarcarea pentru New York.

Lumea în care a intrat a fost complet nepotrivită educaţiei şi culturii lui europene şi a rămas un mare nefericit, izolat pentru întreaga viaţă între cei ce l–au sabotat, i s–au furat proiectele originale, i–au dat foc primului său laborator de cercetări experimentale din New York, şi l–au denigrat imitându–l.

Edison a fost extrem de gelos pe Tesla din cauza educaţiei sale superioare şi s–a purtat cum nu se poate mai mizerabil pe timpul cât a lucrat pentru compania lui, începând cu faptul că i–a folosit creativitatea şi devotamentul la lucru fără a–l plăti corespunzător. Una din marile probleme care a dus la ruptura definitivă dintre Tesla şi Edison a fost generată de neplata sumei de 50.000 $ promise pentru munca uriaşă depusă de Tesla pentru a îmbunătăţi funcţionarea generatoarelor şi dinamurilor Edison în 24 variante de maşini electrice înzestrate cu un regulator şi un nou tip de întrerupător şi care au devenit standarde înlocuind pe cele utilizate anterior de Edison.

Un alt mare succes al lui Tesla a fost repararea cu rebobinarea, în numai câteva săptămâni, a unui set de dinamuri ale companiei Edison de pe linia oceanică *Oregon*, primul vapor care utiliza electricitatea pentru a lumina la acel timp. Când Tesla a terminat treaba a cerut suma promisă la care Edison i–a răspuns că el nu înţelege umorul american. Edison avea dreptate, Tesla nu înţelesese cum poate fi o victimă a unui om pentru care avea oarecare consideraţie, dar a rămas un gentleman, salutând şi părăsind astfel laboratorul lui Edison pentru totdeauna. A lucrat câtva timp hamal în portul New York, apoi a săpat şanţuri pentru cablurile electrice ca să poată supravieţui. Cei 50.000 $ pierduţi erau o avere la acel timp...

I s–a oferit premiul Nobel în 1915, împreună cu Edison, dar l–a refuzat politicos. Anul următor a început războiul şi nu s–a mai oferit premiul Nobel.

Fiind deja bine cunoscut în domeniu a primit ofertă de lucru de la George Westinghouse să perfecționeze motorul de curent alternativ pentru producerea în masă a acestuia. Westinghouse i–a oferit 1 milion dolari pentru patentul său, dar el a investit imediat jumătate din sumă pentru construirea laboratorului său experimental din New York.

La 1 mai 1893 Westinghouse avea deja instalate 250.000 lămpi și 2 dinamuri de 10 picioare înălțime executate pe baza sistemului multifazat creat de Tesla.

Westinghouse a înțeles foarte bine valoarea lui Tesla, el însuși fiind inventatorul frânelor cu aer la vagoanele de tren care mai târziu au fost aplicate și la frânele pentru avioane. S–a purtat ca un adevărat gentleman cu Tesla și au colaborat împreună multă vreme.

Edison a răspândit ideea că invenția AC a lui Tesla nu se va putea aplica fiindcă poate ucide, dar Tesla a demonstrat contrariul lăsând să treacă prin corpul său un milion de volți probând că Edison este un mincinos gelos care a manipulat împotriva lui.

Până în 1903 toate stațiile de distribuție a curentului electric existente au adoptat sistemul Tesla de curent alternativ.

O mulțime de idei s–au născut în laboratorul din 33–35 street, 5th Ave (West Broadway), participări la studiul razelor X, proiecte mari și mici, însă pe 13 martie 1895 laboratorul a fost găsit în flăcări și toată munca, schițele de concept, aparatura experimentală au fost distruse complet. Tesla nu avea asigurare, deci nu a primit nimic pentru daune, însă cu fenomenala lui memorie fotografică a fost în stare să recreeze toate proiectele și să reia activitatea lui de unde o lăsase.

Nu s–a aflat niciodată care a fost cauza incendiului distrugător, dar toate bănuielile au dus la un sabotaj împotriva lui Tesla care stârnea invidia și ura competitorilor. Cu un împrumut de la grupul Morgan a putut să–și deschidă un alt laborator pe 46 East Houston street pentru continuarea experiențelor lui extraordinare.

Una din ideile lui, diferite de cele legate de electricitate, a fost cea a *legii rezonanței*. Inspirațiile lui au plecat de la observarea undelor ce se formează la înaintarea unui vapor pe apă, din care s–ar putea genera putere ce ar merita utilizată. La fel când răsucea butonul la radio această mișcare îl făcea să se gândească la legea rezonanței. Muzica reprezenta pentru el o clipă în care știința se bazează pe vibrație, iar rezonanța putea fi cu siguranță o sursă de putere.

A făcut un foarte simplu experiment, în laboratorul din Houston street, aducând o bucată de oțel de 2 picioare lungime și 2 inch grosime peste care a legat un mic vibrator electric. La început nu s–a observat nimic dar după un timp bucata de oțel a început să tremure, accelerând vibrațiile până când dilatându–se și contractându–se, precum o inimă ce bate, s–a spart. A repetat experiența punând micul vibrator pe o parte din peretele de oțel al Wall Streetului, observând cum structura începe să se crape și să genereze unde vibratorii asemănătoare cu ale unui cutremur. A venit poliția, dar Tesla a ascuns repede vibratorul în buzunar și plecat mulțumit că experiența lui a reușit.

A declarat că poate distruge podul spre Brooklyn către East River în mai puțin de o oră. *Aceasta a fost revelația șocantă a forței vibrațiilor care îl preocupa de la un timp pe Tesla*. Bazat pe acest experiment el a extrapolat teoria că poate despica globul pământesc în două; pentru prima oară în istoria lumii Tesla stăpânea cunoștințe care pot interfera cu procesele cosmice. Întrebat de un ziarist cât timp i–ar trebui să despice pământul el a răspuns că poate luni de zile, dar ar putea pune crusta globului în asemenea stare de vibrație în câteva săptămâni, ridicând–o și coborând–o sute de picioare, aruncând râurile din matca lor, distrugând clădirile, și practic distrugând toată civilizația actuală. *„Principiul nu poate fi negat, poate cei ce vor urma după mine vor vedea mult mai exact acest fenomen"*, a spus Tesla.

El a explicat într–o conferință că se poate aplica acest principiu numit *telegeodinamic* la detectarea submarinelor și la localizarea depozitelor miniere. A mai demonstrat că efectul unui oscilator geodinamic ar fi atât de puternic că ar putea dărâma clădirea Empire State Building din Manhattan în foarte scurt timp. Toate experiențele următoare au fost legate de principiile teleautomatic–elegeodinamic și alte posibile teorii despre rezonanță dar rezultatele au rămas destul de puțin cunoscute atunci.

O altă preocupare a lui Tesla a fost îndreptată către studiul frecvențelor înalte și relația dintre electromagnetism și structura luminii.

La una din comunicările lui făcute în fața membrilor de la A.I.E.E., Tesla a explicat:

„Electricitatea este ca un fluid incompresibil. Noi ne mișcăm printr–un spațiu infinit cu cu o viteză necunoscută; totul în jurul nostru este în mișcare, totul se rotește, energia este prezentă peste tot." Tesla a încheiat cu o profetică supoziție pe care cei de față au interpretat–o ca o sugestie că acel mult discutat *punct zero,* sau *stratul de energie liberă* există. ***„Trebuie să existe o cale prin care să captăm această energie direct, apoi cu lumina obținută din mediu și cu puterea ce derivă din ea, cu fiecare formă de energie căpătată fără efort, din depozite inepuizabile, umanitatea va avansa cu pași gigantici. Contemplarea acestor magnifice posibilități fac să lărgească viziunea minților noastre, iar speranța să ne umple inimile cu o desfătare sublimă".***

Această poetică încheiere a serii științifice a rămas în memoria timpului și Milikan (premiul Nobel pentru raze X) împreună cu alți savanți ai timpului au spus că cercetarea lor a fost doar o mică parte, în comparație cu ceea ce au învățat în acea seară, din expunerea lui Tesla.

Cartea *„The Inventions, Researches and Writings of Nikola Tesla"* editată de T. C. Martin, a fost considerată Biblia inginerilor electricieni a acelor ani. Mulți specialiști care au scris cărți în același domeniu „au omis" să citeze cartea și realizările lui Tesla din invidie deși toți au furat de la el câte ceva.

În anul 1892 s–a început în Statele Unite transmiterea energiei fără a utiliza cabluri pe baza descoperirilor făcute de Tesla, iar în 1893 la Târgul Mondial de la Chicago el a demonstrat experimentele sale de transmitere a energiei electrice fără fire, generatori și tuburi cu vacum, iluminate fără fire, de asemeni.

În iulie 1896 Tesla a fost invitat la Niagara Falls pentru a studia noua propunere a lui Westinghouse de a realiza un proiect de obținere a puterii prin utilizarea căderii de apă a cascadei. Clădirea pentru lansarea proiectului Niagara Falls a început în 1890 pentru realizarea primului sistem de putere hidroelectrică pentru a genera lumină.

Procesul de producere al electricității implică conversia energiei calorice, sau mecanice.

Cea mai abundentă formă de energie mecanică pe care ne putem bizui este energia generată de roțile de apă în mișcare (morile de apă). Sursa spectaculară de apă de la Niagara Falls nu fusese luată în considerație până la sfârșitul secolului 19 fiindcă nu se găsise o formă de a distribui în mod egal o fracțiune din uriașa putere dată de cădere. Numai două tehnologii au avansat către nou: roțile lui Pelton, introduse în 1884 și sistemul AC de a genera și transmite electricitatea introdus de Tesla în 1888.

Pentru Niagara au fost construite roți de tip Pelton proiectate special de 5 ½ picioare diametru puse la baza unui tunel de apă alimentat de un canal situat la partea de sus a râului. Apa rotindu–se printre lamelele propulsoare a convertit gravitațional energia cinetică de rotație; canalul turbinei a transmis prin angrenare continuă unui generator electric deci a convertit energia mecanică în energie electrică. Generatorul electric la ieșire, astăzi AC trifazat, este comutat în sute de mii de volți cu ajutorul transformatorilor, apoi distribuit prin liniile de putere la serviciile din regiune.

Astăzi generarea hidroelectricității la Niagara Falls captează o cantitate utilizabilă de 2 gigawatt din cei 3 gigawatt obținuți din energia apei căzând peste cataracte.

În ianuarie 1898 Tesla a invitat ofițerul de la serviciul de patente din Washington să vină la New York pentru a asista la o demonstrație neobișnuită din laboratorul său. Într–un patent prezentat în anul anterior sub titlul de „Sistem de transmitere a energiei electrice" el arătase că este posibil să se transmită orice cantitate de energie electrică la orice distanță, chiar prin straturi moderat rarefiate ale atmosferei. Acest lucru, extraordinar pentru acel timp, trebuia demonstrat. Tesla a pregătit un sistem de două bobine similare cu cele din patentul său pentru radio, conectate la un set de tuburi sticlă de 50 picioare. În tuburi au fost simulate condițiile atmosferice echivalente cu cele de la 5 mile distanță deasupra pământului. Când patru circuite au fost conectate prin stratul de aer, la presiune de 135 mm, lămpile incandescente s–au aprins. Tesla a demonstrat astfel că se poate străpunge stratul superior de aer fără a se folosi o antenă ridicată, doar cu o mică elevație a solului. Pentru a extinde experiența lui la scară mare a avut nevoie de un loc anume unde să aplice rezultatele de laborator. Prietenul lui, avocatul de patente Leonard Curtis, a găsit un loc în Colorado Springs unde ar fi avut și putere generată de *EL Paso Power Company.* Au fost oferiți 30.000 $ pentru experiment de către patronul hotelului Waldof–Astoria, unde locuia pe atunci Tesla. Locul experimentului a fost Pikes Peak unde Tesla s–a mutat temporar pentru lucru în 1899, și unde a petrecut mai mult de nouă luni. Stația a fost construită la 6.000 picioare deasupra nivelului mării.

În 1899 construiește în Colorado postul de radio cu o putere de 200 Kv și realizează transmisii prin telegrafie fără fir la peste 1.000 Km, aprinzând și toate lămpile orașului de la distanță.

„Undele electromagnetice, de extrem de joasă frecvență, au abilitatea de a se propaga în spațiu între suprafața

pământului și ionosferă. Aceste unde se pot propaga la sute de picioare prin pământ și pot modera adâncimea oceanelor în ciuda marii absorbții în apa mării", a spus Tesla.

Estimând cu acuratețe frecvența de rezonanță a cavității pământ–ionosferă în 1899 a fost un act al unui geniu. Astăzi această descoperire este considerată ca prima dezvăluire a fenomenului numit *„cavitatea Tesla–Schumann". A fost un mare profet!*

Cu teoria probată Tesla a rămas în istorie ca primul om care a adus efectele electricității la stadiul de luminare.

Tot atunci el a construit primul radiotelescop cu care a primit semnale din spațiu.

În anul 1900 marele investitor Morgan din Wall Street a oferit lui Tesla 150.000 $ pentru a construi un centru de radiodifuziune în Long Island, păstrând 51% din patentul lúi Tesla pentru securitate. Aflându–se în casa lui Morgan, Tesla a venit cu o propunere care suna mai mult a *science fiction:* un sistem global de comunicare fără fire care să retransmită.mesajele peste ocean, să transmită muzică, *stock market,* mesaje particulare, comunicări militare garantate și chiar fotografii în orice parte a lumii. Tesla a spus că tot globul va fi transformat într–un creier imens, de îndată ce toate lucrurile sunt particule ale unui întreg real și ritmic. ***„Vom fi capabili să comunicăm unii cu alții instantaneu la orice distanță. Nu numai asta, dar prin televiziune și telefon, ne vom vedea și ne vom auzi atât de perfect ca și cum am fi față în față".***

Aceste profetice vorbe au fost spuse de Tesla în anul 1900!

Morgan a oferit lui Tesla banii pentru a construi un turn de transmisie și o uzină pentru generat putere în Long Island, New York, la Shoreham–Waldenclyffe

Turnul construit ar fi avut scopul nu numai să transmită mesaje dar să fie și o mare demonstrație de transmitere a puterii fără cabluri. Turnul a fost construit dar în 1902, era gata, fără giganticul *electrod emisferă* de la vârf; proiectul nu a fost dus la bun sfârşit din cauza banilor deşi turnul a fost gata până la 1904. Morgan a încetat să trimită banii promişi şi a manipulat chiar piaţa pentru a justifica că nu are bani destui.

Tesla a comandat generatori şi transformatori speciali construiţi la Westinghouse şi a mai primit chiar ceva oferte de bani însă proiectul tot nu a putut fi terminat din cauza lipsei de fonduri suficiente, iar Tesla a rămas înglodat în datorii. În anul 1917 turnul a fost dinamitat.

Acest mare proiect a fost un eşec care l–a obsedat pe Tesla pentru mulţi ani.

Proiectele şi realizările lui Nicolae Tesla au făcut subiectul multor cărţi biografice deşi multe dintre tainele invenţiilor sale au fost luate cu el în mormânt, iar numărul articolelor scrise de el este încă necunoscut cu exactitate.

După moartea lui Tesla, în 1943, laboratorul a fost spart şi toate documentele existente furate, fără a se descoperi până astăzi cine a intrat în posesia lor. Bănuielile au dus către serviciile CIA care le–au predat armatei pentru scopuri secrete din cauza apariţiei unor aplicaţii ale ideilor lui Tesla în construirea instalaţiilor HAARP *(High–frecvency Active Auroral Research Project)* din Alaska ce va acţiona ca un încălzitor ionosferic şi va afecta viaţa fiecărei persoane locuind pe această planetă. Aceste proiecte pot utiliza unde polarizate amplificate cu ajutorul energiei solare obţinând un efect de maser. Experimentele cu unde HAARP pot manipula schimbarea vremii pe glob, răni ireversibil ecosistemul, tăia comunicaţiile electronice or schimba starea mentală a indivizilor.(9)(10)

Tesla poate fi considerat cel mai mare inventator pentru ultimii 200 ani; descoperirile lui şi punerea în practică a ceea ce a gândit vor afecta vieţile oamenilor şi pe viitor.

A fost cel mai prolific inginer al tuturor timpurilor, un adevărat „vrăjitor", un neînţeles, a murit sărac şi singur în hotelul unde a locuit toată viaţa pe care a pus–o în slujba omenirii.

Când s–a născut a fost mângâiat de lumina fulgerelor, a creat ca un Prometeu adevărate minuni jucându–se cu lumina şi a fost el însuşi o misterioasă lumină în scurta lui trecere pe acest pământ.

El însuşi a fost o lumină a neamului acesta românesc care a dat atâtea genii omenirii lucru cu care ne putem mândri cu adevărat!

Prezentat la a IV–a Conferinţă a Comitetului Mondial Român, Vatra Dornei, România, 28 iunie, 2004

BIBLIOGRAFIE:

1. *The life and time of Nikola Tesla, biography of a genius,* by Mark J. Seifer;

2. *Lighting in his hand, the life story of Nikola Tesla,* by Inez Hunt and Wanetta W. Draper;

3. *Prodigal genius, the life of Nikola Tesla,* by John J. O'Neill;

4. *Tesla, master of lighting* by Margaret Cheney & Robert UTH;

5. *Tesla man out of time,* by Margaret Cheney;

6. *Empires of light, Edison, Tesla, Westinghouse and the race of electrify the world,* by Jill Jonnes;

7. *The Tesla papers. Nikola Tesla free energy & wireless transmission of power,* by Nikola Tesla edited by David Hatcher Childress;

8. *Commander X, incredible technologies of the New World Order: UFO–Tesla–area 51;*

9. *Angels don't play this HAARP,* by Jeane Manning and Dr. Nick Begich;

10. *Earth Rising – The Revolution* – by Dr. Nick Begich and James Roderick.

Cine şi de ce nu-i iubeşte pe români

În 1988 mă aflam la Yale University la cursurile intensive de vară unde conferenţiarii erau printre cei mai valoroşi profesori universitari din Canada şi America. Într–una din după amiezile libere am plecat să vizitez muzeul oraşului New Haven, la recomandarea celor ce organizaseră şcoala de vară, unde l–am întâlnit pe profesorul Alvarez care tocmai ne ţinuse un curs în ziua aceea.

Am colindat împreună galeriile de artă, am stat de vorbă, după care ne–am oprit amândoi la bufetul muzeului să luăm ceva de băut. În cursul conversaţiei noastre despre pictură m–a întrebat „de unde sunt de origine", la care i–am răspuns că din România. A tresărit, şi–a schimbat culoarea feţii şi m–a întrebat într–un fel nostim „vorbiţi româneşte", după care mi–a spus scurt: *„să nu mai spui că eşti din România, te rog eu mult.*

L–am întrebat de unde i se trage această antipatie pentru români când a început a mi se confesa:

„Între ani 1970 –1982 am locuit în California, în apropiere de *Silicon Valley* fiindcă predam la Santa Clara. La un moment dat am fost contactat de Poliţia Federală cerându–mi–se să le fac un serviciu pentru a afla ce se petrece în comunitatea românească existentă acolo.

Am fost interesat fiindcă sunt fascinat de limbile latine şi legăturile interesante dintre acestea, apoi eu sunt fluent în spaniolă şi italiană, deci mi–au facilitat nişte cursuri rapide de învăţat limba română, atât cât să pot înţelege uşor, fiindcă predasem în Brazilia un timp şi ştiam puţin şi portugheza-braziliană.

Am fost introdus într–un mare grup de români educați, toți ingineri, doctori și avocați care vorbeau foarte bine engleza și franceza. I–am invitat la mine acasă, apoi am fost eu invitat la ei și începusem să legăm o amiciție reciprocă însoțită de plăcerea de a ne revedea fiindcă oamenii erau cultivați, dădeau niște mese excelente, erau bine situați și extrem de prietenoși.

Mă contaminase spiritul latin și vivacitatea lor până când, la scut timp de la prima noastră întâlnire, au început să vină pe rând la mine sfătuindu–mă să mă feresc de ceilalți că sunt securiști, că sunt periculoși, că sunt plătiți de KGB, deși continuau să meargă cu ei la toate petrecerile noastre și să se comporte normal cu conaționalii lor *așa–ziși periculoși.*

Am fost șocat fiindcă niciuna, din cele vreo 14 familii cu care mă vedeam, nu a omis să vorbească de rău și pe la spate pe celelalte.

Când m–au chemat cei de la Poliția Federală să le spun cum mi s–au părut relațiile dintre români, mi–au mărturisit că exact așa li s–a întâmplat și lor, de aceea mă rugaseră să analizez eu ce petrece în grupul românesc.

Săptămânal primeau rapoarte scrise sau verbale de la cei din grupul de români, în care erau bârfiți și descriși drept foarte periculoși toți ceilalți membri ai grupului.

Acest joc paranoic a durat aproape un an, timp în care mi–am căutat post la o altă universitate, cât mai departe de California, ca să scap de români și așa am ajuns în Idaho.

Mi–a rămas în minte comportarea oribilă a acelor oameni și de atunci cum aud de **români** fug cât pot mai departe fiindcă obiceiul acesta de a reclama pe alții, de a face rău altora, m–a oripilat și nu–l pot accepta celor cu pretenții de educație și cultură. Brazilienii printre care am lucrat un timp sunt mult mai primitivi, mai simpli, dar blânzi și cu bun simț și n–am auzit pe vreunul să vină să reclame pe alții numai din plăcerea maladivă de a face rău".

După acea întâlnire de la muzeul din New Haven profesorul Alvarez m–a ocolit de câte ori m–a întâlnit la universitate, iar la plecare, când ne–am dat mâna cu toții și am sărbătorit încheierea cursurilor cu o masă princiară, pe o veche corabie din Mistic Port, dânsul a păstrat cât a putut de mult distanța de mine, în timp ce eu am fost rănită profund de ceea ce auzisem despre românii noștri. M–am simțit în ziua aceea o ființă amorfă, fără identitate, fără onoare, chiar dacă mă lăudaseră toți la cursurile dinainte.

Perioada când Alvarez a avut acele experiențe amare cu românii coincide cu vremea când securiștii mișunau prin comunitățile românești din străinătate trimiși special ca să urmărească, dezbine și distrugă orice coeziune între români, însă în ea am recunoscut multe din trăsăturile de caracter specifice neamului și m–am gândit că suntem și noi vinovați de reputația ce ne–o facem în lume. Trăiți sub teroarea comunistă unde fiecare coleg, prieten, rudă era îndemnat *să toarne*, să facă rău vecinului pentru a scăpa el, acest nărav prost a lăsat sechele adânci în caracterele oamenilor noștri.

Mult timp după acea întâmplare am meditat la cum ne cataloghează străinii și știm cât de greu se poate dobândi o bună reputație, care... poate fi distrusă într–o clipă.

Noi ne tot lăudăm cu trecutul și oamenii de valoare care au dat faima țării cândva, dar străinii nu ne cunosc istoria, nici nu–i interesează acest lucru; ei ne judecă după cum ne comportăm acum, *după prezent*, iar acest prezent nu ne pune de loc în cea mai favorabilă lumină.

***

În anul 1996 compania Westinghouse pentru care lucram a lichidat contractul cu Departamentul de Energie (DOE) al SUA, astfel că a fost înlocuită cu un nou contractor Fluor Daniel adus din California. Directorul tehnic al aceste noi companii, care a preluat contractul, John Bradburne, venea frecvent prin secții ca să cunoască oamenii și să știe ce se petrece cu adevărat la fața locului. S–a oprit să mă întrebe într–o zi cum merge treaba, ce probleme am în grupul meu de lucru, ocazie cu care mi–a adresat și întrebarea *„de unde am venit"*.

La locul unde opera compania noastră veniseră peste două mii de oameni din toată America, deci întrebarea era firească. I–a spus că am venit din New York, după care zâmbind a continuat: *„dar... înainte de New York?"*

I–am răspuns că din România.

Omul, cam peste șaizeci de ani, plimbat pe toate continentele ca un cunoscut specialist în centrale nucleare, cu o prestanță ce impune respectul și plin de încredere în el, a ridicat din sprâncene întrebându–mă pe românește câteva lucruri simple adresându–se cu fraze stâlcite, învățate mecanic.

– De unde ați învățat aceste fraze, am sărit eu mirată.

– Din România, unde am lucrat vreo nouă luni la verificarea contractelor cu canadienii pentru reactorii nucleari din Cernavodă și meetingurile cu reprezentanții Comitetului de Stat pentru Energie Nucleară ai țării voastre. Înainte de a pleca acolo am fost pregătiți la niște cursuri unde ne–au dat instrucțiuni cum să ne comportăm în Europa de est, dar și minimum necesar de limbă pentru adresare și pentru a înțelege cât de cât conversațiile la tratative.

M–am bucurat să aud asta și l–am întrebat cum i–a plăcut România, după care eu am roșit de jenă.

– Mi–a plăcut România, deși nu am avut timp să vedem multe locuri, dar ***nu mi–au plăcut românii!*** La masa de tratative veneau în fiecare zi cu alte idei, nu–și țineau cuvântul, intriganți, mincinoși și foarte lași, spuse dânsul.

Eu am pălit!

Mi–a dat niște nume dintre care am recunoscut vreo două, apoi mi–a mai spus că nu a întâlnit un singur reprezentant român, din comisia de tratative, care să se comporte *profesional* și demn.

Vizita dânsului în România avusese loc prin anii 1987, când eu nu mai eram acolo.

A continuat să–mi spună numai lucruri rele despre grosolănia oamenilor, observată pe stradă şi în restaurante, despre impresia că au fost tot timpul urmăriţi şi lipsa de încredere chiar în cei cu care au inspectat reactorii nucleari la Cernavodă ca şi ceilalţi de la Comitetul pentru Energie Nucleară, dar cel mai mult a subliniat lipsa de caracter a oamenilor în momentul când rămânea numai cu unul dintre ei, acesta începea să–i ceară diverse favoruri şi să–şi bârfească colegii spunând despre ceilalţi că sunt securişti şi nu ingineri sau fizicieni de meserie.

– M–am înapoiat din România fără niciun rezultat, nimic din tratativele noastre nu s–au materializat din cauza oamenilor voştri neserioşi şi de proastă calitate, a continuat el. Nu vreau să iei asta ca o insultă personală, dar pentru mine această călătorie şi experienţele din România rămân de neuitat.

Ei, cum puteam să nu iau părerile lui ca o insultă personală? Era o cumplită insultă, aruncată în faţă ca o palmă! Ce puteam eu să–i răspund la asemenea impresii proaste cu care a părăsit acest om ţara noastră?

I–am amintit că peste tot există oameni buni şi răi, însă în România comunismul impus şi executat prin forţele KGB–ului a distrus vechile tradiţii, a ucis pe marii gânditori şi intelectuali modificând comportarea oamenilor în cei peste patruzeci de ani de teroare. Procesul social de distrugere al unei naţiuni nu este ceva care poate fi reparat peste noapte.

A dat din cap, noul meu director, şi a mormăit ceva cam aşa: *Da, da... Înţeleg, am mai auzit asta... De multe ori, dar mi–a fost de ajuns...* şi a ieşit pe uşă.

La următoarele şedinţe unde ne–am mai întâlnit m–a ocolit, deşi înainte de discuţia noastră îmi căuta mereu prezenţa ca să stăm de vorbă.

Am gândit eu atunci, *cu mintea mea proastă de femeie*, că ceva este putred, foarte putred în România...

Eu credeam că fiecare dintre noi, lucrând peste hotare, își reprezintă țara și dacă este un om de ispravă poate să mai spele proasta noastră reputație răspândită în lume; se pare însă că nu este atât de simplu... avem deja multe etichete murdare puse de către cei care au întâlnit români în diferite situații și asta doare.

***

Cam în același timp, prin 1996–'97, ziarul local *Cincinnati Enquier* a publicat cu litere de o șchioapă evenimentul zilei pe prima pagină: un bărbat tânăr, înalt și frumos, fotografiat cu cătușele la mâini, fiindcă fusese prins violând sub un pod o femeie tânără gravidă. Era descris ca un troglodit care făcuse același lucru Texas, însă acolo scăpase fără a fi prins de poliție.

Omul era un român de vreo 27 ani, pe nume Stan, care călătorise prin toată America pretinzând că este reprezentantul unui cult creștin în căutare de adepți.

Ziarul mi–a fost adus și pus pe birou de către managerul meu, care mi–a spus direct: *„Ia privește ce fac românii tăi!"*...

Nu l–am lăsat fără răspuns și i–am amintit imediat câte crime sunt raportate pe zi în orașul nostru, chiar și violuri, dar asta nu înseamnă că nu m–am simțit insultată.

Când ești străin toți din jur își îndreaptă privirea numai către greșelile tale, toate relele făcute de semenii tăi se reflectă asupra ta și nu te poți apăra de reputația creată.

În orașele din Midwest–ul Americii cu oameni conservatori și suspicioși la apariția străinilor în comunitatea lor, nu este ușor să speli murdăriile comise de alții, veniți din același neam cu tine.

La New York, mulți români care făceau pe taximetriștii, căutau să prindă numai curse de la aeroportul Kennedy, fiindcă puteau fura portofele cu bani și carduri de credit și chiar bagajele de la oamenii obosiți după ore lungi de călătorie. Foloseau cardurile acestora încărcându–le la maximum, treceau în Canada și apoi plecau înapoi în România cu zeci de mii de dolari în buzunare.

Aceşti vor fi descris America precum un rai unde culegi banii de pe stradă.

***

Emil Mătăsăreanu este numele unui care a făcut ocolul Americii la 29 februarie, 1997 când a comis cel mai mare furt din *Bank of America* la Los Angeles.

Însoţit de partenerul său, Larry Philips, au fost înarmaţi cu cinci arme de calibru mare, puşti mitraliere, dintre care trei arme de provenienţă românească (AKM), plus câteva pistoale reuşind să fure 303.305 dolari, apoi să fugă la maşinile cu care plănuiau să dispară.

Întrucât poliţia a plecat pe urmele lor fiind înştiinţată de alarma băncii, au ajuns la faţa locului şaptesprezece poliţişti înarmaţi, în maşini de urgenţă, plus elicoptere, dar hoţii au tras în disperare împuşcând poliţişti; în cele din urmă Mătăsăreanu a fost rănit în picior, pus la pământ, iar ultimele lui vorbe au fost: *„împuşcaţi-mă în cap"*. Omul era urmărit fiindcă avea antecedente serioase jefuind câteva bănci înainte de acest incident final.

Poliţiştii au fost decoraţi şi felicitaţi pentru acţiunea de către preşedintele Clinton la acel timp.

A fost un eveniment despre care şi astăzi se vorbeşte la Los Angeles şi care este încă consemnat pe internet, după doisprezece ani de la comitere.

Poate că aceasta este cea mai urâtă întâmplare care aminteşte americanilor din California despre români.

Aprilie, 2009

Sunt românii atisemiți?

Citind în ultima vreme, în diferite publicații, acuzații aduse românilor că ar fi antisemiți mi–au revenit în minte anii copilăriei și adolescenței mele petrecuți printre evreii ce mi–au fost prieteni buni și mereu gata la nevoie. Dacă i–aș mai găsi prin lume le–aș cere, în numele prieteniei noastre vechi, să scrie câte ceva din ceea ce au trăit în România și sunt sigură că atunci rău–voitorii nu ar mai scorni povești acuzatoare la adresa românilor care și așa au destule bube puse în spate.

Mă întreb dacă mai există un alt popor căruia să i se impute toate relele pământului ca românii; s–au ridicat ca niște hiene turbate voci care murdăresc și inventează crime făcute de români împotriva evreilor, mii de acuzații, care mai de care mai odioase întru distrugerea reputației amărâților de români ce au ajuns să nu mai aibă ce lucra și ce mânca în propria lor ogradă din cauza acestor ***forțe obscure*** ce plănuiesc distrugerea totală a țării.

De–abia venisem pe lume la război, deci nu am fost martora acelor „pogromuri" de care se tot vorbește, nici să văd cu ochii mei evreii cu steaua lui David pe piept scoși la mătură, dar ei au fost trimiși la muncă fiindcă nu au mers pe front; în timp ce soldații noștri mureau cu zecile de mii pe frontul de răsărit trebuia să li se dea și evreilor o muncă grea.

Așa au cerut timpurile și așa au scăpat de a fi trimiși la camerele de gazare.

Imaginile copilăriei mele s–au derulat între Tulcea, Brăila, Galați și Constanța cu toate împrejurimile Deltei și Dobrogea, cât m–au ținut picioarele. În aceste locuri multinaționale–multiculturale m–am jucat și împrietenit pe stradă cu toate „liftele pământului", cum spunea o vecină a noastră.

La Brăila și Galați au locuit tot atât de mulți evrei cât în Moldova și au fost fericiți la timpurile în care și–au stabilit negoțuri, profesii bune, relații calde cu localnicii, tocmai pentru că românii erau toleranți și buni la suflet.

La Brăila am avut vecini de casă și colegi de scoală greci, evrei, italieni, români, macedoneni, armeni, turci, tătari, bulgari, lipoveni și vreo doi–trei țigani.

În casa mea și a vecinilor mei eu nu am auzit vreodată insulte ca: ăsta este „cațaon–grec" sau ăla este „jidan împuțit", că mi–ar fi aplicat mama câteva palme să–mi amorțească fălcile pe trei zile.

Ne întreceam care mai de care să ne invităm unii pe alții de sărbători și să mâncăm bunătăți specifice națiilor noastre. Medy, vecina mea de casă, evreică, ne chema la ea de Purim să ne trateze cu prăjiturele tradiționale, iar noi ne invitam prietenii evrei la Crăciun și Paște să le dăm de–ale noastre. Dacă ei nu veneau ne trimitea de acasă să le ducem cozonaci, sarmale, pască și alte bunătăți. Acum vreo câteva săptămâni, vorbind la telefon cu prietenul meu din copilărie Doru (profesor universitar la NY, jumătate armean și jumătate grec) ne–am amintit de acele vremuri minunate când trăiam în armonie cu toți copiii străzii sau școlii, fără vreo idee de ceea ce se numește *rasism.*

Eros grecul, un alt fost vecin de stradă de la Brăila m–a ajutat cu lucruri importante când am venit aici, însă soția lui, evreică, mi–a trimis o mare sumă de bani, fără să–i cer, când eram la nevoie; mi–a spus să–i înapoiez când am să pot. Nu ar fi făcut gestul dacă ar fi avut de reproșat ceva românilor creștini.

Mai mult, s–au tot dus în România în fiecare an, iar ea era fericită cum nu se mai poate de vacanțele făcute acolo de parcă fusese în rai și nu mai contenea povestindu–mi ce bine s–a simțit.

Cum te–ai fi putut simți atât de bine, tu ca evreu, printre oameni care îți arată antisemitism?

Eu mi–am iubit prietenii evrei, armeni, greci și toți ceilalți fiindcă erau parte din copilăria mea, din viața mea, dar când mi–a fost greu evreii mi–au sărit în ajutor. Nu ar fi făcut–o dacă ar fi avut resentimente și dacă eu, familia mea sau vecinii între care am copilărit i–ar fi rănit vreodată, în vreun fel.

Prietenii mei din școala Zigu Kalenstein, Pupi Kalenstein, Steluța, măritată mai târziu cu un alt coleg evreu cu care lucram la IFA, mi–au fost dragi oameni de suflet și vreau să sper că de mă voi în Israel mă vor primi cu dragoste și brațe deschise în numele prieteniei noastre sincere și a timpului petrecut în România, deci al amintirilor bune din tinerețea lor.

Unde ar mai fi loc pentru antisemitism?

Edi Esrig, Doru Abramovici, colegi de liceu mai mari decât mine, sunt alte amintiri frumoase din Brăila, dar nu mai știu despre ei, separându–mă în timp de atâția ani.

L–am întâlnit la București după mulți ani pe Ringhelstein (alt prieten de generație din Brăila) ce cânta în orchestra radio–televiziunii și care a sărit din scenă, în pauză, să mă îmbrățișeze de bucurie că vede pe cineva din lumea lui, lumea aceea frumoasă a adolescenței cu amintiri ce nu se șterg, deci nici vorbă de suspiciuni la vederea unei creștine care i–ar fi arătat sentimente *„antisemite”* în trecut.

Așa am crescut eu și cine a trăit în timpul meu, în aceeași atmosferă a aceluiași loc, mă va aproba că nu exagerez. N–aș vrea să fiu acuzată de dulcegării și efuziuni sentimentale. Așa a fost la acel timp!

Profesoara mea de limba română era domnișoara Bercovici, care mă adora și care nu a pierdut un moment să mă împingă către studii de literatură și scris; am iubit–o și–i datorez orientarea spre cultură cu care m–a îndoctrinat și n–o voi uita niciodată!

Nu cred că i–ar fi trecut prin minte să facă diferența că eu eram de altă nație și de altă religie. Nici vorbă! Am întâlnit–o mai târziu la București unde se mutase și unde m–a încurajat mult, apoi am pierdut–o, la cutremur.

Când a trebuit să mă pregătesc pentru intrare la facultate am fost trimisă la Galați la niște prieteni de familie, buni samariteni evrei: Dr. Fichmann și soția lui Zitta, profesoară de matematici la Institutul Politehnic din Galați. Am trăit o vară de bucurii cum nu mai avusesem; ei nu aveau copii și m–au răsfățat ca pe copilul lor, mi–au făcut program de învățat, de recreație și datorită Zittei am intrat la facultate; nu cred că și–au pus o clipă problema că eu sunt romancă creștină, iar ei sunt evrei. Au făcut–o fiindcă nu simțiseră diferența dintre evrei și români; ei erau români la suflet și au rămas mulțumiți între români, în România.

Am avut multe legături apropiate cu evrei de tot felul **fiindcă nu ni se infiltrase acel germene de ură și de intrigă parșiv strecurată de „nu știu cine" împotriva evreilor.** Noi nu știam ce este antisemitismul sau rasismul la acel timp. Aici, în America, am învățat sensul adânc al acestor cuvinte de plumb.

Alți prieteni de familie, turci din Constanța, la care îmi petreceam toate vacanțele de vară, aveau ca buni prieteni tot o familie de evrei; se vede treaba că la acel timp nu se spărsese încă sâmburele otrăvit al urii dintre cei de „rit musulman" și ceilalți de „rit mozaic". Trăiau toate națiile la un loc pe pământul românesc tocmai pentru că și–au găsit liniștea și stabilitatea pe care nu o aflaseră acolo de unde au fugit.

În sufletul prost de bun al românilor a fost loc pentru toate neamurile ce s–au refugiat pe pământul lor și mâncare să hrănească pe orice nou venit.

La București, am avut două relații foarte apropiate cu evrei de clasă: Benjamin Bercovici cu soția lui Clemi, vecin de bloc, fost asistent la Catedra lui Nenițescu din Politehnică și Silvia Armașu, fosta directoare a Studioului de Filme Documentare

Elie Wiesel: „România a ucis, a ucis, a ucis..."

Alexandru Sahia. Bercovicii au plecat în USA din casa mea şi ani în şir m–au tot sunat la telefon şi menţinut relaţia până când el a murit de inimă înainte ca eu să fi ajuns în America. Când Clemi a venit în ţară în 1977 mi–a plâns pe umăr nopţi în şir de cât de mult regretă plecarea din România şi cum amândoi au dorit de multe ori să se întoarcă chiar dacă el avea atunci un post bun în America.

Silvia, mi–a fost adevărată mamă spirituală şi vorbea cu respect şi admiraţie despre poporul român, despre tradiţiile şi extraordinara forţă de creaţie specifică acestui popor foarte dotat. Făcuse câteva filme documentare despre obiceiurile satelor noastre şi era mai româncă la suflet decât mulţi români. Avea băiatul şi o soră la Paris, alta în Israel, dar când am întrebat–o de ce nu pleacă să fie mai aproape de familie la bătrâneţe, mi–a răspuns:

„Ce, ai înnebunit? Ce să caut eu *acolo*? Am fost în vizită, am văzut dar atât. Eu sunt evreică, dar ţara mea este aci, aici m–am născut, mă simt acasă şi aici voi muri. Aici familia mea a fost fericită, eu am avut o viaţă bună, prieteni nu mai pot face la bătrâneţe şi mă simt profund legată de aceste locuri. Nu mă interesează niciun alt loc din lume unde aş putea să mai trăiesc."

Când a aflat că am decis să plec în America a rămas consternată şi m–a avertizat că nu este locul în care îmi voi găsi nici linişte, nici prieteni, nici viaţă, nici cultură şi am să regret acest pas. Mi–a dat bani la momentul când am fost dată afară din serviciu înaintea plecării din ţară şi a făcut–o fără a accepta să–i dau înapoi. Tot ea, care asculta posturi de pe tot globul manipulând cu uşurinţă opt limbi, m–a avertizat despre actualul terorism care va aprinde toată lumea şi pe care îl voi trăi fără îndoială. Iată–l!

Unele reacţii negative la adresa evreilor au apărut odată cu prezenţe ca Ana Pauker, Teohari Georgescu şi toţi ceilalţi evrei din conducerea comunistă, care au adus atâta suferinţă şi obidă dar nici atunci *nu se poate vorbi de antisemitism la români.* Românii au asociat crimele şi umilinţele săvârşite de comunism cu evreii care aveau atunci puterea de decizie, conform ordinelor primite de la Moscova.

Când li s–a luat liniştea, au fost sărăciţi şi aruncaţi în puşcării nu se putea să nu reacţioneze corespunzător. După 1963, când ni s–a spus în şedinţe oficiale cum am fost manipulaţi şi jefuiţi prin evreii din conducere, era normal să se schimbe atitudinea bieţilor români hăituiţi din toate părţile. Reacţiile de revoltă, erau la adresa *unui grup de evrei ce conduceau interesele ţării* şi nu la toţi ceilalţi ce nu erau implicaţi în niciun fel de politică. Acelaşi lucru s–ar fi întâmplat şi dacă aceia erau turci, tătari sau nemţi.

Asta nu înseamnă că românii au fost antisemiţi, ci că i–a ars suferinţa până nu au mai putut răbda şi au răbufnit, cum era firesc. La fel ar fi reacţionat oricine fiind lovit cu aceleaşi arme. Oamenii reacţionează similar în asemenea situaţii şi mai ales la disperare.

Nu se poate însă judeca un popor după comportarea a câteva persoane; nu putem pune semnul egal nici între Ceauşescu şi românii de rând, aşa cum nu putem judeca pe toţi evreii după câţiva ce ne–au adus toate nenorocirile odată cu comunismul importat din Rusia.

Condițiile politice și economice pot schimba radical relațiile dintre oameni.

Oamenii sunt foarte diferiți în cadrul aceleiași națiuni și numai o minte îngustă poate pune milioane de cetățeni ai unui ținut într–un același tipar.

În ceea ce mă privește știu că nu am preluat niciodată nici dușmanii nici prietenii nimănui; mi i–am aflat singură.

Ce s–a întâmplat în timpul războiului cu evreii din România nu știu decât din auzite; știu însă că România nu a trimis evrei la Auschwitz, ci guvernul hortist din nord–vestul țării a făcut acest lucru. Bineînțeles că acum cade păcatul tot pe români, care atunci nu aveau dreptul nici să–și vorbească limba strămbunilor, dar să mai aibă dreptul de a lua decizii asupra vieții altora (a se vedea mărturisirile domnului Wiesel că de... ce nu face omul pentru un premiu Nobel!).

După război, cum să vorbim de antisemitism, când în conducerea de stat din România erau în majoritate evrei?

Cine s–a născut după 1944 nu poate vorbi de persecuție împotriva evreilor; la acel moment putem vorbi despre persecuția românilor cu ajutorul evreilor din conducerea de stat. Eu fac parte din acea generație.

Despre zecile de mii de intelectuali români, tineri și bătrâni, torturați sau uciși mișelește în lagăre de exterminare nu se vorbește de parcă nici nu au existat! A trebuit să plecăm din țară ca să aflăm detalii sinistre despre genocidul românesc. Cum să nu te aștepți atunci ca românul de rând să reacționeze dur la gândul că reprezentanții evreilor din guvern au ajutat la aceste masacre?!

Acesta nu este anti–semitism, ci simțul justiției și dreptul la replică în propria–ți țară! Adică cum, eu te–am omenit, ți–am dat hrană și adăpost când ai fost la nevoie, iar tu mă scoți din casa mea și mă trimiți la pușcărie sau la moarte?!

Avem, aici în America, unii evrei plecați din România la vârste tinere și la timpul când regimul comunist îi favoriza, dar se vaită în volume nesfârşite sau vorbesc la radio şi TV despre cum au fost persecutaţi în România (precum Andrei Codrescu). Alţii se plâng că au fost daţi afară din facultăţi sau servicii fiindcă erau evrei. Minciuni!

Au fost daţi afară fiindcă au depus actele de plecare în Israel sau în altă parte, aşa cum am fost şi noi daţi afară din serviciu când am depus actele de emigrare în USA. Legea a fost aceiaşi pentru toţi cu diferenţa că la evrei li se dădea drumul imediat, iar pe noi ne–au chinuit ani de zile până am scăpat din ţară. Unii au înfundat puşcăriile pe viaţă! Este şi acesta un mod de a face bani; împroşcând pe români că au fost antisemiţi. Evident că asemenea evrei nu pot aştepta laude şi simpatie din partea românilor. De ce nu se plâng de ruşi că au fost antisemiţi fiindcă majoritatea evreilor au fugit din Rusia, prin Basarabia şi Bucovina şi s–au aşezat în România, tocmai pentru că românii erau toleranţi.

Prin soţul meu, care era medic, am dobândit prieteni evrei cu care ne–am petrecut vacanţe frumoase, ne–am sărbătorit când s–au însurat, botezat, mergând la Sinagogă şi acasă la ei la toate ocaziile. Când fetiţa lui Mircea a împlinit un an, mi–am scos cerceii de aur de la urechile mele şi i–am pus la ale ei cu toată dragostea.

Când am avut nevoie de bani să cumpăr prima maşină, Mircea Solomovici a sărit ca un arc, făcând turul cartierului Vitan într–o noapte, de unde a adunat o sumă mare de bani cu care s–a înfiinţat la uşa noastră dimineaţa următoare. Era la timpul când nu existau maşini pe piaţa românească şi apăruse o ocazie la o ambasadă, unde dacă nu plăteam a doua zi pierdeam şansa. Nu avea, nici Mircea nici noi, vreun interes unii la alţii, era pură prietenie solidă şi sinceră.

Dacă nu ar fi existat acel sentiment de prietenie reciprocă clădit în timp nu ar fi alergat Mircea să ne ajute. Antisemitism? Nu se purta printre noi!

L–am reîntâlnit la paşapoarte când pleca în Israel (însurat cu o creştină), iar eu în America. Ne–am îmbrăţişat cu aceiaşi dragoste şi ne–am promis că ne vom căuta unii pe alţii, mai curând eu pe ei prin legăturile din Israel.

Când locuiam în New York am auzit un cuplu vorbind româneşte în trenul ce mergea dinspre Westchester–Tarrytown spre Manhattan şi i–am întrebat de unde sunt. Erau evrei plecaţi din România, Ritta şi Fredy Bruckenstein, trăiau în Haifa şi mi–au dat telefoanele cu adresa insistând să–i caut dacă ajung acolo. Mi–au vorbit cu bucurie despre România (cred că erau din Oradea), mi–au spus cu ce plăcere îşi amintesc de ceea ce au lăsat acolo, prieteni şi profesori.

„Antisemitismul" nu lăsase urme nici în memoria lor.

Tot la New York am avut surpriza şi plăcerea de a întâlni un om de mare clasă, Prof. Dr. Gabriel Tardoş de la *CUNNY University* la Facultatea de Mecanică. Am mers la dânsul, după un întâlnire stabilită la telefon, pentru a ajuta un fost coleg de şcoală ce abia poposise în America şi dorea să–şi ia un *american degree* în această profesie. Nu pot descrie cu ce nobleţe ne–a tratat, cum ne–a ajutat însoţindu–ne peste tot pentru a–l prezenta pe amicul meu la diverşi profesori, i–a pus formularele de înscriere în mână, a pierdut jumătate de zi cu noi şi ne–a povestit cum a plecat din România în Israel şi cum a ajuns aici. Am simţit că am fost în vizită la un vechi prieten şi nu pot uita căldura şi bunăvoinţa cu care a făcut tot ca i–a stat în putinţă să ne servească numai fiindcă eram din România.

Face oare cineva acest gest dacă a fost prost tratat în România şi are amintiri dureroase din trecutul de acolo? Pierde cineva atâtea ore preţioase pentru nişte români dacă îşi aminteşte ce rău i–a fost printre ei?

Să fim serioşi, nimeni!

Din New York am ajuns în Midwest unde am avut nevoie urgentă de dentist. Am avut norocul să descopăr unul care m–a luat numai aflând că sunt din România. Dr. James Katz, o *„rara avis"* pe acest pământ neprimitor şi rece; m–a răsfăţat ca pe o soră, mi–a făcut reduceri peste reduceri, mi–a făcut lucrări excepționale și mă duc și azi la el pentru întreținere. Părinții lui au venit din România înainte de război, el nu vorbește românește, dar știe de „pătlăgele", „sarmale în foi de viță" și este singurul mod în care mă revanșez când merg la el cu o salată de vinete. Vorbește de România cu cele mai frumoase cuvinte și–mi spune că părinții lui nu au contenit să–i povestească ce viață bună au dus acolo.

M–a plasat unui alt evreu cu rădăcini românești pentru chirurgie la gingii și Dr. Michael Lipson m–a tratat cam tot la fel, în numele țării de unde veniseră părinții lui, România. Asistentele se tot mirau de ce mă tratează ca pe o rudă și nu ca pe o pacientă. Ne înrudeam cumva... poate prin legătura pământului de unde veniseră părinții lui și de unde păstrau multe amintiri frumoase.

Acestea nu sunt povești romanțate ci adevăruri! Acești oameni trăiesc, pot fi găsiți și întrebați.

Nimeni, din cei născuți aici, crescuți aici, nu ar păstra acest sentiment puternic pentru români decât dacă i–a fost sădit de părinții care au trăit în pace cu cei cu care au împărțit viața pe pământul românesc, în trecut.

În Israel există localuri cu specific românesc unde se servesc mititei, sarmale cu mămăligă și se editează ziare în limba română; evreii veniți din România sunt foarte apropiați între ei și își evocă cu nostalgie timpurile bune trăite cândva acolo. Să–și fi transmutat oare evreii toate aceste obiceiuri în memoria românilor „antisemiți"?

În urmă cu 5–6 ani am primit de la o evreica ce studia în America traducerea *Luceafărului* lui Eminescu făcută de un grup de studenți de proveniență românească, din Tel–Aviv. Mi s–a spus că ei citesc și comandă cărți de literatură românească la București pentru a–și menține limba și a fi la curent cu ce se publică în prezent în țară, că sunt mari iubitori de cultură românească. Aceștia sunt oameni tineri, unii născuți acolo, învățând din familiile lor limba română.

Cine și–ar pierde timpul să studieze limba și literatura unor dușmani „antisemiți" – și pentru ce?

În septembrie 1999, la o conferință internațională în Patras–Grecia, am întâlnit studenți din Israel ce vorbeau perfect românește, câțiva profesori tot din Israel (originari din Iași) cu care ne–am adunat la aceeași masă și ne–am sărbătorit bucuria întâlnirii de parcă ne știam dinainte: vraja aceleiași limbi și țări de unde veneam. Ne–am schimbat telefoane și adrese și nu am remarcat sentimente potrivnice fiindcă nici eu nu le–am arătat decât simpatie; aceste lucruri se simt imediat.

Antisemitismul nu se cunoștea pe timpul când au trăit evreii în România, ci a fost inventat ulterior de monștrii bine deghizați, distrugători ai națiunii române. Dacă dintre aceștia unii au fost și evrei plătiți să o facă, declarând cu nerușinare că au fost persecutați în România, asta este altă poveste.

Au și ei uscăturile lor cum avem și noi pe ale noastre.

Oamenii de rând, din orice națiune și de pe orice continent, au găsit întotdeauna o cale de a se înțelege și a conviețui dacă nu au fost stârniți, instigați și secerați de microbul urii! Cine nu mă crede să se uite mai atent la Cordoba, exemplu de perfectă conviețuire între musulmani, catolici și evrei, timp de câteva secole.

Evreii pe care i–am cunoscut, cu care am copilărit și mi–au fost prieteni dragi n–ar fi făcut asemenea lucruri murdare numai pentru a–și croi un drum neted prin lumea nouă.

Scopul actualelor manipulări tendențioase se va afla probabil după două–trei generații, când nu va mai folosi la nimic, ca și povestea de la Yalta. Vrajba semănată cu mare dibăcie de către dușmanii românilor a prins.

În confuzia anume creată la acest timp în lume, cineva pândește și lucrează cu sârg la distrugerea României, prin mizeria creată în țară, prin toate acuzațiile aduse românilor, prin împingerea în afara granițelor țării a atâtor generații de tineri educați cu scopul de a lua pământul acela roditor și bogat și a transforma pe cei rămași acasă în sclavi pe propria lor glie.

Cu aceste manipulări, duşmanii ţării au atins performanţa de a alunga peste hotare 14–16 milioane de români, din 1968 încoace.

Cine o face, de ce o face, este un mister ce nu–l nu vom afla curând, dar trebuie să încercăm să oprim măcar mascarada cu antisemitismul la români. Unde au trăit evreii mai bine ca în România?

O spun ei, nu eu!

Or fi avut românii multe păcate, dar antisemiţi nu au fost! Au fost mult prea naivi, răbdători şi buni! Ar fi ultimă acuzaţie mârşavă ce li se poate aduce acestor păstrători ai pământului, acestor viteji fără de care Europa toată ar trebui să umble astăzi în şalvari şi cu turbane şi să–şi facă slujbele la moschee. Aceste sacrificii au fost uitate!

Românii **nu** au plecat să cucerească teritoriile nimănui, **nu** au jefuit pe nimeni ca să se îmbogăţească; erau bogaţi prin destin şi aşezaţi temeinic pe vetrele lor de mii de ani; **nu** au avut nevoie de nimic de la nimeni.

Alţii au venit la jaf precum vulturii hulpavi, după aur, după uraniu, după petrol, după grâne, după păşune, şi au stors ca vampirii cât au putut; au trăit bine, iar acum vor şi sufletele oamenilor şi bogăţiile pământului.

Frică să le fie de răzbunarea străbunilor ce au dat atâtea jertfe pentru a–şi păstra pământul, deja sfârtecat!

Drama poziţiei geografice a făcut ca România să fie mereu bună de „teritoriu tampon" în interesele marilor puteri care au folosit pe români drept „manta de vreme rea" şi i–au vândut la prima ocazie pe câteva sticle de vodka şi un castron de caviar. A mai fost şi a doua ocazie şi a treia...

Să li se lase românilor rămaşi în ţară măcar demnitatea de a trăi şi muri în pace pe locul unde Dumnezeu i–a aşezat!

***Origini**, USA, 19 decembrie 2000*

Există evrei cumsecade

Când ai aterizat într–o țară străină precum un balot căzut din văzduh, când vii dintr–un lagăr, ca România, unde ai fost ținut ostatic la muncă numai sub control și amenințare permanentă, fără contacte cu „capitaliști–imperialiști", când ai fost îndoctrinat de mic că Rusia este buricul pământului, că toate descoperirile lumii au fost făcute numai la ei, chiar dacă ești un individ școlit, inteligent și vizionar, stăpânind bine limba locului în care ai ajuns, tot ai complexele firești ale *necunoscutului*, având de învățat mii de lucruri neștiute, mai ales când sistemul este total diferit.

Scăpată din România, precum din pușcărie, nu știam să scriu un cec la venirea în America, nu știam la ce bancă să mă adresez, unde și cum să schimb carnetul meu internațional de șofer care este folosit pentru identitate, rostul banilor, jocul prețurilor, nu știam că există cinci–șase feluri de orez, nici de unde să cumpăr cât mai ieftin, cu atât mai puțin să mă tocmesc, adică „să negociez" pe limba locului.

Fiecare băștinaș, sau de altă nație – românul în speță – venit înaintea ta, a avut plăcerea sadică să te vadă orbecăind prin necunoscut, împotmolindu–te, plătind prețul uriaș al ignoranței la cumpărături, la *credit carduri,* la chirii, la depozite, la mașini, la orice. Am simțit de la sosire cum aproape toți stăteau la pândă savurând bucuria de a te vedea înecat în datorii, cu o mașină hodorogită și cu mii de întrebări la care nimeni nu–ți răspundea decât cam așa: *„Lasă dragă să tragi și tu, cum am tras și noi, ce vrei să primești totul pe tavă? Aici este America unde nimeni nu–ți spune nimic, nici nouă nu ne–a fost ușor!"*

Răutatea şi prostia mergeau până acolo încât şi la întrebări nevinovate răspundeau în scârbă, numai ca să te amărască, să aibă satisfacţia că şi tu vei împotmoli trecând prin aceleaşi experienţe dureroase ca ei.

Îmi amintesc cum am întâlnit întâmplător la New York o fostă colegă din şcoala primară care m–a invitat la masă. Făcuse mici la grătar şi am întrebat–o ce a pus în ei de sunt aşa de gustoşi; vroiam s–o complimentez într–un fel pentru efortul făcut, că nu mă apucam eu să fac mici de casă.

Mi–a răspuns că nu–mi poate da reţeta, fiind secretul ei de fabricaţie, fiindcă în America nimeni nu spune nimic. Dacă într–o zi va decide să deschidă un restaurant atunci trebuie să ştie numai ea reţeta magică a micilor româneşti. (scârţ!)

Mi–am zis în gând că poate dormi liniştită, cu secretul cârnaţilor ei cu tot, că nu–mi mai trebuie nici să aud de ea. O mai întrebasem despre carduri cum se procedează, de ce trebuie să le ai, cum se aplică pentru asta, când mi–a dat răspunsul standard al prostului obtuz, că *ce vreau eu să nu plătesc nici un interes şi sa aflu totul de la alţii? Să sufăr, să mă zbat, să plătesc şi eu ca să văd cum este viaţa în America.*

Am văzut cum este viaţa în *America tuturor posibilităţilor,* dar pe ea n–am mai văzut–o! Cu toate tainele ei bine păstrate, tot pedicuristă a rămas, că atât ştia, iar eu mi–am văzut de drumurile mele.

La sosirea pe aeroportul *Kennedy* la New York am avut surpriza să capăt 40 $ chiar de la şoferul ce m–a dus la hotel. Era un evreu mai în vârstă care venise din Ucraina în urmă cu treizeci de ani, iar gestul lui m–a mişcat.

Nu mă ştia cine sunt, nu l–am mai întâlnit după aceea, dar nu–l voi uita până la moarte. Pentru mine acea hârtie a marcat un început încurajator pe pământ străin; era un semn de *bun augur* şi zău că aveam nevoie de unul!

După câteva săptămâni de la sosire am întâlnit accidental o pereche în care el era un român pe care l–am recunoscut din timpul studenției, iar ea, evreică fugită din Olanda de prigoana lui Hitler; părinții ei fuseseră duși la Auschwitz, iar Eva cu fostul soț și doi copii s–au salvat fugind în America. Această deosebită femeie a făcut pentru mine ce n–ar fi făcut o mamă! Abia mă întâlnise și m–a invitat la ei, m–a ajutat să primesc ceva bani de la organizația care mă sponsorizaseră, dar refuzase să–mi dea drepturile, le–a forțat mâna amenințându–i că va trimite scrisoare la guvern dacă nu respectă legile, s–a zbătut să–mi dea cât mai multe sfaturi utile despre cum să administrez banii, unde să cumpăr mai ieftin, cum să caut o slujbă și să mă comport la un interviu american.

De Crăciun a făcut o petrecere în cinstea mea, a mai invitat o altă pereche mixtă (el, american căsătorit cu o româncă), m–a umplut de cadouri utile, m–a găzduit la ea în Manhattan răsfățându–mă ca să nu mă simt singură. La acel timp nu se căsătorise încă cu domnul pe care îl știam din Politehnică, dar a sărit să mă ajute ca un devotament impresionant. Îmi aducea sacoșe cu cosmetice și alte lucruri necesare unei femei nou venite, apoi mi–a dat un mic TV, astfel că mi–a devenit apropiată și foarte dragă; am păstrat–o de–a lungul anilor lângă inima mea ca pe un giuvaier, mai ales că bunătatea ei era necondiționată; eu eram o nimeni, săracă și singură, ba chiar mă putea suspecta că–i pot lua amantul, ea fiind cu mult mai în vârstă decât el și decât mine.

Când am fost invitată la primul interviu și n–aveam mașină a sărit imediat convingându–și partenerul, românul țeapăn și foarte orgolios, să mă ducă la circa 30 km depărtare de Manhattan. Cât am stat înăuntru la interviu ea a tremurat pentru mine ca pentru fiica ei, după care m–a adus înapoi la ea încurajându–mă cu vorbe calde și cu emoții egale cu ale mele. Așa am luat prima slujbă și de n–ar fi fost era ea nu văd cine m–ar fi ajutat așa de prompt.

După ce m–am instalat la post a venit să vadă, împreună cu fiica ei și cu domnul care îi devenise soț între timp, apoi m–au luat de câteva uneori peste weekend la casa lor din

Pennsylvania, iar după ce m–am mutat din New York îmi dădea telefon aproape zilnic. Când am primit vizita mamei mele mi–a trimis nişte bani să–i cumpăr ce vreau eu drept cadou, în memoria mamei ei dispărută în condiţii tragice la Auschwitz.

Legătura noastră s–a consolidat cu timpul, aşa încât nu a scăpat un Crăciun sau o zi de naştere să nu–mi trimită pachete cu diverse cadouri, la care şi eu am răspuns la fel. La un moment dat am fost trimisă la o conferinţă în Hawai şi spunându–i, ea m–a sfătuit să mai stau acolo câteva zile pe banii mei, dacă drumul era plătit, că nu se ştie dacă voi mai avea ocazia să merg din nou. I–am spus că nu aveam bani pentru asta, de–abia cheltuisem destul cu mutatul. Fără a–mi spune o vorbă m–am trezit cu un plic *federal express* în care am găsit o mie de dolari *cash*, nemaifiind timp să pot schimba un cec la bancă, fiindcă plecam în trei zile. Se gândise la toate amănuntele şi astfel cu ajutorul ei am mai stat cinci zile în Hawai.

Asta prietenă, nu vorbe goale şi.... nu era bogată.

Cine să fi dat măcar o sută de dolari unui nou venit în America, dar o mie!? Chiar de mi–a împrumutat aceşti bani, a fost un ajutor important şi la timp.

„Să dai omului să mănânce când îi este foame", spune o zicală înţeleaptă.

Când am fost internată în spital pentru o operaţie gravă Eva mă suna acolo aproape zilnic cu încurajări şi vorbe calde. A fost o amiciţie preţioasă şi dezinteresată pe care mi–a oferit–o un suflet ales pe un pământ străin şi rece.

După nişte ani am avut nevoie de un dentist bun pe care l–am găsit la recomandarea unei colege de serviciu. Acest om de excepţie mi–a rămas la suflet şi de optsprezece ani de când ne ştim m–a tratat întotdeauna cu profesionalism, dar mai ales cu căldură şi onestitate. Dr. James Katz este evreu ai căror părinţi au venit din România, şi, în numele acelei ţări despre care i s–a vorbit acasă, a tratat pe români ca pe propriile lui rude: cu reduceri mari de preţuri, cu atenţie şi compasiune mai mult

Zygmunt Bauman: „Planeta a început să se preschimbe într-un arhipelag al diasporelor"

decât pe alții, iar mie îmi face pe gratis igiena bucală de rutină de când știe că nu mai lucrez. Pentru acest om aș fi în stare să fac orice îmi stă în putință ca să contracarez generozitatea și prietenia lui neclintită de–a lungul anilor.

Tot el m–a trimis acum vreo 19 ani la Dr, Lipson, pentru chirurgie de gingii. Mama acestui chirurg era evreică venită tot din România, iar el un suflet blând și nobil, cu niște mâini miraculos–vindecătoare și o comportare care te umilește. De când m–a operat și salvat dinții n–am mai avut probleme de niciun fel cu gingiile mele.

Un model de înaltă ținută a unui alt evreu a rămas și va rămâne pentru mine profesorul Gabriel Tardoș de al *CUNNY University* din New York. Am aflat întâmplător numele dânsului din cartea universității căutând facultatea de mecanică, la care voia să ia cursuri un fost coleg de școală fugit din România prin 1987, dar nu știam că are aceleași origini cu noi.

Domnul profesor Tardoș mi–a dat o întâlnire, vorbind în engleză la telefon, după care am mers să–l întâlnim la facultate.

Un bărbat extrem de binevoitor şi foarte rafinat ne–a aşteptat la ora fixată, apoi ne–a dat cu răbdare toate detaliile pentru înscrierea la facultate a fostului meu coleg, după care ne–a dus de mână la toate birourile de unde să luăm formulare, lui i–a arătat clasele de curs şi laboratoarele, l–a prezentat unui profesor indian căruia să i se adreseze în lipsa lui, după care ne–am întors în biroul dumnealui. Până atunci vorbise numai în engleză, poate ca să testeze nivelul nostru de înţelegere, dar la înapoiere a trecut la limba română povestindu–ne prieteneşte cum ajunsese din România în Israel, apoi la New York, via Germania, şi cum a trebuit să–şi ia *hârtii americane*, fiindcă masteratul şi doctoratul luate în alte universităţi nu au avut mare valoare ca să poată rămâne profesor plin la catedră. M–am gândit, eu, iute: cum acest om manipula uşor cinci limbi: româna, maghiara, hebrew, germana şi engleza, poate şi altele... deşi nu era decât un inginer (cum se făcea haz despre noi în ţară).

Nu l–am mai întâlnit niciodată, fiindcă nu eu fusesem motivul acelei incursiuni în lumea universităţilor din New York, luasem destule, dar comportarea lui, fineţea omului de lume, m–au făcut să–l admir şi să nu–l uit ca pe un adevărat gentleman cu rare maniere.

Aş mai avea de spus un car de vorbe bune despre un alt evreu care a fost vicepreşedinte al ultimei companiei pentru care am lucrat în America. Acest om de mare suflet m–a chemat să–mi dea o slujbă foarte bună la momentul când companiei noastre i–a fost lichidat contractul cu Departamentul de Energie şi peste noapte a fost înlocuită cu o alta care şi–a adus oamenii ei, punând pe drumuri sute dintre foştii salariaţi. Domnul Weissman era evreu născut în Basarabia, nu vorbea româneşte, dar simţea ca un frate, şi mâna pe care mi–a întins–o a fost „ad–hoc ", fără să mă fi ştiut bine; ne întâlnisem şi vorbisem de câteva ori la întâlnirile clubului lunar al companiei, doar atât!

Eu nu m–am dus să iau *job*–ul oferit de Weissman fiindcă nu mă dăduseră afară și vroiam să mai fac un număr de ani în același loc pentru beneficii, însă, gestul lui a fost de neuitat.

Evreii întâlniți de mine din întâmplare în America sunt ***oameni*** care fac cinste la trei neamuri: evreiesc, românesc și american, bravo lor și respectele mele! N–or fi toți evreii ca ei, dar când sunt, te fac să–i admiri și respecți fără a mai lua în seamă intrigile și răutățile cu care sunt împroșcați de către cei care se cred mai buni fără a–și analiza mai întâi faptele lor.

Trebuie să judecăm oamenii (dacă avem dreptul să o facem, nu știu...) după fapte și numai atunci să le dăm note la purtare.

Cu prudență și discernământ să nu învinuim mereu pe alții pentru eșecurile noastre, ci să ne deschidem larg inima și ochii ca să vedem realitatea.

Aș vrea să spun conaționalilor mei că atitudinea anti–evreiască este fără sens de îndată ce nu încerci să înțelegi tradițiile, cultura specifică pe care ei și–o ocrotesc cu sfințenie și spiritul de într–ajutorare ca să reziste peste secole uraganelor stârnite împotriva lor. *De ce nu învățam de la ei?*

Dechidem aceiași carte, ei Thora și noi Biblia, dar ei au fost primii care au definit religia monoteistă, nu? De ce să urâm ceea ce nu pricepem numai fiindcă ni s–a spus de undeva, de către cineva, că evreii sunt vinovați de tot răul care se petrece în lume?

Cum dovedim că noi suntem mai buni, mai înțelepți și mai curați în fața Dumnezeirii? Cu ce?

Știu de la prietenele mele din copilărie că la unele Sinagogi se propovăduiește distanța față de creștini, chiar ura, dar în mod egal, preoții ortodocși și catolici au făcut același lucru (cu excepția Papei Ioan Paul II – cel Mare – care a încercat – fără succes – împăcarea ortodocșilor cu catolicii și cu evreii).

Acum se face mare vâlvă în țară despre ridicarea monumentului holocaustului la București, iar eu NU sunt de acord cu asta, fiindcă ***documentat*** românii nu au fost călăi, nu au ucis sute de mii de evrei, așa cum s–a răspândit și exagerat legenda.

Unii dintre evrei au acuzat pe români ca i–ar fi trimis la Auschwitz aprinzând astfel o pălălaie de foc în România; și de–ar fi fost așa, **nu au făcut–o evreii de rând,** oameni cumsecade și la locul lor, ci unii dintre cei care manipulează media și forțele obscure întru menținerea puterii, urmărind controlul lumii.

Nu cunosc bine subiectul, dar nici nu–mi pierd vremea să judec decât prin filtrul experiențelor mele. A generaliza este o mare greșeală, fiindcă asta implică acuzația nedreaptă a evreilor de bună calitate care ne–au fost prieteni la copilărie, colegi de școală sau de meserie, apoi a celor întâlniți întâmplător de–a lungul vieții care ne–au întins mâna la nevoie și pe care îi respectăm...

Aș dori să văd recunoașterea crimelor făcute de comunism în România cu scopul de a distruge poporul și anihila cultura și istoria acestuia; dacă se ridică sau nu monumente, de orice fel, nu văd la ce slujesc, fiindcă acestea pot fi dărâmate ușor precum s–a întâmplat cu atâtea statui din trecut.

Cred că ar fi mult mai folositor să clădim monumente de înțelegere în sufletele noastre, să construim poduri ale prieteniei ca să aplanăm conflictele, să ne întindem mâinile unii altora, să ne respectăm unii pe alții, că nu avem decât o viață de trăit; să învățam a ne–o face cât mai luminoasă, spălând–o de povara intrigilor și a urii moștenite de secole.

V–ați gândit vreodată la căsniciile mixte dintre evrei și români în care dragostea a învins prejudecățile și fiecare și–a respectat religia trăind ani mulți în perfectă armonie? Eu am câteva exemple de prieteni pe care îi admir pentru reușita relațiilor lor în care au clădit o citadelă solidă numai prin dragoste.

Încercarea de a schimba lumea începe prin a ne schimba pe noi înşine.

Să nu uităm că reacţia evreilor este automat bună, sau rea, funcţie şi de modul în care îi abordăm. Prejudecăţile negative cu care vii în calea unui om se simt şi crează reacţii echivalente, biounde de intensitate egală din partea celuilalt.

Eu am avut şi mai am prieteni evrei din copilărie şi şcoală, apoi din institutul unde am lucrat, iar altă serie printre colegii fostului meu soţ care nu m–au decepţionat, care au sărit să ajute la nevoie, deci resping din start ideea de a evita relaţiile cu aceştia numai fiindcă ai prejudecăţi bolnave.

Experienţele mele din America, cu evrei complet necunoscuţi care au sărit imediat să facă ceva pentru mine fără niciun interes ascuns, n–au făcut decât să–mi întărească convingerea că de ambele părţi există şi diamante şi cărbune amorf (balast fără valoare).

Dacă aş întâlni evrei răuvoitori îi voi evita încercând să–i uit repede ca să nu–mi încarc memoria sufletului cu deşeuri; răul emanat de spiritele întunecate este prea greu de purtat şi–mi alterează karma, dar ca să fii rău, lipsit de caracter, nu trebuie să aparţii unei naţii; eşti rău şi dacă eşti român, tătar, rus, ungur sau orice altceva.

Cred că a venit timpul să căutăm a înălţa şi purta lumina acceptării, a înţelegerii, să ne deschidem inimile la dragoste, lăsând ranchiunele, că nu ne mai rabdă nici pământul de atâta dezbinare şi ură!

Aprilie, 2009

Chestionar cerut de revista „Origini”:

Care credeți că sunt valorile native adaptative ale românilor americani?

1. Valori religioase (ortodoxie, neoprotestantism)

Credința strămoşească rămâne fundația pe care ne clădim fiecare zi în izolarea emigrării, cine o are şi o simte din rărunchi. Este altarul la care ne închinăm pentru a nu cădea în mocirla amestecăturilor de tot felul de „pretinse” religii. În America există peste 280 *„denominations”* şi fiecare biserică este un fel de *social–club* la care se colectează banii şi toți aleargă să ademenească pe noii veniți ca să–i urmeze.

Ortodoxia românească este slabă în reprezentare din cauza infiltrării securiştilor după anii 1950; asta nu înseamnă că dacă vrei să mergi la o biserică ortodoxă nu poți să o faci, dar bisericile româneşti au avut şi au încă probleme.

Românii pe care îi cunosc merg la biserici la macedoneni, greci, sirieni din motivele arătate şi, fenomenul este cam acelaşi în multe oraşe americane.

O altă problemă ar fi că nu există biserici ortodoxe româneşti la tot pasul, sau dacă au existat, preoții români au adunat sume imense de bani pentru a construi o biserică, după care au dispărut cu bani cu tot şi au stricat reputația românilor, aşa cum s–a întâmplat în oraşul unde locuiesc acum.

Un loc cu totul aparte, cu încărcătură religioasă–ortodoxă este *Mânăstirea Adormirea Maicii Domnului* din

Michigan, începută de trei călugărițe venite de la Văratec și unde slujesc părintele arhimandrit Roman Braga și Felix Dubneac. Locul este ca o oază de ortodoxism nepoluat și atmosferă unică. La 8 mile de mânăstire se află *Vatra Românească* unde Alexandru Nemoianu, istoric și bun român, duce o muncă susținută să descopere și să păstreze valorile specifice neamului în jurul acestei mici insule de cultură românească în spirit ortodox–creștin.

Basorelief de la Mănăstirea ortodoxă din Rives Junction, Michigan

Mai exista câteva biserici ortodoxe bune în zona Michigan, Detroit și Pittsburg, acolo unde au venit mai mulți români înainte de război și au creat comunități pe bază de religie și obiceiuri specifice neamului nostru.

Pentru cine are copii este extrem de important să le ofere o educație religioasă pentru a fi feriți de tentația de a se alătura altor zeci de religii alterate sau inventate, existente aici.

Neoprotestantismul domină America și mai ales fundamentaliștii care–și caută adepți să–i urmeze, însă, nu știu mulți români urmându–le calea.

Cei care au venit din țară, baptiști și penticostali, sunt activi în bisericile lor, în special pentru ajutorul primit la venire în America, dar au învățat mult mai bine să se ajute și să se respecte între ei, lucru cu care ortodocșii nu se pot lăuda.

2. Valorile temporale (orientare spre prezent, trecut și viitor)

La trecut nu ne mai gândim fiindcă trebuie să–l uităm

pentru a ne vindeca de suferințele anterioare.

Așadar, trecutul are valoarea măsurată numai în ceea ce am „adus" cu noi cultural și educațional și care reprezintă o imensă bogăție spirituală românească. Numai prin comparație cu superficialitatea locului ne dăm seama ce școli și programe de studiu am avut, ce profesori responsabili pentru educația noastră am lăsat acolo și cât de puțin vor avea copiii noștri în educația căpătată „la mare viteză" pe pământ american.

Prezentul este o alergare continuă contra cronometru, în care nimeni NU ARE TIMP de gândire și nu mai poate deosebi valorile autentice de cele mediocre sau false. Confuzia adusă de oboseala acumulată nu mai dă timp individului să gândească, să selecteze și să distileze. Valoare au numai **banul** și **puterea în această societate.**

Tineretul crescut și educat aici va fi handicapat, dar cu ifose că are educație americană.

La vârsta când se dau definițiile valorilor și când tinerii absorb avid informațiile, li se servesc lecții mediocre (uneori inutile) pentru înțelegerea și aprofundarea corectă a problemelor. Ceea ce este definit drept „spălarea creierelor" este metoda utilizată pentru a face din omul tânăr un robot bun de folosit numai la anumite servicii imperios necesare la un moment dat în sistem. Când interesul și proiectul lansat nu mai sunt de actualitate, omul este înlăturat.

Individul nu trebuie să gândească, ci să urmeze tipare dinainte stabilite pentru a deveni un pion în mecanismul gigantic pentru făcut bani.

Cultura nu aduce bani, este lozinca auzită, dar dacă nu ai cultură nu ai nici sensul valorilor.

Viitorul este cum nu se poate mai confuz aici; practic, el nu prea există! Omul dezumanizat de munca fără limite visează la pensie și la timpul când va avea bani să călătorească, să se relaxeze, când a scăpat de plătit datoriile pentru educația copiilor (sume exorbitante), ratele la casă și mașină și poate face ceva pentru sufletul lui. Pensie acordată de stat nu există, iar ceea ce se numeşte „*social security*" este un ajutor social extrem de mic (cam a şasea parte din salariu) care nu ajunge decât pentru mâncarea unui bătrân. Planurile de pensii şi cele medicale sunt o glumă care se schimbă de la un an la altul şi pentru care se plătesc sume mult prea mari, tot de către individ.

În statisticile oficiale se scrie că 58% din pensionari trăiesc sub limita mizeriei în America. Când nu ai nici ce mânca, nici medicamente, nici asistenţă medicală, nu mai ai viitor şi cu atât mai puţin sensul valorilor!?

Acesta este cu adevărat **şocul viitorului** pe continentul american!

3. Valori morale (adevăr/neadevăr, bine/rău)

Valorile morale sunt cea mai mare pierdere, la venirea pe acest continent. Nu se poate vorbi de moralitate unde promiscuitatea sexuală (pornografia) este obsesia majorităţii cetăţenilor, de la tânăr la bătrân, de la senator la *cow boy,* iar drogurile afumă minţile tinerilor la tot pasul.

Cred că adevărul şi–a pierdut definiţia aici întrucât te afli permanent pe o scena de carnaval veneţian unde actorii poartă măşti şi „se fac" că sunt ceea ce sunt. Ipocrizia este lubrefiantul nelipsit al societăţii şi toată lumea minte cu zâmbetul pe buze. Este însăşi existenţa americană şi a fost primul lucru la care am reacţionat ca la un duş rece.

Între conaţionali domneşte o falsă bravadă şi mulţi au împrumutat stilul „veneţian" pentru a fi asimilaţi în cercurile unde lucrează sau se vizitează. Extrem de puţini şi–au păstrat identitatea (nu şi–au schimbat numele din Stănescu în Smith sau din Georgescu în Georgensen şi aceia sunt oameni valoroşi şi *adevăraţi,* nu clowni de paradă. Nu sunt prea mulţi, dar SUNT!).

Ca să poţi vedea diferenţa între bine *şi* rău trebuie să le cunoşti pe fiecare în parte, sau să ţi se explice aceasta. Când se transmite numai răul prin toate mijloacele de informare, aproape că nu mai ştii ce este binele. Cei veniţi aici după a doua tinereţe văd limpede diferenţele, însă nu sunt convinsă că pot educa pe cei tineri în spiritul binelui.

Copiii sau adolescenţii petrec trei sferturi din timpul lor între noii prieteni, vecini şi colegii băştinaşi de la care împrumută automat mentalităţile locului.

De la români nu se răspândesc prea multe raze de bunăvoinţă şi prietenie sinceră, poate din cauză că nu ne mai putem asocia pe baze de cunoaştere reciprocă, cum o făceam acasă.

A vorbi aceeaşi limbă nu înseamnă a avea aceleaşi afinităţi morale sau spirituale. În ţară am trăit fiecare în cercuri potrivite condiţiei sociale, de obicei înfiripate pe bază de cultură şi preocupări similare; aici, criteriile sunt total diferite: *banii şi interesele.*

Prieteniile solide se fac la copilărie şi adolescenţă, dezinteresat şi puternic, iar aici ne–am găsit cunoştinţe întâmplătoare, deci şi relaţiile sunt tot aşa, superficiale, marcate doar de întâlniri sporadice. Am întâlnit însă şi români pe care îi respect şi iubesc aşa cum sunt. Trebuie să învăţăm să fim înţelegători şi toleranţi unul cu altul şi, unii sunt.

4. Valori estetice (frumos/urât)

Frumosul este de import, în special din Europa. Cum altfel?

Trăind în România cu graniţele închise sub cortina de fier noi nu am ştiut ce sublimă şi universală este arta noastră fiindcă nu aveam termene de comparaţie decât cu ceea ce vedeam în filme, albume, poze.

Frumosul a fost şi rămâne european şi tot ceea ce s–a creat aici a fost cumpărat, imitat, adaptat după modele europene şi în arhitectură, şi în pictură şi în grafică şi în modă.

Cine are chemare pentru frumos poate vedea diferenţa şi alege, însă estetica nu este un instrument la îndemâna tuturor; ţine de talent, ochi sau ureche formate pentru înţelegerea şi aprecierea artei.

Frumosul local este un *kitch* cam în toate direcţiile. Urâtul este prezent la tot pasul, începând cu hainele şi terminând cu mobilele (îngrozitor de urâte), ca şi clădirile. Ceea ce este deosebit este făcut în Europa şi se vinde ca o mare descoperire cu preţuri exagerat de mari.

Aici totul este mare şi urât! Frumosul este văzut numai prin bani!

5. Valori economico-sociale
(importanţa acordată banului, bunăstării, statusului social)

BANUL este rege şi obsesia fiecărui american este să câştige la loterie ca să devină bogat.

Toate relaţiile şi respectul societăţii pentru tine este direct proporţional cu ce nivel de bogăţie se reflectă din viaţa ta socială. Un semianalfabet milionar este preferat unui geniu sărac.

Pentru un român care „aruncă" banii pentru a vedea şi a înţelege lumea, a cumpăra şi citi cărţi, a merge la concerte şi alte manifestări artistice preferate, banii sunt doar moneda de schimb care îi dau posibilitatea să-şi umple fiinţa cu ceea ce a râvnit înfometat pe când era în ţară.

Fiecare acţionează aşa cum îl îndeamnă natura lui şi pasiunile. În acest caz valorile economice ajută la completarea valorilor spirituale pentru cei ce pun pe locul întâi cultura, şi nu banul. Preţul însă este însă mult prea mare şi satisfacţiile au venit târziu pentru cei ce ne-am chinuit o viaţă şi am muncit atât de mult să ne oferim ceva pentru suflet.

Oamenii de cultură români veniţi în America folosesc resursele materiale pentru a cumpăra pe cele spirituale; individul nu se schimbă prea mult când a venit deja format în acest nou univers.

Cei veniți numai să facă bani și să–și umple frigiderul au rămas așa cum au fost și în țară și fac ceea ce au făcut și acolo. O trăsătură comună au toți: zgârcenia care este justificată poate de efortul depus pentru a face banii și eventual a ajuta pe cei rămași acasă.

6. Valori tradiționale (păstrarea sărbătorilor, a obiceiurilor, a mentalităților, a arhetipurilor culturii)

Toți primii veniți păstrează sărbătorile fiind un mod de a se mai întâlni, bucura de aceleași obiceiuri și discuta unii cu alții. Am sărbătorit permanent, Crăciunul, Paștele și alte ocazii cu românii și a fost foarte plăcut. Toți sunt însă mult prea obosiți și nu mai au energia de a ține lanț petrecerile cum făceau în țară, dar este un prilej de amintiri pe care le trăiește fiecare în felul său. După prima generație crescută și educată aici se pierd și limba și obiceiurile oricât de mult ar încerca părinții să mențină tradițiile. Uneori se pierd copiii însăși în lumea nouă cu periculoasele tentații din afara casei.

7. Valorile educaționale (privind noile generații)

Valorile educaționale sunt ca și inexistente. Primitivismul tuturor manifestărilor este deprimant și difuzarea prin toate mijloacele a mediocrității este devastatoare. Pentru noile generații de români speranța rămâne numai la părinți să–i înarmeze pe cei tineri cu bogății spirituale.

Școlile de stat sunt sub nivelul oricăror limite de jos, iar cele particulare sunt doar mult mai scumpe fără o diferență substanțială de calitate. Matematica și științele, în general, sunt foarte slabe pentru că profesorii sunt necalificați, iar programele sunt penibil de prost alcătuite.

America este plină de profesori români de matematici care sunt foarte valoroși, dar se plâng toți de nivelul scăzut al elevilor sau studenților.

8.Valorile privind idealul de viață („a avea" sau „a fi")

Idealul de viață al americanului se conjuga numai cu verbul **„a avea"**. Nu am întâlnit în toți anii de viață americană nicio excepție care să nu întărească regula. Românii au și ei tendința de a pune verbul „a avea" înaintea celui de „a fi", însă din alte motive: venind aici cu brațele goale, începând viața de la zero, uneori la mijlocul vieții, trebuie să acumulezi un minimum de confort, măcar egal cu ceea ce ai lăsat în țară. Plecat din mizerie materială nu poți să nu dorești ceva din ceea ce vezi în jur și multe lucruri (ca de exemplu mașina) sunt imperios necesare pentru viața de zi cu zi.

După un timp aceasta aparentă bucurie trece și cine are chemare începe să cumpere cărți și nu diamante, discuri bune și nu aur, tablouri și nu platină. Acestea sunt comorile intelectualului născut în cultură și trăind prin cultură. Refugiul omului de spirit sunt aceste nestemate care îi fac viața mai de suportat în izolarea acestui continent.

9. Valorile interpersonale (prietenie, indiferențe, animozitate, individualism, colateralitate, condescendență, fie în cadrul grupului etnic, fie în relațiile cu ceilalți).

Prieteniile între românii din emigrație sunt rare și instabile. Ne–am pierdut adevărații prieteni, ne agățăm ca înecatul de un pai când întâlnim conaționali și încercăm o relație, însă foarte greu să nu afli interese, invidie, înverșunare; unul împotriva altuia sau respingere suspicioasă.

Aceasta este trăsătură fundamental negativă a românilor emigrați în toate țările. Sunt valoroși și foarte incisivi în a penetra sistemul, sunt extrem de inteligenți și puternic clădiți, **însă nu pot accepta succesul altuia ca pe o mândrie a neamului.** Toate începuturile sunt promițătoare, dar în timp se rup relațiile fără șanse de refacere. Fenomenul este adevărat pentru adulți ca și pentru cei tineri veniți la studii; aceleași neajunsuri generate de gelozie, intrigi și nesinceritate.

În relațiile cu americanii nu pot să se desfășoare atât de vijelios fiindcă depind de ei. Nu poți lovi și reacționa sălbatic împotriva celor de care depinde pâinea ta, oricât de naiv ai fi și, românii nu sunt.

La începuturile venirii mele în America, înainte de 1984, mulți români au mers și reclamat pe alții la serviciul de emigrări numai ca să le facă rău, să fie respinși ceilalți de la obținerea vizei de rezident permanent. Rușinos!

10. Valorile care caracterizează concepția despre lume (libertate, egalitate, independență, feminism, individualism, succes profesional)

Acestea sunt în raport cu nivelul de educație al individului, cu structura și aspirațiile lui.

Libertatea i–a smintit pe unii și ajutat pe alții, depinde de cât de puternic și pregătit a fost fiecare.

Aici s–a văzut cine este valoros și cine a mers pe propriile lui picioare și nu pe catalige făcute de unchi, mătuși, cumnați și alte relații sus puse. America cere atâtea condiții pentru reușită că poate fi asemuită cu o olimpiadă; cine nu a fost pregătit mental, fizic, cu limba bine știută, având prezența de a seduce la un interviu, disciplina de a pune totul în joc, nu a putut face față și a clacat.

Spiritele independente și strălucite au reușit cel mai bine fiindcă aici este șansa individului, cu o singură condiție: **să vii când ești tânăr.**

Absolvenții de acum, care câștigă loteria de vize, au șanse mari de a se afirma fiindcă nu vin ca noi, la întâmplare. Sunt informați, sunt doriți în anumite profesii și dacă au și forța de a cuceri sistemul din prima clipă sunt marii câștigători ai destinului.

Feminismul este o altă istorie mai complicată și s–a născut aici din înverșunata discriminare dintre femei și bărbați. Lupta pentru supremație într–un *job* și modul în care femeile sunt respinse şi prost plătite, la aceeaşi pregătire şi capacitate, nu putea să nu genereze acest fenomen.

De multe ori feminismul a fost greşit înţeles, iar femeile l–au folosit în lupta pentru putere.

Dacă femeia este capabilă tot se afirmă, depinde de profesie şi evident, de interesul ce îl are instituţia în a achiziţiona o femeie străină. Competiţia este sângeroasă şi discriminarea se simte la băştinaşii care nu suportă pe emigranţi de frică că–şi pierd slujba. Suplimentar au ceea ce se numeşte *complexul european* şi informaţia că cei educaţi în Europa de est sunt foarte buni, mai ales în matematici, informatică, inginerie şi ştiinţe în general.

În oraşul unde locuiesc există cinci profesori români de matematici şi unul de *computer science* la universitate, toţi cotaţi excepţional.

Individualismul este arma americanului. Nimic nu se spune, nimic nu se arată, nimeni nu te ajută cu o vorba în meserie, păstrând ceea ce se numeşte *„job security”.*

Americanii au frică de sărăcia lor intelectuală. Pe *joburi* specifice, sunt poate mult mai buni decât noi fiindcă ştiu să facă perfect un singur lucru. Scoşi din tipare mor de nepricepere şi atunci românul inventiv şi adaptabil care a găsit soluţiile, a câştigat.

Succesul profesional depinde de foarte multe coordonate, dar cel mai mult de tenacitate şi noroc. Trebuie să fii *„at the right place, în the right time” („la locul și la timpul potrivit”),* aşa definesc americanii succesul.

Succesul în America vine din **luptă, inteligență și muncă herculeană,** dar... mai ai șansa să–l afli, în timp ce în România nu aveai nici una!

In principiu cine a fost foarte bun în țară a făcut și aici carieră și a fost plătit pentru asta așa cum sunt plătiți și americanii, dacă a meritat. Evident a trebuit sa fie de zece ori mai bun, de zece ori mai harnic și extrem de adaptabil situațiilor, ignorând invidia și sabotajul celor din jur.

11.Valori care privesc raportul omului cu mediul natural (omul conlucrează cu natura, e dominat de ea sau o poate stăpâni)

Greu de definit acest raport. Mediul natural aici este mult luat în seamă, în sensul că reprezintă un prim obiectiv în știința și politica americană în mod egal. Omul domină natura în anumite privințe, dar nu poate opri vulcanii să erupă sau uraganele să–și devieze traiectoria. America este continentul cu cea mai dificilă și schimbătoare climă, din cauza poziției între cele două oceane, de aceea stațiile meteorologice anunță buletinele de zeci de ori pe zi pentru prevenirea oamenilor în a–și lua măsuri de apărare, în cazul când se așteaptă un uragan, inundație sau înzăpezire. Uneori omul conlucrează cu natura, alteori natura impune legile ei dezastruoase, însă, în general natura este bine supravegheată și controlată cu instrumente sofisticate și eficiente, mai mult decât oriunde în lume, datorită unei tehnologii foarte avansate.

12. Valori privind personalitatea *tip prețuit* (activitatea)

Prețuit este numai omul cu solide *cunoștințe în meserie* și *integritate,* iar unitatea de măsură este universală (cred eu). Cu toate piedicile puse unui om capabil în sistemul de aici el poate învinge cu aceste două calități. Dacă mai are și cultură impune respectul și câștigă prestigiu imediat. De exemplu, o limbă străină bine știută ca să poți traduce sau vorbi, este un diamant, fiindcă ei nu o știu nici pe a lor cum trebuie. Sunt deja invadați de latino, harnici și tenace care și–au impus limba, astfel încât pe toate facturile este scris automat în două limbi și la telefoane guvernamentale se răspunde la mesaje în engleză și spaniolă. Când românul mai știe măcar franceza este un mare plus pentru prestigiu.

Americanul de rând crede că tot mapamondul trebuie să–i învețe limba, așa cum crede că buricul lumii este aici și cultura lumii de asemeni. Care Grecia, care Roma (numai mâncarea italieneasca este interesantă), care Franța, care Spania; nu–i interesează decât pe foarte puțini și la suprafață, atât cât să pară importanți la o conversație de societate.

Omul este prețuit aici numai atâta vreme cât poate fi folosit.

13. Valorile familiale (raportul părinți–copii, familie)

Copiii se rup de familie foarte devreme și pleacă în lume, oriunde, să muncească pe nimic, numai să scape de sub controlul părinților. Rebeliunea copiilor americani este drama secolului și părinții au ajuns să apeleze la instituții militare numite *„boot camp"* pentru re–educare. Fenomenul este foarte general și îngrijorător.

Drogurile vin ca un plus la dezastru și astfel părinții nu mai pot fi controla atitudinea copiilor în niciun fel.

Părinții români sunt neîndoielnic mult mai grijulii și preocupați de viitorul copiilor, iar copiii, la rândul lor sunt mai decenți și respectuoși; părinții americani nu pierd prea mult timp pentru copii fiind mult prea ocupați să facă bani și cred că nici nu știu cum să dea copiilor linii directoare, fiindcă nu au cultură și spirit didactic, deci lasă totul pe seama profesorilor foarte prost calificați.

***Origini**, USA, 2001*

Prin Consulatele româneşti din America

Din anul 1984, când am venit în USA, am stat cât mai departe de orice contact cu organele consulare româneşti pe care le ştiam pline de copoi veniţi la urmărit pe bieţii români, care, scăpaţi de teroarea de acasă intraseră în alta mai perfidă tot a organelor securiste. Nici nu aveam de ce să le vedem feţele de îndată ce nu mai eram cetăţeni români (aşa credeam noi).

Scăpasem de filajul şi ameninţările securităţii române cu un paşaport de *fără cetăţenie* cu care se aruncau din ţară *deţinuţii de drept comun* sau *prostituatele* şi care erau valabile numai pentru 30 zile, dar ajungând legal în USA, am intrat pe sistemul de încadrare cu drept de muncă, aşteptând rândul la *green card.* Credeau ciracii lui Ceauşescu că vom muri fără cetăţenia română, dar nici aşa nu ne–au lăsat să ne vedem de treburile noastre pe pământ străin, unde cei capabili şi cunoscători ai limbii s–au încadrat destul de repede.

Nu mai punem la socoteală emoţiile, frica de a fi „accidentaţi" pe stradă, urmăritul la noul serviciu unde primeai telefoane suspecte, dovadă că tot timpul cineva ne adulmecase urmele de la plecarea din ţară până la intrarea în America şi eventual până la moarte. Acestea fiind spuse nici n–am căutat să aflu unde se află consultul de la New York, pe vremea când lucram acolo, nici să merg la întrunirile lor „prieteneşti" unde invitau pe români la aşa zisul *Centru Cultural* ca să ştie ei exact unde lucrezi, unde locuieşti, aşa cum făceau şi în ţară, deci să ne refacă dosarele de securitate.

Prin 1997 am primit, ca prin minune, un formular de la ambasada din USA pe care trebuia doar să semnez că vreau să primesc cetățenia română, completând numele actual și ultimul domiciliu avut în țară. Glumeți, șacalii securiști îmbrăcaseră piei de oi diplomate și ne ofereau generos acum ceea ce ne luaseră cu forța contra unei sume bune de bani. Interesant, mi–am zis eu, ca la jocul de ruletă!

Nu m–am aruncat s–o fac imediat crezând că este o capcană, dar am sunat la Ambasada Românā din Washington DC ca să aflu mai mult, să vorbesc cu cineva. După îndelungate așteptări și mutat de la un nume la altul de niște voci al căror accent răspândea izul unor tovarășe crescute prin mahalalele orașelor unde nu prea auziseră vorbindu–se limba literară, am reușit.

Întrebând ce să fac cu pașaportul eliberat la plecarea din țară mi–au spus să arunc acel act *rușinos* și să uit cele întâmplate (i–auzi domnule, ce simplu pentru dânșii) că acum lucrurile s–au schimbat, ne–am eliberat de vechile metehne (adică ei) și se clădește o altă societate, schimbându–se chiar și legile; și–au pus cenușă în cap cu promisiunea că relațiile românilor cu țara vor fi trandafirii și peste noapte vom fi din nou fii iubiți ai patriei (sic!).

Mi–a venit să râd, dar m–am abținut, știind că tovarășii de la ambasade și, servitori ai securității, nu pot avea simțul umorului și mă pot căptuși cu vreo belea.

Cât de proști ne–au crezut cameleonii de la externe, te și miri că nu ne–au trimis niște flori în cinstea sărbătoririi *radicalelor schimbări* din România de după 1989, și a reprimirii cetățenilor români de drept în rândurile lor.

S–o creadă ei, că eu nu, mi–am zis, dar împinsă de o familie de prieteni cu aceeași situație cu a mea, am încercat să văd ce pot afla și le–am scris; am primit o scrisoare oficială (cu niște greșeli grosolane de gramatică la tipărit) în care mă anunțau că ***sunt*** cetățean român și mi se cereau doar 60 $ și două poze pentru noul pașaport.

Am primit paşaportul de cetăţean român în septembrie 1997, după 14 ani de la pedeapsa cu cel *ruşinos* cu care fusesem alungată din ţară. *Să vezi şi să nu crezi!*

Circul românesc de la externe putea găsi tot felul de subterfugii, funcţie de interesele politice şi economice ale momentului, aşa că am acceptat gestul lor cu oferta de a–mi restitui generos ceea ce eu dobândisem oricum, prin naştere. Oricărui copil care se naşte în avion sau pe vapor i se dă automat cetăţenia ţării peste care s–a produs evenimentul, numai la români s–a luat abuziv dreptul legal primit prin naşterea pe pământul ţării. *Ca la noi la nimenea*!

Am folosit paşaportul cel nou în 2001, când am mers în ţară după 17 ani de la plecare, când la aeroportul Otopeni mi–am împrospătat memoria a ceea ce lăsasem: un mitocan obraznic şi agresiv care ne–a controlat actele s–a răstit la noi ca şi cum îi furasem ceva din buzunare, că aproape am regretat pe loc că mi–am mai luat cetăţenia română. După 24 ore de călătorie, frântă de oboseală, să mai asculţi strigăturile unui troglodit, care ura pe toţi cei care veneau din străinătate, a fost mai mult decât era nevoie, ca să înţelegi, că acolo lucrurile au rămas cum erau pe vremuri.

Mi–am dat seama că nimic nu se schimbase după 11 ani de la pretinsa revoluţie, conform zicalei tovarăşului Walter Roman din CC: ***„după ai noştri, vin tot ai noştri, adică... tot noi!”***. Tot ei au păstrat aceleaşi năravuri pe care le simţisem noi prin reprezentanţii trimişi la consulate sau ambasade şi care ne–au făcut de râs stricând reputaţia românilor peste hotare.

La vremurile dinaintea celui de al doilea război mondial când Iorga, dar mai ales Nicolae Titulescu, au pus România pe piedestalul care–l merita, făcând cunoscută lumii elita ţării noastre, vechea generaţie era mândră a se identifica cu reputaţia căpătată prin Liga Naţiunilor. După ocupaţia comunistă şi fuga bieţilor oameni unde au văzut cu ochii prin lume, ne era ruşine să mai spunem de unde venim.

Mai încoace, în ultimi ani, mi s–a tot spus că s–au mai schimbat lucrurile, adică personalul din diplomație, dar eu tot Toma necredinciosul am rămas până când a trebuit să–mi iau inima–n dinți și să încerc din nou prin 2008 o legătură la consulatul român din Washington DC, fiindcă vechiul meu pașaport românesc expirase de un an. Trecuseră zece ani ca o lună...

Iar am amețit de cât m–au plimbat cu vorba, ca și în urmă cu zece ani, cu câte persoane a trebuit să vorbesc, să scriu prin e–mail, dar n–am reușit să rezolv nimic din cauza incompetenței, neglijenței, și orelor scurte de lucru cu publicul, că iar mi s–a făcut lehamite să mai aud de funcționarii români ale acestor instituții și nici la Washington DC nu mai aveam chef să mă duc, pentru un alt pașaport.

În acel moment de renunțare am aflat că mama ar fi bolnavă și având o vârstă foarte înaintată m–am speriat că va trebui să merg în țară de urgență și voi avea nevoie de un document nou cu mine. Am încercat atunci consulatul din New York, dar nereușind să găsesc pe consul sau viceconsul, am scris un e–mail destul de dur fiindcă mă săturasem de experiențele cu cei din Washington DC.

Am primit imediat un e–mail urmat de un telefon de la consulul Roxana Sima, care a pierdut destul de mult timp cu mine ca să mă lămurească ce trebuie să fac ca să obțin noul pașaport.

Vocabularul, eleganța și profesionalismul cu care mi s–a adresat m–au făcut să reevaluez părerile mele proaste despre funcționarii consulatelor românești din America. Însăși gestul de a telefona unei necunoscute pe „long distance", când îmi imaginez că mai avea zeci de oameni așteptând la rând, m–a surprins și impresionat foarte plăcut.

Vorbind cu dânsa am înțeles că drumul meu era ceva mai complicat eu având două probleme de rezolvat: obținerea certificatului original de naștere din țară (pe care securiștii din ambasada americană de la București l–au sustras din plicul care m–a însoțit la Roma), apoi inversarea numelor mele de botez pe certificatul de cetățenie americană, unde nu mai apărea exact ca în cel de naștere și ca în vechiul pașaport românesc.

Mi–a explicat clar ce trebuie făcut și m–am angajat să urmez sfatul ei pas cu pas ca să mă văd cu actele în regulă, mai ales în acest moment cu noile legi pe care România trebuie să le respecte odată cu intrarea în Uniunea Europeană.

La fiecare etapă Roxana Sima m–a sunat, informat când a venit actul de naștere din România, apoi m–a ghidat prin internet cum să completez noul tip de formulare, ce să trimit, dar a trebuit să merg la NY, în persoană, pentru ultimele semnături de rigoare.

O îndrăgisem din conversațiile avute înțelegând că am de–a face cu un om foarte special.

Pe o iarnă urâtă am plecat la New York și așa am întâlnit–o pe distinsa și fermecătoarea consul Roxana Sima care m–a uimit cu manierele, inteligența, promptitudinea și înaltul profesionalism, ca să nu mai vorbesc cât de tânără este pentru asemenea atribute. O încântare!

Mi–a venit în minte o frază pe care americanii o repetă constant: ***„un singur om poate face o imensă diferență în situații imposibil de rezolvat, poate schimba mersul lucrurilor, poate dinamiza procese lente și înlocui metodele învechite".***

O prezență agreabilă și proaspătă ca a Roxanei Sima poate schimba total faima care se vehiculează despre români că sunt bădărani și fără prestanța impusă de codul manierelor elegante la întâlnirile diplomatice.

După ce mi–am terminat de semnat actele, și am dat banii și pozele făcute în grabă, m–am înapoiat în orașul meu din Middle West așteptând pașaportul.

Aceiași drăguță și nobilă persoană mi–a telefonat anunțându–mi bucuria cu care mi–am încheiat misiunea de a mă vedea cu un document în regulă, însă, fără doamna consul Roxana Sima nu cred că aș mai fi avut răbdarea să conversez cu diverse funcționare de la orice alt consulat român, că n–aș fi ajuns la niciun rezultat, sau mi–ar fi luat luni de zile de telefoane, e–mail–uri, așteptări, alergări și nervi.

Am remarcat că și cele două fete care lucrau cu ea la oficiul din New York erau tot foarte amabile ceea ce te făcea să te simți „acasă", deși se aflau foarte mulți oameni așteptând acolo la rând.

Aceleași comentarii pozitive am auzit pe culoar de la alți români care de aflau în sala de așteptare. Un cuplu cu doi tineri mi–a spus că nu le vine a crede că se află la același consulat unde înainte li s–a vorbit foarte urât, au fost tratați ca niște gunoaie că nu și–ar mai fi dorit decât să fugă de ei.

Sunt convinsă că mulți dintre românii care își iubesc țara au renunțat să mai alerge pentru obținerea documentelor noi din cauza modului cum au fost tratați la ambasade sau consulate, a indolenței și ritmului greoi, a nepriceperii unora dintre cei de la ghișeu, dar cel mai mult a bădărăniei explozive a funcționarilor; eu am câțiva prieteni în această situație.

Am fost foarte fericită să descopăr o persoană din noua generație care ne face cinste cu prestanța, manierele și sufletul ei delicat și m–am gândit că poate se vor mai ridica și alți demnitari ca ea să ne reprezinte peste hotare.

Poate prin ei se vor spăla păcatele celor mai bătrâni (cu creierele lor va fi mai greu) de formație veche comunistă impusă de stilul bolșevic și ne vom reabilita poziția în relațiile internaționale.

Respectele mele și felicitări doamnei ***Roxana Sima*** de la Consulatul Român din New York ca și părinților și educatorilor ei!

Să tot avem români ca ea care să ne reprezinte peste hotare!

29 martie, 2009

De vorbă cu românii plecați de acasă

Din 1968 până în prezent au tot părăsit românii țara, dar fiecare serie de emigranți a avut motivele și povestea ei funcție de situația politică, economică și socială (mai ales). Mă uit în urmă și mă sperii cum au trecut peste patruzeci de ani de înstrăinare și risipire a neamului pe toate continentele, dar noi tot n–am învățat mare lucru despre durere, solidaritate și dragoste de aproape.

Anul 1968 a fost primul când s–au dat pașapoarte de excursie și atunci au fugit oamenii pe capete încotro au văzut cu ochii. După aceea mulți ani nu s–a putut ieși din țară cu nici un preț, decât dacă erai „om de încredere" al sistemului sau erai trimis cu misiune specială. Când Ceaușescu a trebuit să îndeplinească condițiile pentru a primi *clauza națiunii cele mai favorizate* a început să se mai dea drumul la întregiri de familii sau la emigrări normale, numai că noi nu știam nimic despre aceste înlesniri ca să ne cerem drepturile.

Motivele pentru care românii au plecat în lume sunt direct legate de mașinațiile politice, înainte de revoluție, iar după 1989 dorința de a se elibera de chingile comunismului destructiv ca și ale securității.

Funcție de aceste momente ale plecărilor apar și opiniile care cuprind eșecuri și împliniri, dureri și bucurii, dar toți românii poartă în suflet amintirile prietenilor și mai ales al locurilor unde au crescut și s–au format, chiar de n–o recunosc.

Distrugerea României prin izgonirea celor mai capabili oameni a lăsat țara plină de vulturi hulpavi stând la pândă să adune averi prin sărăcirea oamenilor rămași pe glie și a răsturnat valorile culturale ale unui popor foarte vechi, mare şi viguros, care a populat mijlocul Europei de mii de ani.

Spre norocul nostru filonul de inteligenţă neobişnuită pe care l–au moştenit cei zămisliţi în acele locuri scoate mereu la iveală nume de prestigiu care nu vor lăsa să moară o naţie vibrând de forţe spirituale unice.

Numai în America avem peste două mii de matematicieni care fac cinste ţării, sute de profesori universitari, ingineri inventatori posesori de patente, pictori, graficieni, arhitecţi, medici peste tot, specialişti în software, români de calibru mare înzestraţi cu calităţi greu de găsit în alte naţii. Cu aceşti români se mândresc cei rămaşi acasă fără însă a lua în seamă drumul cumplit de greu, însingurarea, disperarea prin care au trecut fraţii lor pentru a cuceri şi învinge necunoscutul. Se mândresc şi–i caută cu ardoare să le pună numele pe lista deştepţilor, ca şi când ar fi meritul lor, uitând că mulţi dintre cei plecaţi au fost izgoniţi, suferind toate umilinţele, batjocora, ameninţările „fraţilor" lor şi nu mai doresc să audă despre ţară, fiindcă au plecat scuipaţi în faţă şi înspăimântaţi de URA care tronează în România de multe decenii.

Neo–comuniştii care tot invită acum pe români să se întoarcă acasă au uitat zicala noastră veche că *„nu poţi linge unde ai scuipat"*, sau mai exact ***„nu poţi linge unde ai fost scuipat"*** fiindcă sufletul omului este un cristal preţios pe care dacă l–ai spart nu–l mai poţi lipi la loc cum a fost, iar spiritul are legi sacre pe dacă le–ai violat nu le mai poţi rescrie; monştrii comunişti şi securişti, duşmani ai ţării, care manipulează încă populaţia nu cunosc aceste legi, neavând nicio idee despre existenţa umană.

Tinerii români, care au venit la studii cu loteria de vize, nu pot înţelege ce s–a petrecut în ţara aceea şi caută numai satisfacerea ego–ului cu posturi bune şi bani cât mai mulţi. Majoritatea sunt foarte dotaţi, au învăţat limba engleză de mici (nu ca noi îndopaţi cu limba rusă, iar celelalte limbile străine interzise), dar nu mai au sentimente patriotice, unii chiar urăsc țara și spun răspicat că nu se vor mai întoarce acolo niciodată.

Între cei izgoniți, bătuți, arestați pentru îndrăzneala de a pleacă înainte de revoluție și cei veniți ușor după 1990, cu toate căile deschise, cu burse sau contracte, este o lume de diferențe uriașe.

Am încercat să contactez câțiva români, pe care îi știam, rugându-i să ne spună cum au ajuns aici, cum s-au afirmat imediat în competiția cu străinii, cum s-au adaptat și dacă s-au adaptat, dacă au mai păstrat legătura cu țara și eventual cei apropiați rămași dincolo. Dintre cunoscuții pe care i-am rugat să ne spună câte ceva despre experiențele lor pe pământ străin, nu mi-au răspuns decât câțiva; ceilalți mi-au mărturisit că nu mai sunt interesați de ceea ce cred cei din țară despre ei, iar alții mi-au ignorat întrebările, evitându-mă.

Poate că au dreptate, că nu poți să te zdrobești toată viața pentru niște stane de piatră așezate la conducere, care nu au făcut decât să-și asigure lor o viață confortabilă, nepăsându-le de tineretul care reprezintă viitorul unei țări.

Risipirea noastră pe toate meridianele globului a dus la exact ceea ce au dorit dușmanii țării: dispariția unui popor mare și puternic prin ruperea legăturilor viscerale cu frații și pustiirea pământului strămoșesc. Mai jos voi prezenta câteva opinii și sentimente ale unora dintre frații noștri plecați din România în condiții diferite și la timpi diferiți.

Profesor Dr. IOANA POPESCU

Monica Corleanca: *Bine te-am regăsit Ioana dragă! Ți-am dus dorul de când ai plecat din Cincinnati și iată că a venit momentul să mai stăm de vorbă și să-mi spui ce ai făcut în ultimii ani în profesia pe care ai îmbrățișat-o și urmat-o cu atâta pasiune. Fiindcă cei ce vor citi acest interviu nu*

Prof. dr. Ioana Popescu

știu nimic despre tine te-aș ruga să ne spui câte ceva despre începuturile tale, pe când te aflai în România, apoi despre cum ai ajuns în SUA și cum te-ai descurcat pe pământ necunoscut.

Profesor Dr. Ioana Popescu: Am terminat în 1992 Facultatea de Biologie de cinci ani, în România, ceea ce a fost echivalată cu un *master degree.* Aflasem despre ***graduate school*** din America încă din anul I de facultate 1987–1988 însă pe vremea aceea era foarte departe de a aborda ideea din toate punctele de vedere; visam cumva la a putea înota de-a latul Dunării în cea mai întunecată și mai friguroasă zi a anului... deși... nu sunt convinsă că aș fi fost în stare, dar spre norocul meu, a venit revoluția care m-a ajutat în această problemă.

În 1990 am cunoscut un coleg (care deja aplicase de un an de zile și avea un sac de plastic plin cu scrisori de la facultățile din SUA și Canada) care m-a învățat cum să procedez.

Mi-a arătat *Peterson's Guide* la Ambasada Americană de pe strada Batiștei, unde aveau și biblioteca și m-a învățat cum să caut facultăți care m-ar interesa să aplic pentru un program de studii. Nu eram convinsă că posed bine limba engleză, știam însă că sunt bine pregătită pentru biologie.

Întâmplător am găsit un ziar studențesc (ceva cu totul nou în anul 1990) în care se afla o invitație a unui ziar studențesc englezesc să le scriem... o listă de vreo 10 întrebări despre viață: ce facem în timpul liber, ce știm despre SIDA, dacă acuzăm părinții că ei nu au făcut revoluția!!!, etc..

M–au intrigat destul ca să le scriu şi mi–au publicat o mică parte din scrisoare în ziarul lor cu adresa şi numele ***Ioana Popescu – studentă la biologie,*** aşa că în scurt timp am colectat câţiva *„pen–pals"* din Anglia. *„Very exciting!"*

Deschisesem o mică fereastră către o lume la care nu avusesem acces cu un an înainte. Când am avut oportunitatea, în toamna lui 1991, am plecat în vizită în Anglia. Era prima mea ieşire din ţară, din nou *„incredibly exciting"!!!*

Când am ajuns în Anglia am înţeles că financiar cei 70 $ pe care îi primisem de la părinţi nu valorau mai nimic... şi nu mi–ar fi ajuns nici pentru o săptămână, iar de la prietenul care m–a ajutat să primesc viza (după două luni de aşteptare în fiecare vineri la Ambasada Angliei) am aflat că nu ar fi posibil să stau cu familia lui, cum sperasem; în cele din urmă a fost grozav fiindcă asta m–a convins că trebuie să lucrez!!!

Am fost chelneriţă la un restaurant italienesc, după numai o săptămână după ce ajunsesem la Londra, aveam deci un *job* şi lucrasem o zi şi jumătate, iar cu banii câştigaţi mi–am luat o pereche de blugi!!!

Wow... în România aş fi dat o lună meditaţii pentru această realizare...

Ce făceam înainte de a veni în America? După liceu – *Liceul Sanitar* din Bucureşti –, am lucrat ca soră medicală la Spitalul Cantacuzino, numai pentru două luni; doream nespus să intru la Facultatea de Biologie, dar lucrând în spital, deşi foarte interesant, nu puteam să învăţ cât era nevoie pentru a fi unul dintre cei 25 aleşi pentru următoarea grupă de biologi, mai ales când eram peste 25 concurenţi pe loc... mai mulţi ca la medicină, unde erau numai 10–12.

La biologie erau doar 25 de locuri la Bucureşti şi 75 pe toată ţara (cu Iaşiul şi Clujul), plus încă 25 pentru biochimişti numai la Bucureşti, deci în total doar 100 de locuri, când noi datorită decretului din 1967, eram două dintre cele mai numeroase generaţii de tineri din România.

După ce lucrasem ca soră medicală înainte de facultate, apoi profesoară de liceu (din cauza revoluției), în anul patru de facultate, predând: *Botanica* – clasa a–9–a, *Anatomia* și *Fiziologia Omului* – clasa a 11–a, apoi *Genetică și Evoluție* – clasa a 12–a la *Liceul Mihail Sadoveanu,* mi–am dat seama că–mi place nespus această profesie. Învățământul din România comunistă a fost fenomenal și mă consider foarte norocoasă că sunt produsul acestui sistem de înaltă clasă; în facultate, pe lângă biologie și științele corelate, am avut numeroase cursuri care ne–au pregătit să fim profesori. Încă din anul patru de Facultate predam la liceu jumătate de normă după–amiaza, apoi la seral, ceea ce mi s–a părut fenomenal...

Așadar până să termin facultatea adunasem deja câteva meserii: sora medicală, profesoară de liceu și chelneriță... la Londra, unde vorbeau ½ în engleză și ½ în italiană; mă și numeau Giovanna... Ioana are prea multe vocale și nu prea au înțeles... așa că mi–era mai puțin teamă că m–ar descoperi autoritățile având în vedere că pe pașaportul meu scria: *prohibited to work!*

În 1992 una din colegele mele de facultate Luminița Vlăsceanu, a cunoscut prin proiectul ei de cercetare la Peștera de la Movile – Mangalia pe Șerban Sârbu, un alt biolog plecat încă din 1988 fiind la acel timp doctorand la *University of Cincinnati.* Cu ajutorul lui Șerban, Luminița a făcut pașii necesari, și–a dat testele cerute și imediat după absolvirea facultății a plecat la Cincinnati, SUA. Eu îmi verificasem engleza lucrând în Anglia de două ori – dar nu eram foarte convinsă că voi putea lua testele pentru a intra la doctorat în America. Mă gândeam să merg din nou în Anglia, unde mă simțeam acasă, să lucrez pentru a strânge banii pentru teste și chiar să mă înscriu la cursuri de engleză pentru a câștiga experiență, dar mai ales curaj să iau testele cu bine pentru a fi gata de plecare într–o țară străină.

În 1992, chiar în ziua în care colegii mei absolvenți de facultate au mers la repartiții – ultimul an în care s–au mai făcut repartiţii (iar eu aveam toate şansele să iau cel puţin una din cele două poziţii din Bucureşti) – m–am dus la ambasada Angliei să încerc să mai iau o a treia viză.

Cum în precedentele situații a durat luni de zile să o primesc nu m–am aşteptat s–o primesc în aceeași zi. Aveam acum viza, dar nu şi cei 400 $ pentru biletul de avion... au mai trecut încă şase săptămâni (timp pierdut din viză) până când am reușit să fac rost de banii pentru bilet.

În Anglia am încercat să merg la un masterat în *Environmental Education,* care după un an în Bradford mi–ar fi cerut să revin în România pentru minimum doi ani să predau *Environmental Education* studenților de la facultățile tehnice. Superb... dar nu ofereau decât ***tuition waiver*** şi nu–mi permiteau să lucrez nici măcar în campus, iar cei de la Soros care poate m–ar fi ajutat au spus că trebuie să mă reîntorc în țară ca să aplic pentru bursă.

Profesorul englez a fost foarte ajutător însă... n–a fost să fie, iar eu nu voiam să mă reîntorc în țară; dacă nu primeam bursa sigur nu aş mai fi primit din nou viză turistică... ceea ce m–a făcut să merg din nou la agenția de plasare pentru restaurante italieneşti... şi aşa am lucrat la *Frank's Café* din *Covent Garden* împreuna cu Susanna din Italia care atunci când mi s–a apropiat sfârşitul vizei nu voia să–mi dea voie să mai plec. După ce m–am înapoiat în România mă suna zilnic să mă roage să–mi iau o nouă viză și să revin la acea experiență; lucram 6 zile pe săptămână, câte 9 ore pe zi pentru 2 lire pe oră şi locuiam la Tana Roşca–Stănescu, pe care am avut plăcerea s–o cunosc prin fiica ei Alina, cu care făceam împreună yoga. Tana avea un apartament cu două camere, dar a doua cameră era goală fiindcă Alina plecase în țară.

Eu făceam curățenie, rufele, gătit şi mă simțeam bine că nu stau pe capul Tanei degeaba, deşi ea spus că nu s–a înțeles niciodată cu nimeni atât de bine. Am mers la un curs de engleză, de câte două ore, de două ori pe săptămâna, pentru a fi sigură că sunt pregătită pentru testele mele.

Înainte de a începe mi–au dat un examen pentru a decide la ce grupă pot merge; am intrat la cea mai avansată grupă şi am terminat cu un certificat pre–Cambridge.

În martie 1993 m–am reîntors în România exact în ziua în care îmi expira viza... Am mers la inspectoratul şcolar să văd dacă pot găsi o poziţie de profesor de biologie în Bucureşti ca să nu stau pe capul mamei. Aş fi putut începe să predau imediat la Liceul Caragiale, unde o profesoară intra în concediu prenatal, dar când m–a întrebat inspectorul unde lucrasem până atunci şi i–am spus că în Anglia, mi–a oferit doar o poziţie la clasele 5–8 în Pantelimon...

Eram gata să accept dar mama mea m–a sfătuit că aş putea face mai mulţi bani cu meditaţiile şi cu mai puţină bătaie de cap şi aş fi putut învăţa dimineţile pentru teste, predând seara.

În foarte scurt timp am primit mai multe meditaţii decât aveam eu timp şi în fiecare dimineaţă mergeam la sediul Comisiei Fulbright pentru 4 ore, unde găseam cărţile necesare pentru a mă pregăti la testele TOEFL, GRE general şi GRE biology.

În august am dat TOEFL – am primul test *multiple choice* pe care l–am dat vreodată, dacă nu consider că luasem testul pentru carnetul de conducere cu o zi înainte. În octombrie am plecat la Iaşi pentru GRE general, fiindcă acest test nu se dădea la Bucureşti până în decembrie, când am dat GRE biology la Bucureşti. Iar „very, very exciting"... mi–au plăcut mult testele şi dacă aş fi putut le–aş fi luat acasă să continui... nu atât pentru puncte, ci doar ***for the sheer pleasure...***

Înainte de aceste teste lucrasem în august pentru GESS – *Grupul de Explorări Subacvatice şi Speologice* – în loc să merg în învăţământ. Am fost plătită 50 $ pe lună de către Şerban Sârbu (cât aş fi primit ca profesoară). O experienţă fenomenală cu un grup de exploratori de înaltă clasă.

M.L.C.: *Cum a fost începutul în America, de ce ai ales Cincinnati, cum au decurs studiile şi ce faci acum?*

Dr. I.P.: Am trimis aplicaţii la câteva facultăţi care aveau programe ce m–ar fi interesat, dar am ales Cincinnati pentru că acolo erau Şerban – pe care l–am cunoscut în tura lui de cercetare din vară şi cu care ţinusem legătura acum ca angajată lui ca şi cu Luminiţa – colega mea de facultate, iar acum logodnica lui. Aş fi vrut iniţial Chicago – comunitate românească şi mulţi alţi East Europeans, citisem câteva din lucrările lui Eliade şi ştiam că dânsul predase acolo unde aveau şi un program de biotehnologie. Răspunsul lor a fost că nu primesc studenţi internaţionali la programul de biotehnologie din primul lor an, deci să merg altundeva pentru un an, după care să re–aplic. Ideea era că rata cea mai mare de plecare a studenţilor internaţionali este în primul an, plus că aşa se obişnuiesc mai bine cu sistemul American, cu limba, etc.

Am primit acceptul şi la *Oxford Miami University Cancer Research* din Ohio, însă m–a atras mai curând *Plant Population Research* la Universitatea din Cincinnati.

Am ajuns la Cincinnati pe 2 august 1994 – cu opt săptămâni înainte de a începe cursurile când proful mi–a spus că deşi nu mă poate plăti, ar fi foarte bine să vin şi să încep proiectul de colectare a datelor din pădure în timpul verii ca să am pe ce studia *DNA–fingerprinting* pe timpul iernii.

Mi–a fost foarte uşor, ba chiar mi se părea foarte ciudat că nu am nici un fel ***home–sickness...*** mă simţeam foarte în largul meu... fiindcă învăţământul din România şi–a spus cuvântul încă odată. Am fost foarte încântată să aflu că eram singura studentă internaţională de la biologie în acel an, care a trecut testul de engleză vorbită şi a început predarea din primul semestru; cursurile pe care le–am luat eu nu mi s–au părut prea grele considerând cât de multe cursuri de specialitate făcusem în România. Bineînţeles că nu a fost totul foarte uşor, am ajuns la concluzia că cercetarea este ceva în genul a te bate cu capul de pereţi mereu, mereu şi... mi s–a părut foarte grav că profesorul meu de doctorat a făcut un atac de cord la 43 de ani, pe un fond genetic, însă cu siguranţă accentuat şi de faptul că nu a primit un *grant*.

Datorită a trei profesori de botanică care mi–au fost parte la comitetul de doctorat, inclusiv şeful de comisie, care m–au luat asistentă la cursurile lui de botanică (nu mă gândisem niciodată că voi deveni botanistă), încet, încet mi–am dat seama că plantele sunt într–adevăr fascinante, că viața pe pământ nu poate exista fără ele, fiindcă acestea au avut o mare influență asupra civilizației umane; suntem oameni pentru ca am devenit agricultori... şi nu a mai trebuit să fim ***hunger–gatherers.***

America a fost descoperită pentru că Columbus vroia condimente, apoi a fost colonizată pentru sumele foarte mari de bani aduse pentru creşterea tutunului şi vânzarea acestei plante noi în Europa, China a pierdut Hong–Kong–ul datorită dependenței de opium, revoluția tehnică a fost bazată pe combustibil fosil – cărbune şi petrol care provin tot din plante – că prima maşină revoluționată a fost făcută pentru separarea semințelor de bumbac de fibra acestuia (cotton gin), mobilitatea globală a fost posibilă datorită cauciucului fabricat din arborele de cauciuc (fără cauciucuri maşinile, iar mai târziu avioanele nu s–ar fi putut deplasa atât de uşor).

Sclavii din Africa au fost aduşi în America să lucreze plantațiile de bumbac şi trestie de zahăr, irlandezii au venit în America după ce producția de cartofi – de care deveniseră dependenți – a căzut victima unui *fungus,* mexicanii şi alte naționalități din America Latină vin să lucreze câmpurile din Statele Unite, românii şi bulgarii merg sa lucreze pământurile în alte țări europene (am ajuns mexicanii Europei!!) emigrații umane pentru plante!!!

It's all about plants... şi totuşi predarea botanicii în şcoli şi facultăți – chiar la studenții de biologie – a scăzut în ultimii ani pentru că majoritatea celor de la biologie vor să meargă la medicină, deci de ce să mai învețe botanica... chiar dacă jumătate din medicamente provin din plante, iar alt sfert din medicamente am învățat cum să le facem tot prin studiul plantelor, deşi acum le facem prin sinteza chimică.

Mi–am dat seama că genetica, biotehnologia sunt prea la modă şi este greu să pătrunzi, pe când botanica a fost uitată de toţi şi a creat astfel o nişă în care apar mai multe şanse de a obţine o poziţie. Am descoperit *Liberal Arts Colleges* în SUA şi mi–a plăcut foarte mult idea de a crea un „om" renascentist care trebuie să fie un specialist în area lui de expertiză, înţelegând în acelaşi timp şi lumea, în general.

Am obţinut două poziţii de *visiting profesor* la *Whitworth College* – Spokane, WA şi *Monmouth College* – Monmouth, IL pentru că nu am vrut să fac un postdoc în cercetare, după ce am terminat doctoratul; după 22 de ani de şcoală nu am mai dorit să fiu un postdoctoral... student! Mi–a plăcut ideea de a câştiga mai multa experienţă în America, în general, cât şi în *American Academia,* în special, după care am venit la *Drury University* în Springfield, MO – o facultate privată înfiinţată în 1873 pe modelul facultăţilor pe Coasta de Est a Statelor Unite. (Facultatea din Bucureşti a fost înfiinţată în 1864, iar cea din Iaşi în 1860, deci nu cu mult înainte).

Colegii de la *Drury* au fost cei mai deschişi şi primitori din toate facultăţile la care am fost la interviu în anul 2001, iar zona de asemeni foarte plăcută şi primitoare, puţină poluare şi mai accesibilă din punct de vedere financiar, un punct important de vedere când lucrezi în învăţământ.

Sunt profesor universitar de opt ani la *Drury University* în Springfield Missouri, un oraş şi o facultate de care nu auzisem înainte de a vedea poziţia pe site–ul de internet în *Chronicle of Higher Education.* Fiind o facultate mică – 1.600 studenţi la zi, am ceva mai multa flexibilitate în modul cum îmi organizez cursurile, iar cei – 150 profesori *full–time tenured/tenure–track,* ne cunoaştem bine şi când avem timp (ceea ce este foarte greu de găsit în ultimele două decenii... şi noi credeam că secolul 20 era secolul vitezei...) colaborăm sau ne întâlnim pentru diverse celebrări academice, personale sau religioase (Paşte, Crăciun, etc.) ceea ce este o parte integrală dintr–o viaţa împlinită. Studenţii noştri ne cunosc bine pe toţi şi adesea petrec sărbătorile împreună cu noi la şcoală, sau acasă şi la alţi colegi.

***M.L.C.**: Mai ai legături cu România, te mai simți legată de țară, iar dacă ai mai fost acasă, ce ne poți spune despre experiențele avute, exemple, etc.*

Dr. I.P.: Am primit cetățenia americană în 2004, dar nu am considerat a face acest pas fără a verifica dacă îmi voi putea păstra cetățenia Română și vreau să cred că nu aş fi cerut cetățenia americană dacă mi s–ar fi cerut de către Statul American sau Român sa renunț la cea română.

Am continuat să mă consider romăncă, deşi pentru motive oportuniste am rămas să trăiesc, locuiesc şi muncesc în Statele Unite ale Americii după ce am terminat doctoratul în 1999.

Când am venit la doctorat în 1994 vroiam să iau o pauză de cinci ani ca să văd cum vor evolua lucrurile în România post comunistă. În România, ca profesor de liceu, aş fi primit cam 50 $ pe lună, încă vreo 50 $ pe meditații, iar dacă aş fii vrut să mă mut din apartamentul părinților mei ar fi trebuit să plătesc o chirie de cel puțin 200 $ pe lună!!! Încă nu eram gata să renunț la biologie pentru o viață materială care să–mi ofere măcar luxul de a visa să am o maşină, o casă sau apartament, excursii, etc.

Am plecat nu numai pentru asta, ci şi pentru că mă tentează aventura şi... în anumite limite nedistructive, îmi place să–mi testez capacitatea de a mă arunca în necunoscut.

În America m–am simțit imediat în largul meu şi nu mi–a fost greu deloc să mă adaptez, ba dimpotrivă!

În Anglia am avut vreo două experiențe în care am înțeles că Est Europenii şi poate chiar românii nu sunt prea bine văzuți şi primiți, ceea ce rar mi s–a întâmplat în America. Datorită faptului că am mers în localități unde nu erau prea mulți români (în Cincinnati eram singura Popescu în cartea de telefon!!!) m–am simțit foarte bine primită.

Unul din aspectele care m–au atras la *Drury* este un set de cursuri pe care toți studenții trebuie să le ia: *Global Perspectives 21* (secolul 21) care au ca un component major studii în străinătate:

ori pentru un semestru (chiar an) întreg la o altă facultate în lume (Anglia, Franța, Germania, Spania, Grecia, sau chiar Australia), sau numai pentru un curs de vară de 3–5 săptămâni.

În 2004 și 2006 am organizat un curs cu un grup de 10 şi 11 studenți de la *Drury* care m–au însoțit în România pentru un tur superb prin țară, timp de 3 și 4 săptămâni, curs pe care l–am numit: ***Romania – more than just Dracula!*** – pentru că numai asta este ceea ce ştiu studenți americani despre România.

Cursul a fost o combinație de curs general de cultură, în care studenții înscrişi au venit la noi acasă odată pe lună în semestrul dinaintea plecării spre România, unde am servit mâncare românească, am vizionat filme româneşti... şi am comentat capitole din cartea pe care le–am sugerat să o citească***: Romania – Borderland of Europe*** de Lucian Boia – profesor de istorie la Facultatea din București, pe care am avut plăcerea să–l cunoaştem când am fost acolo.

Cursul a avut o parte de botanică de teren... inițial nu credeam că ar fi fost cazul să mergem tocmai până în România numai pentru a face botanică, flora Americana este chiar mai bogată (unde nu este tăiata... având în vedere obsesia distructivă a gazonului!!!). Credeam că ajunşi acolo vom avea atâtea aspecte culturale de atins că nu ar mai fi trebuit să ne... pierdem timpul cu plantele româneşti!!! Doru Munteanu și Liviu Nichita de la *Căliman Club*–Bistrița Năsăud, împreună cu soțul meu George, care fusese deja de două ori în România: 1997 – când mama şi fratele meu George ne–au dus într–o mică tură prin țară să vizităm rudele, apoi în 1998 când ne–am reîntors să ne căsătorim, m–au ajutat foarte mult în alcătuirea și desfăşurarea acestui curs din România, care a fost minunat!

Atunci am descoperit că flora românească este într–adevăr bogată şi merită acordat tot timpul posibil studiului ei... şi că nu există vreun ghid fotografic de teren, în limbile română sau engleză (sau alte limbii de circulație) care să ajute pe cei interesați să o cunoască.

Din 2004 am început a visa la acesta idee a conceperii unui astfel de ghid fotografic de teren al florilor din România.

În 2008 am primit anul sabatic (al 7–lea an este un an/ semestru de reînviorare, redefinire, în care un profesor universitar este încurajat să iasă și să gândească afară din cutie...!!!). Când eram încă în *grad school* și știam de această posibilitate fenomenală care ar trebui sa fie și la mai puțin de șapte pentru toți cei care muncesc din greu în orice meserie. Mama mi–a zis că pot veni în România dar eu mi–am spus că lumea e mare și mai am atâtea locuri de văzut și aș fi dorit să merg în America de Sud (sau Africa, sau Noua Zeelandă, sau Asia, sau Australia!!!). De îndată ce am început să vizez la acest proiect în 2008, când primisem anul sabatic, m–am reîntors în România pentru 6 luni.

Proiectul meu este încă la stadiu de visare, dar are contur și, mai important este că am găsit un grup minunat de colaboratori în România. Chiar dacă publicul general nu știe, sau nu pare să–i pese prea mult de florile și plantele sălbatice existente în România, botaniștii din țară sunt foarte, foarte activi și acolo în străinătate, Europa în principal, acum când granițele sunt mult mai ușor de trecut și o fac cu mult succes.

Odată în România, deși știam clar că vizita mea este temporară și nu are niciun sens financiar sau de orice altă natură să mă mut cu totul acolo, în România, renunțând la poziția de ne–pierdut *(tenured)* de la *Drury* (unde predau ceea ce îmi place și sunt foarte bine primită de colegi și studenți), mintea mea continuă să facă planuri ca și cum m–aș fi întors pentru mai mult de 6 luni... nu–mi venea să cred că mă simt atât de săracă; tot ce aveam cu mine era un laptop și un aparat de fotografiat când toată lumea vorbea de mașini și apartamente – inadmisibil de scumpe... deși piața Obor... și chiar magazinele în general erau relativ ieftine sau acceptabile, iar cele câteva mii de dolari pe care eu îi strânsesem pentru această... aventură... păreau mult prea puțini! Mintea mea tot nu încetează a face niște planuri cu spirit cutezător (!) de investiții materiale mult peste buzunarul meu, dar şi peste capacitatea mea de împrumut!!!

Reîntoarcerea la *Drury* în Springfield şi Rogersville (unde locuim) din statul Missouri a fost bineînţeles foarte uşoară, însă inima mi–a rămas în România aşa încât în primul semestru de când m–am reîntors, deşi îmi făceam toate treburile cum trebuie... eram tot acolo cu gândul.

De–abia la începutul semestrului următor mi s–au mai adunat minţile *(speaking of jet–lag!!!)*, după ce în vacanţa de iarnă am reuşit sa–mi organizez o mare parte a pozelor făcute pentru proiectul plantelor din România.

It's a funny thing when your mind is living in two places, but I feel most fortunate for both *(este nostim când mintea ta se află în două locuri diferite, dar mă simt foarte norocoasă pentru amândouă)*

M.L.C.: *Mai păstrezi legătura cu cercetarea românească de vreun fel şi cum anume?*

Dr. I.P.: Deocamdată nu, dar dacă voi reuşi să restabilesc contactele acolo pentru un alt proiect de cercetare legat de flora românească o voi face cu plăcere funcţie de timpul meu disponibil la catedră şi de banii necesari pentru înfăptuirea unei asemenea lucrări.

M.L.C.: *Mulţumesc pentru amabilitatea de a–mi răspunde, ca şi pentru bucuria de a te auzi din nou.*

PUŞA BECKER–BRINDEA

Monica Corleanca: *Puşa dragă, mă bucur că ai răspuns solicitării mele de a povesti câte ceva despre cum ai plecat din România, ce făceai în ţară înainte de a ajunge la Luxemburg şi ce te–a determinat să rămâi în afara ţării?*

Puşa Becker–Brindea: Am părăsit definitiv România prin mariaj. Sunt coregraf de meserie şi eram angajată (civil) ca instructor cultural al Casei Armatei din Oradea (ulterior devenită Cercul Militar Oradea).

Ceea ce m–a determinat să nu mă mai întorc în patrie, după doi ani de tergiversări, între România şi Luxembourg, este foarte simplu: ***acelaşi regim politic instaurat după revoluţie,*** când eu, am participat direct la revoltă, deşi eram angajat civil într–o instituţie militară, fie ea şi de cultură. Am purtat atunci uniformă militară, baionetă, şi puşcă mitralieră cu cartuşe, bineînţeles. Astfel echipată, am fost de acord (precizez că nu am fost obligată), să preiau serviciul şi paza centralei telefonice a celui mai mare hotel din Oradea, *Hotel Dacia* – astăzi numit *Continental* –, timp de 48 de ore. Trebuie să precizez că în acele momente credeam sincer în revoluţie, însă am remarcat câţiva ani mai târziu, ca *„lupu–şi schimbă părul, dar năravul ba!"*, întrucât comuniştii, ca şi serviciile de securitate au îmbrăcat haine noi, în timp ce dedesubturile au rămas aceleaşi.

Puşa Becker–Brindea la inaugurarea Cabinetului medical din Ciutelec

M.C: Cum a fost începutul pe pământ străin, ce probleme ai avut de întâmpinat, cum ţi s–a părut ruperea de ţară?

P.B.B: Perioada de acomodare a fost lungă şi grea. Cu toate că aveam cunoştinţe despre nivelul de trai al statului luxemburghez şi stăpâneam limba franceză, la momentul integrării în societatea lor, am fost nevoită să fac „tabula rasa" mentalităţilor româneşti, a obiceiurilor legate de nutriţie, apoi a intervenit şi schimbarea regimului alimentar, învăţarea celorlalte două limbi – germană şi luxemburgheză – care alături de franceză formează buchetul limbilor oficiale ale statului.

Am început o viață nouă, lângă un om cu un caracter nobil, de naționalitate luxemburgheză, dar cu un trecut care nu putea fi neglijat (un divorț care implica un împrumut la bancă pentru casă, trei copii, între care doi erau trecuți de vârsta adolescenței, iar mezinei încă i se mai plătea pensie alimentară la acel timp).

Am lucrat la început într–un magazin cu normă întreagă, iar în cele două după amiezi libere din săptămână (lunea și vinerea), luam cursuri de computere și de asistentă dentară. De două ori pe săptămână, seara, după ora 20.00 urmam cursuri de limbă luxemburgheză timp de doi ani, după care am dat examenul pe care l–am promovat cu brio. După patru ani de serviciu ca vânzătoare într–un magazin, am început munca de asistentă dentară și secretară, fiindcă așa erau cerințele postului.

Făceam munca la fotoliu în mod egal cu cea de secretară: programări, telefoane, facturi, dosare și înregistrarea datelor pacienților în computer.

În prezent lucrez numai sporadic, înlocuind pe câte cineva la același cabinet dentar și mai fac traduceri din franceză–română, sau luxemburgheză–română.

Acomodarea mea s–a soldat în cel din urmă cu un serios ulcer de stomac cu trei nișe, din cauza stresului și a muncii grele depuse neîntrerupt.

M.L.C.: Pot să te întreb dacă mai menții legăturile cu România, te mai simți legată de țară, mai mergi acasă și dacă da, ce experiențe ai avut cu oamenii, autoritățile, prietenii?

P.B.B.: Desigur că am ținut permanent legătura cu țara, în primul rând cu familia pe care am ajutat–o foarte mult (fără ca ei să–și dea seama ce efort a însemnat din partea mea), apoi m–am implicat în activități de alt gen ca să mențin legăturile cu patria, acțiuni de natură caritabilă, iar când s–a semnat actul de aderare a României la EU în aprilie 2005 la Luxemburg am avut ocazia să cunosc oameni bravi precum Popa Nicolae din America (fost deținut politic) și m–am înscris în *Comitetul Mondial Român,* tocmai pentru a–mi sprijini țara prin orice efort. Atunci am avut ocazia să vorbesc personal și cu actualul președinte al României, domnul Băsescu.

În Luxemburg există și o Biserica Ortodoxă Română care are o mică istorioară. Parohia este slujită de preotul Constantin Dutuc venit din Suceava, prin anii 1995–'96 cred, iar serviciile religioase au loc în clădirea unei biserici catolice din orașul Luxemburg prin grija unui preot catolic, *Părintele Ries* (decedat acum, să–l ierte Dumnezeu și să–l odihnească în pace!).

Acest preot de mare suflet a lăsat moștenire prin testament o sumă considerabilă parohiei noastre ortodoxe, ca bază în vederea consolidării unei noi parohii, sau întreținerii parohiei actuale. Fiind membră în consiliul bisericii am semnat de luare la cunoștință despre acest fapt înălțător și de admirat.

În februarie 2007 am fost invitată la o ședință a *Antantei societăților* de pe lângă comuna Bech, unde locuiesc, ca să vorbesc despre satul meu natal. După o expunere generală a problemei, membrii *Antantei* au decis să punem la cale un proiect caritabil care să vină în sprijinul sătenilor din Ciutelec, satul unde m–am născut eu. Am făcut o prospecție la fața locului în România și m–am înapoiat cu trei propuneri: să ajutăm școala, căminul de bătrâni (persoane instituționalizate cu boli specifice de handicap), sau un dispensar cu un cabinet medical adecvat.

S–a decis să se lucreze timp de un an și jumătate în Luxemburg pentru a strânge fondurile necesare construirii unui cabinet medical. Un număr de 30 de organizații (ale tineretului, pensionarilor, clubul de motocicliști, consiliul parohial, organizația femeilor catolice, organizația pentru grădinărit și case, etc.) au executat activități de unde s–au colectat 17.000 euro, iar primăria comunei Bech a mai donat încă 3.000 euro pentru a avea în folosință o sumă rotundă de 20.000 euro. Toți luxemburghezii care au lucrat pentru acest proiect au făcut muncă voluntară și mai mult decât atât, unii au organizat chiar din banii lor bufete de mâncăruri şi băuturi care au fost valorificate pentru a strânge cât mai mulţi bani.

Un an mai târziu, în 2008 iunie, am plecat în România şi am început tratativele cu primăria Tauteu, cea de care aparţine satul meu natal Ciutelec, în vederea construirii cabinetului medical. Primăria, reprezentată prin D–l inginer Ioan Petru Baliban (primar la vremea respectivă) şi el un fiu al satului Ciutelec, s–a angajat în renovarea unei clădiri mai vechi, care aparţinuse Căminului Cultural, iar partea luxemburgheză a promis dotarea cu materialul necesar funcţionarii unui cabinet medical modern, ceea ce însemna: mobilier nou, aparatură medicală adecvată (inclusiv un aparat portabil pentru electrocardiograme), materiale consumabile, computer, materiale pentru dezinfecţie, menaj, etc.

A doua vizită de lucru am făcut–o în septembrie 2008. Atunci am comandat mobilierul executat pe măsură, toate aparatele de la firme specializate din România, iar inaugurarea a avut loc cinci săptămâni mai târziu, în ziua de pe 5 octombrie, 2008.

Vreau să subliniez că renovarea clădirii a fost făcută de o echipă formată din tinerii satului, toţi angajaţi ai firmei de construcţii „Nedatim", al cărei patron este inginerul Ioan Ţârlea, tot un brav fiu al satului, foarte serios şi de nădejde, care mi–a fost de mare ajutor.

De menţionat este faptul că proiectul a început sub conducerea unui primar al comunei Tauteu, apoi a continuat sub administraţia unui alt primar, Vince Nandor, care a acceptat proiectul şi fost de acord să continuăm lucrarea până la finalizare.

Am avut permanent alături pe domnul Profesor Dr. Conf. Univ. Constantin Mălinaş, un alt fiu al satului, care m–a ajutat să întocmesc dosarele necesare cu cererile de funcţionare ca şi cererea pentru obţinerea unui post de medic la dispensar. Domnul Titel Mălinaş este fiul educatoarei mele de grădiniţă, Doamna Laura Maria Mălinaş, acum în vârsta de 89 ani, pe care eu o iubesc tare mult şi pe care o vizitez de fiecare dată când ajung în sat; familia acestei doamne, a pus bazele şcolii din satul Ciutelec.

În prezent lucrez la un proiect pentru realizarea unui punct farmaceutic care să funcţioneze pe lângă cabinetul medical şi sper ca în toamna acestui an să–l şi inaugurăm.

M.L.C.: Care este efectul legăturilor cu ai tăi, dacă le mai ai, care îţi sunt acum convingerile a propos de autorităţi şi modul cum acestea sprijină sau nu intervenţiile românilor din afara ţării care încearcă să ajute cu ceva pe cei rămaşi acasă, cu uriaşe eforturi personale, materiale şi emoţionale?

P.B.B: Am întreţinut tot timpul legăturile cu ai mei, deşi am avut uneori perioade de mari dificultăţi pentru a mă face înţeleasă. După un timp de acomodare cu exilul, unde trebuie să adopţi mentalitatea poporului care te–a adoptat pentru a te putea integra cât mai bine şi mai rapid, e foarte greu să dai ceasul înapoi de fiecare dată când îţi vizitezi ţara, familia, prietenii şi să mai fii la unison cu ei.

Ei, aici intervine problema grea de a nu ne mai întâlni pe aceleaşi lungimi de undă, descoperim repere şi unghiuri diferite de a privi şi înţelege lucrurile, aşa încât... la un moment dat te simţi străin de tot ceea ce cândva ţi se părea firesc, tot cea ce era parte din existenţa ta!!!

Înstrăinarea o simţi chiar acolo unde ai fi dorit să fii acasă. Noroc că rădăcinile nu se rup de glie, deci am simţit şi cugetat tot timpul româneşte, dovadă fiind acest cadou făcut satului meu natal.

Am avut destule experienţe triste, în timpul vizitelor în ţară. Două dintre ele ar fi furturile maşinilor mele: în anul 1995 (furată de poliţia de la vremea respectivă, sau cu ajutorul poliţiei???), iar cea de a doua în 2000. Aceasta din urmă a fost găsită trei ani mai târziu în 2003 la... Galaţi!!??

La ce bun?

M.L.C.: După experienţa cu dotarea dispensarului din comuna ta, ai avea ceva sugestii despre cum ar trebui autorităţi-

le româneşti să sprijine eforturile celor din diasporă care merg acasă ca să ajute pe cei dragi?

P.B.B: La capitolul sprijin din partea autorităţilor române pentru cei din diasporă, când aceştia vor să întreprindă ceva în ţară, aceasta lasă mult de dorit. Poate din indolenţă, poate din răutate, poate din lipsa sentimentelor de solidaritate sau pur şi simplu din lipsa dorinţei de a face bine semenilor. Deci, ca să reuşeşti, trebuie să te descurci cum poţi, uneori cu mari pierderi materiale şi cu consum emoţional substanţial.

În ce priveşte rezolvarea proiectului meu de caritate, numit *„Ajutor pentru Ciutelec" („Hellef fir Ciutelec"),* pot să spun că am avut sprijinul primăriei Tauteu, comuna din care face parte satul meu, majoritatea funcţionarilor primăriei fiind oameni pe care îi cunosc bine, iar unii având chiar grade de rudenie cu mine.

Vreau să spun că am făcut acest efort pentru consătenii mei, dar, ca să fiu foarte sinceră şi în memoria mamei mele care a exercitat timp de 30 de ani meseria de asistentă de obstetrică şi ginecologie în comuna Tauteu, iar în clădirea în care acum funcţionează Cabinetul Medical Ciutelec, a existat cândva (prin anii 1970–1980) un punct sanitar unde mama mea făcea vaccinările şi examina noii născuţi o dată sau de două ori pe lună.

În locul unui monument rece am vrut să existe acolo un loc vibrant şi folositor unde oamenii să meargă pentru a-şi vindeca suferinţele.

M.L.C: Mulţumesc mult pentru timpul acordat acestui interviu şi felicitări pentru entuziasmul, perseverenţa şi sacrificiile făcute pentru a ajuta pe cei din locurile de unde ai plecat.

Publicat în ***Naţiunea****, România, 2009*

Interviu cu Corneliu Dumitriu

Director al Catedrei UNESCO a Institutului de Teatru cu sediul la Paris

Monica L. Corleanca: Stimate domnule profesor Dumitriu am plăcerea să vă întâlnesc aici, la Şcoala Internaţională de Vară de la Sinaia şi îndrăznesc să vă întreb câte ceva despre această mişcare de teatru pe care aţi iniţiat–o dumneavoastră.

Ce ne puteţi spune despre începutul acestei mişcări teatrale de proporţii atât de semnificative despre care noi, cei din US şi Canada, nu ştim mare lucru?

Corneliu Dumitriu: Teatrul are un organism neguvernamental tampon organizat sub egida UNESCO din 1947, numit ITI *(International Theater Institute)* la care sunt afiliate 85 de ţări.

ITI este organizat pe departamente care iniţiază congrese mondiale din doi în doi ani.

În anul 1995, în Venezuela, s–a decis să se adune în UNESCO lumea teatrelor şi atunci a fost creată o catedră la UNESCO numită ***Teatrul şi Cultura Civilizaţiei,*** o reţea mondială a teatrelor. Atunci s–a decis înfiinţarea a trei nuclee în Norvegia, USA şi România, unde am fost ales eu director, pe baza proiectului elaborat integral de mine.

S–a acceptat propunerea de a avea sediul la Bucureşti fiind eu director şi tot eu am conceput întregul program de lucru. După înfiinţare s–a decis cum să acţioneze această catedră

UNESCO de teatru. După primii doi ani de consultaţii s–a lansat un program de mobilitate academică internaţională numit **PrumAct.**

Am observat că în lume aveau loc festivaluri cu spectacole şi atunci eu am propus ca studenţii din anii începători să facă ateliere de lucru cu activitate de învăţătură.

S–a developat ideea atelierelor Internaţionale de Teatru prin canale de comunicare între studenţi şi regizori mari din toată lumea.

Ideea este instaurarea unei conferinţe mondiale a rectorilor din şcolile de teatru.

În 1999 a avut prima conferinţă a şcolilor de teatru la Sinaia şi paralel cu conferinţa au avut loc atelierele de lucru pentru teatru. După această conferinţă s–a aprobat primul program de mobilitate academică internaţional pentru patru ani, PrumAct 1999–2003.

M.L.C.: Ne puteţi spune ce realizări aţi dobândit prin activităţile menţionate?

C.D.: Prima ediţie a atelierelor la care au venit prea multe şcoli a fost cam neorganizată şi atunci am decis să se facă o selecţie a şcolilor pentru a participa la evenimente.

În anul 2000 s–a realizat însă cea de a doua ediţie a atelierelor în care am remarcat ridicarea nivelului profesional, dar nu au existat alte unităţi de lucru în afară de Shakespeare.

Tot în acelaşi an 2000 a avut loc a doua conferinţă unde s–a stabilit o tematică fixă:

Shakespeare cu *„Visul unei nopţi de vară"* iar rezultatul a fost senzaţional. În acel an 2000 a continuat ideea şcolilor de teatru–atelier cu *„Antigona"* de Sofocle.

În anul 2003 au fost aleşi alţi doi autori pentru ediţia următoare: Cehov cu *„Pescăruşul"* şi Lope de Vega cu *„Fântâna turmelor"* când succesul a fost imediat.

Pentru anul 2004 au fost aleşi Berthold Breht cu *„Cercul de cretă caucazian"* şi Garcia Lorca cu *„Nunta însângerată"*.

Eu am fost reales director al catedrei UNESCO din Institutul Internaţional de Teatru pentru următorii trei ani.

Congresele Mondiale au avut loc după cum urmează:

1995–1997 Congresul Mondial de la Caracas;

1997–2000 Congresul Mondial de la Seul;

2000–2002 Congresul Mondial de la Marsilia;

2002–2004 Congresul Mondial de la Athena;

2004–2007 Congresul Mondial din Mexic.

După fiecare ediţie a atelierelor şcolilor de teatru se scoate revista „Studii Teatrale" care prezintă şcoli de teatru şi evenimente foarte deosebite, cum sunt acum proiectele de la Sinaia.

Prin aceste manifestări am făcut şi facem cunoscute în lume şcoala românească de teatru şi tradiţiile noastre cu care ne mândrim.

M.L.C.: Vă mulţumesc mult pentru timpul acordat ştiind cât de ocupat sunteţi în această perioadă de lucru a şcolii internaţionale de teatru în această vară la Sinaia.

Voi face cunoscut românilor de pe continentul american realizările, dar mai ales succesele internaţionale ale şcolii româneşti de teatru.

Publicat în ***Observatorul****, Canada – Sinaia, 6 iulie, 2004,*

Interviu cu Cătălina Buzoianu

Regizor al Teatrului Bulandra și Expert UNESCO pentru Regie de Teatru

Bucuria de a revedea un prieten care face parte din copilăria şi adolescența ta este fără margini. Nu am mai văzut–o pe Cătălina Buzoianu de când am plecat din țară, când, simțind că nu voi mai avea parte de teatru adevărat, mă duceam la toate spectacolele să mă umplu cu vraja serilor de la Bulandra, Teatrul Mic şi celelalte unde se jucau piese bune. Citeam cu mare interes piesele după care mergeam să urmăresc montarea regizorală, scenografia şi măiestria artiştilor noştri plini de har. Când nu găseam bilete Cătălina aranja să mi se pună un scaun extra, la o margine de rând, ca să nu pierd spectacolul.

Au fost cele mai fericite nopți din viața mea, împreună cu seriile de concerte foarte originale inițiate de Iosif Conta în sala radioteleviziunii.

În 2004 am mers în țară la *Conferința Congresul Mondial Român* de la Vatra Dornei după care m–am oprit la Predeal s–o văd pa Cătălina.

Mi–a fost dintotdeauna tare dragă, iar pe când eram în şcoala primară învățătoarea o descria ca fiind o *frumoasă libelulă.* Aşa era,,şi aşa am păstrat–o în memoria mea: ultra feminină, ca o zână bună cu câțiva cârlionți blonzi răvăşiți pe fața–i dulce de păpuşă cu tot soarele în zâmbetul ei binevoitor, fragilă şi puternică în acelaşi timp, strălucind de talent artistic şi inspirații divine, modestă însă, comunicativă şi foarte generoasă în relațiile cu foştii colegi sau prieteni.

Marea Doamnă a Teatrului românesc: Cătălina Buzoianu

O mare doamnă a teatrului românesc la care m–am gândit întotdeauna cu dragoste şi preţuire!

Am regăsit–o cu emoţie, ne–am speriat de cum ne–a schimbat vremea şi mi–a făcut onoarea invitându–mă să asist la lucrările ei pentru *work–shopul* internaţional, plus repetiţiile piesei „Tatăl" care se pregătea pentru toamnă. Am petrecut la Predeal trei zile, după care m–am întors la Bucureşti împreună cu grupul ei, dar am reuşit să–i cer un scurt interviu, mai mult în timpul când luam masa împreună:

Monica L. Corleanca: *Sunt plecată din ţară de peste 20 ani, timp în care nu am mai revenit pentru a savura bucuria spectacolelor de teatru clasic cu care m–am răsfăţat pe vremuri în România.*

Care îţi sunt ultimele preocupări în regia de teatru românesc? Ce este nou?

Cătălina Buzoianu: A apărut un val de regizori tineri, foarte interesanţi, implicaţi în viaţa reală, organizaţi într–un grup sub numele de „ACUUM"; sunt foarte talentaţi, îşi scriu singuri propria lor dramaturgie, refuză marele teatre lucrând pe cont propriu în condiții grele la teatre mici care le pun la dispoziție sălile, ca de exemplu Marcel Iureș cu teatrul alternativ ACT. Tineri regizori foarte talentați sunt Radu Apostol, Ana Mărgineanu, Geanina Cărbunaru (ce are acum o bursă în Anglia), Andrea Vălean (care este și dramaturg).

Independenți și bine organizați ar mai fi Radu Afrim, Sorin Militaru, Teodora Herghelegiu și Vlad Massaci, foștii mei studenți.

Un alt spațiu alternativ ar fi un bar la București, numit *Green Hours*, unde se dau spectacole remarcabile. Mai sunt Ervin Simsinsohen, studentul meu și, Alexandra Badea ce a făcut un superb spectacol despre holocaust la Paris, apoi mai avem unii tineri actori ce–și fac textele, cum ar fi Antoaneta Zaharia–actriță.

Uniunea Teatrelor Europene înființată de Georgio Strehler cu sediul la Odeon–Paris și *Piccolo Teatru* din Milano, la care Teatrul Bulandra este afiliat, acesta fiind singurul teatru românesc afiliat la Uniunea Teatrelor Europene, eu activând permanent în această uniune.

M.L.C.: Ce alte spectacole ai mai regizat peste hotare?

C.B.: „Nu sunt Turnul Eiffel" de Ecaterina Oproiu, și alte numeroase turnee în Polonia, „Maestrul și Margareta" de Bulgakov, în Israel, diferit de cum a fost realizat în România, „Visul unei nopți de vară" și „Nunta lui Figaro".

Alte turnee avute în Europa au fost în Anglia, la Durham, unde am primit premiul special al juriului pentru „Romeo și Julieta", fiind considerată cea mai extraordinară producție teatrală imaginabilă.

La festivalul de la Lucerna în 1981, la centenarul Bartok–Enescu cu opera *Oedip* de Enescu când a fost evaluat a fi realizarea de vârf a festivalului.

În teatrul francez, ar fi de menționat premiul „Prix Teatre Vivant" cu „Teatrul descompus" de Matei Vișnec la *Radio*

France International şi un spectacol la centrul *Marius Constant* cu spectacolul „Vint miniatures pour Cioran", cuprinzând 20 de compozitori din toată lumea, 20 instrumentişti, cu scenografia de Vanda Mihuleac şi actriţa română Olga Bucătaru, iar dirijor Jean–Louis Vicard.

În Spania am lucrat la Madrid timp de doi ani în provincia La Mancha pentru Don Quijote şi organizat *work shop*–uri despre Pirandello în cadrul *Institutului Internaţional de Teatru.*

Am lucrat trei ani la Institutul de Teatru din Barcelona unde am ţinut work shop–uri cu „Pescăruşul „de Cehov, „Visul" de Strindberg, apoi „Orestia Mania" un colaj din *Orestia–Hamlet–Pescăruşul–Pelicanul,* în cadrul unui curs de antropologie teatrală comparată.

La Marsilia am avut multe turnee cu Teatrul Bulandra şi alte teatre şi am înfiinţat „Centrul de Cercetări Teatrale Franco–Române" sub numele de „Mnemosyne" creat şi susţinut de Caterine Kiss, medic psihiatru. La acest centru au avut loc multe manifestări teatrale iar în prezent se pregăteşte un grup de noi manifestări; acest loc este un centru interactiv, o sinteză cu expoziţii de pictură, teatru, dans, sculptură, muzică simfonică şi modernă, pantomime plus diferite *work–shop*–uri.

Anul 2004 a fost dedicat personalităţii lui Albert Camus şi eu am scris o adaptare după ultimul lui roman neterminat „Primul Om", despre copilăria lui în Alger.

Anul 2005 va fi dedicat unui curs *Ionesco –Molière* urmat de spectacole.

Am regizat spectacolul „Odiseea 2001", o pledoariei pentru pace, realizat pe un vas de război pe Marea Mediterană timp de două luni.

Am avut turnee europene din Italia până la Stockolom, sunt invitată la *Congresul Internaţional de la Delfi* în Grecia, am diverse comunicări la congresele ITI din Athena–Grecia, Odeon–Paris şi Altagro la festivalul de teatru clasic.

M.L.C.: Am aflat că scrii şi publici de asemeni. Pot să te întreb ce anume ai scris?

C.B: Am publicat cartea „Novele Teatrale". Am mai scris şi sunt în curs de editare cu „Vaporul Interior" despre realizarea *Odiseei 2001* şi o carte de eseuri „Bunica lui Orfeu" despre Mnemosyne–muza memoriei – deci despre memoria teatrului.

M.L.C.: Cu ce ocazie vă aflaţi voi acum la Sinaia şi ce evenimente teatrale pregătiţi?

C.B.: Întâlnirile de la Sinaia sunt dedicate *Şcolilor Internaţionale de Teatru* ce vin cu spectacole şi subiecte alese, produc aceste spectacole având un atelier de regie condus de mine şi o catedră creată de Corneliu Dumitriu, profesor universitar şi director al României pentru UNESCO. În cadrul acestei şcoli de vară realizate sub egida UNESCO participă şcoli de teatru de pe toate continentele, demonstraţii şi schimburi cu regizorii tineri ce produc spectacole foarte actuale, se discută activităţi ale teatrelor prin aceste demonstraţii.

În mai 2002 am fost la Athena, apoi *work–shop* la Sofia, iar acum în mai 2004, m–am întors din Mexic unde am montat „Yerma" de Garcia Lorca la *Şcoala Internaţională de Teatru.* În 2005 se va merge în Filipine cu „Lecţia" şi „Scaunele" de Eugen Ionesco şi o altă sesiune va avea loc la Marsilia.

La şcoala de vară, acum la Sinaia, se pregăteşte spectacolul „Tatăl" de Strindberg şi „Doamna Iulia", apoi „Primul om" de Camus.

În 2003 a fost prezent un regizor portughez cu „Aşteptând–ul pe Godot" şi românca Alice Colteanu cu „Lecţia".

M.L.C.: Care sunt preocupările teatrului românesc la ora actuală şi în speţă al tău? Ştiu că eşti acum regizor la teatrul Bulandra, mândria teatrului românesc dintotdeauna.

C.B.: Avem o diversitate de opinii şi experienţe. Avem regizori ca Vlad Mugur ce au produs experienţe de neuitat. Generaţia de mijloc este foarte puternică prin reprezentanţi ca Mihai Mănunțiu, fostul meu student, cercetător și strălucit talent.

Liviu Ciulei a creat la *Bulandra* o expresie unică a teatrului românesc și acum tradiția se continuă prin mine.

Alte spectacole cunoscute prin turneele teatrului din Craiova ar fi cele realizate de Silviu Purcărete, care locuiește în străinătate dar, vine în țară pentru a monta spectacole.

Teatrul Național a făcut spectacole superbe când a fost în țară Andrei Șerban ce a realizat „Trilogia Antică" și „Livada cu vișini".

M.L.C.: Aflu că ai fost aleasă expert UNESCO pentru regie de teatru. Ne poți spune ce îndatoriri și ce planuri aveți în cadrul acestei organizații?

C.B.: Comitetele UNESCO și ITI (Institutul Internațional de Teatru) pentru școlile de teatru din lume vor continua activitățile școlilor de vară și *work–shopuri* cu participări de tinere talente din toate colțurile lumii.

Va urma un spectacol la Lisabona cu „Visul" de Strindberg cu doi actori portughezi care au creat spectacolul în propria lor viziune.

La ora actuală scenografia piesei „Tatăl", ce va avea premiera pe 15 iulie la Bușteni, este făcută de doi tineri din Portugalia și Brazilia.

M.L.C.: Mulțumesc pentru aceste valoroase informații despre activitate ta în calitate de regizor de mare prestigiu internațional și acum expert UNESCO pentru regie de teatru. Românii din USA și Canada vor fi încântați să afle despre asemenea performanțe ale vieții artistice teatrale din România, dar mai ales pentru tine, care ești un vizionar modern în regia actuală de teatru.

*Publicat în **Observatorul**, Canada – Sinaia, 5 iulie 2004*

Interviu cu Florin Săsărman

Monica Corleanca: *Stimate Florin Săsărman te–am întâlnit în vara anului 2004 la Conferința Congresului Mondial Român și am fost impresionată de dăruirea ta în a face câte ceva pentru fiecare dintre noi, cei veniți din afara țării. Ne–ai plimbat pe Obcinele Bucovinei, ne–ai dus la mânăstiri unde ne–au răsfățat călugărițele cu bucate alese, ne–ai cântat în strană cu călugării și mai apoi ne–ai legănat nopțile cu baladele, compoziții proprii, așa ca să nu mai uităm niciodată!*

Mult timp după revenirea în State am vorbit numai despre tine și colegul tău din Alba Iulia cu care ne–ați cântat baladele voastre acompaniate de chitară, apoi am tot ascultat discul dăruit la plecare cu înregistrările compozițiilor tale.

Am aflat mai târziu că te–ai implicat personal în a ajuta pe românii din Basarabia și aș vrea să afle și alții mai multe amănunte despre aceste fapte.

În ce împrejurări ai cunoscut pe românii din afara țării și cum ai ajuns ca să ajuți atât de mult pe frații din Basarabia?

Florin Săsărman: În primele mele rânduri doresc să–i salut pe toți românii care ajung să citească această confesiune! Este o confesiune, pentru că altfel n–aș vrea să vorbesc despre un fapt firesc, iubirea mea pentru basarabeni!

Totul pleacă din anii liceului: eu trăiam la țară, în Cristeștii Ciceului, un sat așezat în aval de Năsăud și Beclean, pe malul drept al Someșului Mare. Uneori venea la mine Ioan Pintea, poet promițător în acei ani ('78–'80) care a devenit ulterior discipol al marelui cărturar Nicolae Steinhardt, monahul de la Rohia.

Florin Săsărman

Dar, în acei ani ai deceniului opt, Ioan Pintea știa de undeva adevărata poveste a Basarabiei, pământ românesc răpit de Rusia în veacul dinainte. Dascălii lui într–ale literaturii (culturii) îl inițiaseră în această problemă fundamentală a istoriei românești, temă la care eu nu aveam acces. Şi, plimbându–ne pe malul Someşului, am dat naştere unui *protest,* el făcând o poezie, iar eu punând–o pe muzică; am botezat–o *Pământule,* dar nu ne gândeam la planetă, ci la Basarabia lui Ştefan cel Mare şi Petru Rareş! Cu atât mai mult cu cât ne consideram urmaşi ai lui Petru Rareș, care avusese o cetate chiar lângă satul meu.

Au trecut anii şi s–a aşternut liniștea peste freamătul de atunci din sufletele noastre, freamăt care a renăscut imediat după '89, când a căzut cortina comunistă dintre țara românească şi provincia ei din est, Basarabia.

În 2004, la Vatra –Dornei am ascultat și eu, înmărmurit, relatările d–lui Neculai Popa, despre cazul cimitirului de la Țiganca cu gropile comune din care, la topirea zăpezii sau când ploua mai tare, se descopereau privirilor oseminte ale ostaşilor români, căzuți în luptele din iunie–iulie 1941, pentru eliberarea Basarabiei. La nici două săptămâni de la conferința CMR–ului, am „descălecat" la Cania, lângă Dealul Epureni, unde sunt de fapt gropile cu pricina şi i–am găsit acolo pe cei doi călugări, *mucenici lângă eroii neamului,* cum i–am eu numit într–un articol scris ulterior. Este vorba despre părintele Nifon (avea 71 de ani, atunci!) şi părintele Cassian, fiul său duhovnicesc, care trăiau într–o carcasă de vagon, veghind şi rugându–se pentru mântuirea neamului românesc. De dincolo şi de dincoace de

Troița de la Ialoveni

Prut, neam care își uitase eroii, fiindcă pe acel loc nu era nici o amenajare care să amintească măcar că s–ar fi aflat acolo mii de oseminte sub pământ. Este adevărat, erau plantate două sau trei cruci simple din lemn, dar era prea puțin. Așa că m–am întors la Bistrița și am vorbit cu prietenii de–ai mei din zonă să facem o troiță și am făcut–o pentru Cimitirul de la Țiganca (a fost sculptată la firma de viori și chitare, HORA, de la Reghin), pe care am trecut–o, fără peripeții, prin Vama Oancea direct la Cania.

Părintele Vasile Burduja a fost tot timpul omul nostru acolo și am rămas frați duhovnicești de–a lungul acestor ani. Cu sfinția sa și cu cei doi eroi în viață, călugării Nifon și Cassian am amenajat locul unde să punem troița și pe 25 octombrie ea a fost sfințită în prezenta unui număr mare de oameni, de către IPS Petru, Mitropolitul Basarabiei; chiar Ambasada României la Chișinău și–a trimis reprezentant la acea sfințire.

Apoi, am mers deseori la Cania, fiindcă am legat o relație duhovnicească profundă cu părintele Vasile Burduja și cu părintele Nifon. După mai puțin de doi ani de la sfințirea troiței pusă de noi, Oficiul Național pentru Cultul Eroilor, de la București, a inaugurat Cimitirul de Onoare de la Țiganca, în prezența Regelui Mihai și a ambasadorului de atunci al României la Chișinău, excelența sa d–l Filip Teodorescu. Și, să nu–i uităm pe miile de basarabeni veniți din toate colțurile țărișoarei lor, la acest eveniment.

Andrei Vartic și Nicolae Dabija la sediul revistei „Literatura și Arta"

Prin Asociația Culturală *România din inima mea* și în colaborare cu *Consiliul Mondial Român* am mai dus, de–a lungul anilor scurși de atunci, alte trei troițe pe care le–am pus la căpătâiul ostașilor români, prin alte locuri ale Basarabiei uitate de lume: la Nicolaieucá, la Ialoveni și la Cania. Troița de la Cania a fost donată de d–l Grigore Caraza, din Piatra–Neamț, un om uimitor! Pe cea de la Ialoveni am reușit s–o punem după eforturi îndelungate, pe care le–au făcut câțiva oameni din acel orășel, satelit al Chișinăului, împreună cu fratele într–ale neamului românesc Andrei Vartic, legat prin strămoșii săi de acel loc.

Aș vrea să mă opresc doar la acest aspect al relației mele cu Basarabia și basarabenii, fiindcă ceva în plus ar suna a laudă deșarta. Vă rog să–l întrebați pe d–l Neculai Popa despre colinda pe care am făcut–o împreună la Tiraspol, sau despre donația de calculatoare – second hand – făcută de CMR pentru copiii unui așezământ din Chișinău.

M.L.C.: Ce alți români care și–au ajutat frații ai mai cunoscut și în ce fel? Cum ați reușit să vă strecurați printre cei care nu văd cu ochi buni ajutorarea bieților noștri români de dincolo de Prut?

Cum a fost cu troița de la Țiganca și cu ajutatul călugărilor care dormeau în coșciuge în ploaie și frig, ai putea să ne spui mai multe detalii despre aventura cu mersul acolo, făcutul troițelor și căratul lor peste granița la basarabeni?

F.S.: Pe mine m–a „tras" înspre Basarabia Neculai Popa, cunoștința noastră comună din Los Angeles. Dar, oare cine nu–l cunoaște pe Nicu Popa? în Basarabia are o popularitate de invidiat, fiindcă i–a ajutat pe foarte mulți oameni de acolo.

În zona mea, au fost destui cei care m–au sprijinit în campaniile pentru Basarabia. Fiecare, cu ce a putut, fiindcă ASCRIM, asociația prin care am derulat „programul troițelor" funcționează pe bază de donații. Oricum, i–aș menționa aici pe Nicolae Bazgan, directorul firmei de instrumente muzicale din Reghin, care a dispus cioplirea primei troițe, Viorel Micula de la Oradea, care a dispus de fiecare dată să primim de la firmele sale mașina pentru a transporta troițele la vămile de pe Prut, Aurel Onigas, din Bistrița și alți oameni de mare ispravă.

Fiecare dintre aceștia au o coarda sensibila în suflet și o lacrimă, când vine vorba despre Basarabia.

Troițele au fost trecute prin vamă cu acte în regulă, ca donații. Desigur, dacă ar fi vrut vameșii din stânga Prutului ar fi putut căuta nod în papură să ne oprească, dar „mare este puterea Crucii!", cum îmi spunea de fiecare dată părintele Nifon, de la Ţiganca. La fel s–a întâmplat și cu calculatoarele trimise din Statele Unite de CMR, pe care le–am trecut prin vrednicia d–nei Veronica Capatici din Chișinău, pentru copiii de la un așezământ de sănătate de acolo.

Cazul *Cimitirului Ostașilor Români* de la Ţiganca este memorabil, pentru toți cei implicați în reabilitarea lui. Pe scurt, eu am prezentat cazul și este nemaipomenit că acel loc a fost amenajat de către ONCE; îi îndemn pe toți cei care pot, să facă un pelerinaj la cimitirul Ţiganca, unde au fost uciși în jur de zece mii de ostași români și vă asigur ca fiecare va simți ceva deosebit în sufletul său!

Părintele Nifon era cel care dormea într–un cosciug și acest lucru îl întărea sufletește! Pe mine nu m–a mirat, fiindcă

Florin Săsărman cu chitara în studiou

cunoşteam, din lecturi, osârdia călugărilor sihaştri; m–am bucurat, însă, că mi–a fost dat să cunosc unul şi să–i fiu prieten! Alături de el se nevoia şi părintele Cassian, ca ucenic întru duhovnicie şi cred că rugăciunile lor s–au făcut auzite în ceruri.

Până să se construiască acolo câteva chilii la iniţiativa lui Nicu Popa şi finanţate de CMR, cei doi suportau din plin vicisitudinile vremii, ca şi răutatea sătenilor bulgari, din satul de alături, Stoianovca. Iarna bătea viscolul şi le băga zăpada în carcasa aceea de vagon, iar vara se coceau de cald în ea. Uneori erau nevoiţi să se închidă acolo şi să nu mişte, fiindcă veneau sătenii care le cereau să plece, aruncau cu pietre în vagon şi nu este greu să ne închipuim ce viaţa a fost aceea, pentru bieţii călugări!

Eu am scris despre asta, în presa românească şi cred ca a contat, când s–a luat hotărârea la Guvernul României să fie finanţat proiectul *Cimitirului de Onoare* de la Ţiganca. Trebuie să–i evidenţiem aici pe Cristian Scarlat şi pe Ilie Schipor, directorul, respectiv adjunctul sau de la ONCE: sunt exact oamenii de care este nevoie într–o asemenea instituţie, în care trebuie să fii şi diplomat şi soldat!

M.L.C.: *Care este părerea ta despre ce ar trebui să facă guvernul din România pentru românii din afara granițelor în ideea ridicării barierelor dintre cele doua părți ale Prutului? Dacă și cum ai primit vreun ajutor (ceea ce mă îndoiesc) de la autoritățile române?*

F.S.: Guvernul român ar trebui să fie consecvent în a ajuta cauza românilor din Basarabia, ca şi pe cea a oricăror români care trăiesc în ţinuturile istorice din jurul României. Din păcate, la noi, inconsecvenţa este numele de ordine! Personal, cred că trebuie să se vorbească mai puţin, în diplomaţia românească şi să se facă mai mult. Mecanismul nu mai funcţionează, dacă preşedintele face declaraţii după declaraţii, în favoarea drepturilor românilor basarabeni şi dacă, sesizaţi, ruşii zic la un moment dat NIET! Ştiţi că ruşii, nu fac atâtea declaraţii, dar, pe tăcute, fac foarte multe pentru „ruşii lor" din Basarabia?

Trebuie să ne vedem „umbra" şi să nu ne credem uriaşi, pentru că istoria nu dă drepturi în funcţie de dorinţa unuia sau altuia, ci, mai degrabă pe principiul *taci și faci*! Dar, la noi politicienii trebuie să scoată în evidenţă fiecare gest bun pe care îl fac... ca să se laude.

Nu, nu am apelat la ajutorul autorităţilor române, fiindcă ele nu se implică în activitatea unui ONG, ca ASCRIM. La un moment dat aţi pomenit de Vali Șerban, din Alba – Iulia; ei bine, el este cofondator al acestei organizații non–guvernamentale, alături de poetul Sorin Garjan și ne–am propus să ducem mai departe această activitate legată de ajutorul pentru Basarabia.

Ar mai fi ceva de adăugat: În urma cu patru ani, aflând că Ministerul Culturii de la Chişinău refuză să autorizeze amplasarea bustului lui Liviu Rebreanu pe Aleea Clasicilor din Chişinău, am cerut Bibliotecii Judeţene din Bistriţa–Năsăud să inițieze o colaborare cu Biblioteca Municipală „Bogdan Petriceicu Haşdeu", de la Chişinău și să deschidă acolo o filială, care sa se numească Biblioteca „Liviu Rebreanu". În 2007 s–a realizat acest proiect și a fost amenajată o asemenea bibliotecă, pe care bistrițenii au înzestrat–o cu mii de cărți.

Trebuie să remarcăm, însă, greutatea cu care se pot dona cărți din România în Basarabia!

MLC: Florine dragă aş vrea să-mi spui dacă mai compui muzică şi ce mai cânți la chitară fiindcă în 2004 am fost fermecați de serenadele tale făcute la miez de noapte în hotel şi păstrez la loc de cinste CD-ul pe care mi l-ai dăruit atunci.

F.S.: Până acum, am lansat 4 albume muzicale: ***Locul inimii noastre,*** în 1997, compus integral pe versuri de Vasile Voiculescu; ***Seara crăciunului nost',*** 2004, colinde, ***Buchetul,*** 2006, album de autor, cu piese pe versuri de Lucian Blaga, Octavian Goga, Adrian Păunescu şi Alexandru Macedonski, album care conține şi cântarea bisericească ***O, Măicuță Sfântă,*** înregistrat la Mânăstirea Putna, cu isonul călugărilor de acolo și ***Din rai vesel, luminos,*** colinde, 2007.

Am material pentru încă un album, dar mă văd nevoit să amân imprimarea lui, până se va îndrepta nițel situația economică a sponsorilor. Probabil pentru 2010, 2011.

Dintre piesele pregătite pentru acest album aş enumera ***Isus în celulă*** şi ***Ridică-te Gheorghe, ridică-te Ioane,*** pe versurile lui Radu Gyr, prima dintre ele în memoria lui Vadim Pirogan, un prieten comun al nostru, (vorbesc de Nicu Popa), din Basarabia, trecut la cele veşnice anii trecuți, om care a suferit prin Siberia mulți ani...

M.L.C.: Mulțumesc pentru noutățile aflate şi pentru minunatele fapte de frăție făcute pentru basarabeni şi felicitări pentru tenacitatea cu care ai mers mereu pe drumul eroilor noştri, împreună cu domnul Neculai Popa, reconstituind memoria lor, acolo unde au fost uciși şi aruncați precum niște răufăcători la o groapă comună ca să fie uitați pe vecie, să ni se şteargă istoria.

Mare mi-a fost bucuria să te regăsesc!

Curentul Internațional, *USA, 2010*

Interviu cu domnul Neculai Popa

L–am întâlnit pe domnul Neculai Popa din Los Angeles la Congresul CMR – ***Consiliul Mondial Român*** – de la Vatra Dornei, în 2004, când am remarcat că era bine cunoscut şi prețuit de frații noştri din Basarabia, unde fusese de nenumărate ori pentru a cinsti memoria ostaşilor români ucişi în timpul războiului şi pentru alte ajutoare importante.

Acolo şi atunci am aflat că domnul Neculai Popa a fost deținut politic vreo paisprezece ani, iar când a reuşit să ajungă în afara țării şi–a promis să facă orice îi va sta în putință pentru frații lui în suferință şi pentru țară.

În timpul congresului de la Vatra Dornei m–am apropiat mai mult de dumnealui fiindcă mi–a stârnit respect şi admirație pentru entuziasmul adolescentin cu care aborda toate problemele, pentru generozitatea şi firescul cu care tot dădea bani în dreapta şi în stânga numai să prindă viață proiectele propuse acolo şi să se treacă la fapte concrete de ajutorare. În fața mea a dat bani pentru transportul a trei oameni la congres şi erau necesari atunci cam 500 $ de persoană ca să acopere drumul din Basarabia şi taxa de participare, apoi tot scotea bani pentru orice altă nevoie.

În primăvara anului 2005 am participat la o întrunire de lucru a executivilor CMR, în Atlanta, unde domnul Popa s–a întors special din Basarabia pentru a colabora cu noi toți la revederea noului statut şi punerea la punct a unui plan concret de ajutorare a basarabenilor şi românilor, plus tematica congresului următor. Tot atunci am hotărât să strângem bani pentru manuale şi cărți în limba română care să fie trimise copiilor din nordul Bucovinei, zonă ocupată acum de ucraineni. Eu am adunat ceva bani de la prieteni, dar domnul Popa a sărit imediat şi a adăugat vreo 1.000 $ ca să rotunjească suma şi tot dânsul a făcut toate legăturile la Chişinău ca să fie livrate manualele la şcolile respective.

Neculai Popa

Abilitatea dumnealui de a–şi face relaţii pentru urmărirea şi distribuirea la faţa locului a ceea ce se procura din România sau USA a fost cheia succesului în toate acţiunile. Aproape toţi cei care au făcut organizaţii de ajutorare nu s–au ostenit să vadă ce se întâmplă mai departe decât laudele pe care şi le–au trâmbiţat cu voce sonoră.

Domnul Popa cu firea lui caldă, foarte politicos şi măsurat la vorbe, dar categoric în fapte, a deschis uşile pe unde s–a putut pentru a obţine rezultatele dorite numai întru binele altora, mişcând munţii din loc dacă a fost nevoie.

Nu ştiam mai nimic despre trecutul dramatic care i–a format personalitatea acestui om şi cum a putut substitui ura ce putea fi stârnită de suferinţele anilor grei de puşcărie comunistă, cu iertare şi dragoste de oameni; cum i–a rămas neatins sufletul, această nestemată pe cale de dispariţie la oamenii acestui secol.

Suferinţa l–a înnobilat în loc să–l înrăiască.

Cu orice fel de stavile, dânsul a mers înainte, uneori singur, numai pentru a duce la îndeplinire ideea iniţială de a sprijini efectiv românii din ambele părţi ale Prutului. Evident că eforturile au fost îndreptate mai mult spre Basarabia fiindcă acolo erau şi sunt încă presiuni pentru dispariţia limbii, culturii şi populaţiei româneşti decimată destul în ultimii şaptezeci de ani de ocupaţie rusească, plus sărăcia.

M–am gândit că românii nu ştiu prea mult despre domnul Neculai Popa din Los Angeles, care a făcut şi face în continuare fapte de laudă mobilizând şi pe alţii, cu multă dăruire, cu eforturi financiare, cu destule riscuri, modest şi cinstit, fără a aştepta laude sau recompense, astfel că l–am solicitat pentru un interviu ca să aflăm mai multe chiar din relatările dumnealui.

Monica L. Corleanca: *V–aş ruga să ne spuneţi ce v–a determinat să plecaţi din ţară şi cum a fost drumul spinos al înstrăinării?*

Neculai Popa: Doamnă dragă, eu nu aş fi plecat din ţară, am fost obligat să iau drumul emigrării după ce am fost arestat în 1951 şi eliberat 1964 – însă din 1964 până în 1979 am mai fost arestat de încă cinci ori şi permanent tracasat şi ameninţat la fiecare pas. Am făcut paisprezece ani de puşcărie ca deţinut politic, plimbat prin mai toate închisorile grele ale ţării şi am suferit ca toţi cei condamnaţi, cu sau fără motive serioase, după cum veţi fi ştiind că s–au desfăşurat evenimentele din acei ani de grea obidă pentru români, întru propăşirea comunismului bolşevic şi distrugerea ţării.

Povestea mea este asemănătoare cu a multor deţinuţi politici şi mai curând am vrut să uit decât să–mi amintesc suferinţele prin care am trecut. Puşcăria m–a învăţat multe, însă odată scăpat, mi–am promis că voi face totul pentru a împiedica răspândirea molimei comuniste şi voi încerca să ajut pe cei în nevoie, drept mulţumire că am rămas în viaţă.

Eliberat din închisoare am vrut să–mi continui studiile, dar nu mi s–a permis.

A trebuit să rămân muncitor, fără a mi se da voie să frecventez măcar o şcoală de maiştri. Am dat apoi examen la şcoală de subingineri electricieni, unde mi s–a spus că dosarul meu a fost pierdut. În tot acest timp eram urmărit, mi–era ascultat permanent telefonul, aşa că fiecare zi devenise un coşmar. Niciunul dintre bieţii deţinuţi politici nu a fost încadrat

La troița de la Țiganca, 03.07.2005

undeva în meseria pe care o aveau, ci trimiși numai la munca de jos, necalificată.

Ca să repet descrierea torturilor aplicate deținuților politici din închisorile comuniste, nu ar avea rost, au fost descrise de alții înaintea mea în mii și mii de pagini ale cărților publicate despre holocaustul comunist.

Trecând prin toate închisorile românești nu am scăpat de tratamentele barbare aplicate de bătăușii criminali, fiindcă trebuia să ni se imprime ***frica*** și ***îndoiala,*** dar noi intuiam că vom fi exterminați într–o bună zi. Trăiam de azi pe mâine, ne rugam, speram, ne ajutam între noi și ne plângeam morții care erau aruncați la nimereală în gropile comune.

Genocidul românesc instaurat de comunism, sub oblăduirea bolșevicilor, nu cred că va putea fi evaluat vreodată integral din cauza formelor mârșave în care au fost ascunse dovezile numărului imens de oameni lichidați în toate închisorile, dar cel mai trist, al marilor noștri gânditori și intelectuali din elita țării.

M.L.C.: Cum a fost începutul, pe pământ străin și cum v-ați adaptat la viața Americană?

N.P.: Am ajuns în America în anul 1979 prin emigrare legală, împreună cu soția și copiii mei. Începutul a fost foarte greu, până am reușit să intrăm pe *welfare*. Mergeam să adunăm alimente aruncate de la magazine ca să punem ceva pe masa copiilor: pâine, cartofi, varză, salate, ceapă.

După aceea am închiriat o casă, dar nu aveam pe ce dormi, nici pe ce sta.

Norocul nostru a fost directorul școlii unde am înscris copiii pentru anul în curs, care, aflând că suntem noi veniți, a convocat comitetul de părinți și în 24 de ore ne–a fost mobilată casa cu tot ceea ce avem nevoie, desigur lucruri uzate, dar în condiții bune. Acest om de mare suflet a făcut același lucru pentru mulți alți emigranți și are un loc aparte în inimile tuturor celor ce l–au cunoscut.

În țară lucrasem ca electrician ceea ce aici mi–a fost de mare ajutor. După cinci–șase ani am reușit să–mi iau permisul de *Contractor Electrician* și atunci am deschis compania mea de instalații electrice, fiind astfel capabil să asigur o viață prosperă familiei mele numeroase.

M.L.C.: Cum v–a venit idea de a crea o organizație fără profit care să aibă rolul de a ajuta pe frații români din România și Basarabia?

N.P.: La venirea preotului Gh. Calciu în Los Angeles s–a înființat organizația „Libertate și Credință" unde am avut funcții de conducere tot timpul. Rolul acestei organizații a fost de a grăbi demolarea regimului comunist din România și de a arăta lumii întregi adevărata față „raiului comunist"; am fost motorul tuturor demonstrațiilor anticomuniste din Los Angeles. Aproape nu era lună să nu ieșim în stradă să denunțăm regimul comunist din țară, grăbind astfel sfârșitul de loc previzibil pentru acele vremuri.

Oseminte scoase din gropile comune ale ostaşilor români căzuţi în apărarea Basarabiei

Comunitatea românilor din Los Angeles a fost una dintre cele mai active din Statele Unite şi nu degeaba – cum mi–a mărturisit un funcţionar al administraţiei româneşti – s–a înfiinţat un consulat în acest oraş care avea deja, la acea dată, trei ziare româneşti. Los Angeles devenise centrul fierbinte al emigranţilor români din America.

Aşa a început lanţul marilor demonstraţii anticomuniste, pe coasta de vest a Americii.

Până după *aşa zisa revoluţie* din 1989 am ocupat diferite funcţii de conducere în organizaţia „Libertate Credinţă" a regretatului preot Gh. Calciu.

Anul 1992 a marcat începutul altui tip de organizaţii şi începutul colaborării noastre cu „Fundaţia pentru Democraţie" a profesorului Emil Constantinescu, viitorul preşedinte al României. Astfel am demarat colaborări cu investiţii pentru tineretul studios din România, asigurându–le prin fundaţii burse şi ajutoare lunare pentru studii.

Am mai făcut parte din „Comitetul Internaţional Romfest", organizând *Romfest*–ul 1994 la Los Angeles. Festivalurile Romfest 1998 şi 2000 au avut loc la Sibiu unde eu am aflat mai mult despre problemele grave ale fraţilor noştri din Basarabia, în speță despre zeci de mii de români uciși în timpul războiului de apărare în 1941, aruncați într–un loc uitat de toți. Acest lucru m–a făcut să decid a merge la fața locului să văd realitatea și am făcut–o în anul următor, 2001. De atunci am mers în România și Basarabia în fiecare an.

În 1998 înființasem ***Consiliul român–american,*** împreună cu Mircea Popescu, instituție ce s–a vrut „organizație umbrelă" în scopul implicării și mai mult în viața socio–politică a țării. Noi suntem cei care am lansat ideea înființării ***„Circumscripției Electorale 43 diaspora"***, din 2008, dar și cei care am luptat pentru schimbarea legilor electorale. Am reușit, dar niciodată nu ne–am gândit că partidele vor beneficia de această realizare impunându–și candidații pe criteriile lor politice.

Anul 2001 a fost anul unei scindări, când M. Popescu împreună cu doamna Smaranda Livescu au înființat ***Consiliul Mondial Român*** cu sediul la Atlanta. A urmat demisia lui M. Popescu din funcția de președinte al CRA, unde am rămas eu, conform statutului noii organizații. La Atlanta se vizualizase un program larg de ajutorare al basarabenilor cu promisiunea doamnei S. Livescu de a obține granturi de la statul Georgia și împreună cu eventualul sprijin al guvernului român, plus contribuții benevole ale românilor din USA, să se treacă la fapte. Veniseră și participanți români din Germania și se pregătea o mișcare de amploare pentru ajutorarea fraților noștri, mai ales a celor risipiți prin îndepărtata Rusie, Transnistrie, Basarabia și Ucraina.

Organizația creată inițial sub numele de ***Consiliul român–american*** a rămas în funcțiune, așa că eu mi–am putut continua proiectele de ajutorare în mod legal, cu participarea unor oameni de suflet, plus contribuția mea și a copiilor mei.

M.L.C.: Iertați–mă, sunteți basarabean?

N.P.: Da de unde, nici vorbă, însă român fiind mă doare ceea ce se întâmplă cu frații noștri rămași în zona unde rușii au făcut totul ca să distrugă cultura românească, depopulând regiunea prin ucidere și înfometare, apoi deportând forțat în

Biserica din Hagi Curda

Kazahstan şi Siberia pe cei rămaşi.

Nu trebuie să fii basarabean ca să reacţionezi la măcelul care s–a făcut cu bieţii români din zona aceea, la momentul cedării forţate a Basarabiei. Ce s–ar fi întâmplat dacă eram eu în locul lor?

***M.L.C.**: Cum aţi demarat acţiunea, concret? Aţi putea să ne spuneţi mai multe detalii despre „aventura" călătoriilor în Basarabia?*

Cum a fost cu instalarea troiţelor la Ţiganca şi cu ajutatul călugărilor care dormeau într–un vagon părăsit şi un cosciug în frig şi ploaie?

N.P.: Am plecat în 2001 în Basarabia, la Ţiganca şi de atunci m–am dus acolo în fiecare an, pentru o sacră misiune.

Vagonul de care pomeniţi nu era chiar părăsit. Până nu de mult fusese folosit de preotul Vasile Burduja drept biserică, unde se aduna satul duminica la Sf. Liturghie, apoi a fost donat celor doi călugări.

Ţiganca, este un loc de îngropăciune a mii de ostaşi români aruncaţi de–a valma în 1941, în timpul războiului de apărare al Basarabiei. Aici am cules oase de pe câmp cum culegi ciupercile, gropile fiind făcute în grabă, la suprafață, iar cimitirul ridicat pe un dâmb, a făcut ca ploile să spele în timp pământul şi oasele să răsară ici–colo, precum ghioceii.

Cu o pungă de oase, culeasă practic din gura câinilor (la acel timp cimitirul era loc de adăpostire şi păşune pentru două turme de oi), am alergat prin Bucureşti la mai marii zilei, până ce am aflat un departament care abia se înființase, numit *„Oficiul Național pentru Cultul Eroilor"* unde am găsit oameni de mare ispravă, în special colonelul Scarlat.

Cu ajutorul lor s–a reconstruit *Cimitirul de Onoare al Ostaşilor Români de la Țiganca,* apoi la Cania, la Nicolaeuca – la nord de Chişinău – şi un început de cimitir la Ialoveni, în sud de Chişinău.

Prin intervenția lui Florin Săsărman de la Bistrița s–au confecționat la Reghin nişte impunătoare şi frumoase troițe maramureşene care au fost aduse, sfințite şi instalate în memoria celor căzuți pentru apărarea pământului românesc.

A fost pentru prima oară de la război când s–a pus o cruce pe pământul Basarabiei.

Meritul lui Florin Săsărman este incontestabil fiindcă el a fost de mare ajutor cu executatul troițelor la Reghin şi efortul de a le căra peste graniță, din România în Basarabia.

Părintele Nifon şi părintele Casian au rămas să păzească locul de atacurile frecvente ale bulgarilor din satele vecine (Stoianovca), care veneau beți provocând scandaluri ca să oblige pe români să plece din zonă. La Cania rămăsese părintele Buduja să aibă grijă de cimitir.

Inaugurarea oficială a cimitirului de la Țiganca s–a făcut în anul 2006. Sfințirea troițelor s–a făcut de către IPS Petru, Mitropolitul Basarabiei, iar la eveniment au fost prezenți delegați ai Ambasadei Române al Chişinău şi foarte mulți cetățeni basarabeni veniți să–şi aducă salutul eroilor căzuți pentru țară, cu steaguri, cu lumânări aprinse, cu colaci şi vin, cu colivă, ca la un parastas.

Problema presei de informare în satele din Basarabia am soluționat–o cumpărând sute și sute de abonamente la ziare românești în așa fel ca cel puțin câteva numere să ajungă și în cel mai îndepărtat cătun. M–am gândit că acest lucru va menține spiritul bieților frați basarabeni izolați și fără speranță.

Troița de la Nicolaieuca

Tot din banii noștri, mai ales ai mei și contribuții ale copiilor mei, am ajutat în 2003 pe basarabenii care demonstrau împotriva conducerii comuniste, la momentul când l–au susținut pe Roșca (cu lozinca ***„Nu ne furați istoria")***, reprezentatul de atunci al Partidului Creștin. Manifestanților din stradă li s–au distribuit ceaiuri calde, mâncare, cafele, sandwich–uri, ca să reziste la frig și represalii, numai că spre dezamăgirea noastră acest Roșca nu a meritat suportul oamenilor de bună credință.

Eu mi–am făcut datoria de om care–și iubește frații, dar nu aveam și controlul asupra naturii duplicitare a unor candidați la alegeri.

M.L.C.: Cum ați reușit să vă strecurați printre cei care nu văd cu ochi buni ajutorarea bieților noștri români de dincolo de Prut?

Cum a reacționat guvernul român la aceste acțiuni, ați avut probleme, sau ajutoare?

N.P.: Ceva îmi spunea că lucrurile se complică, nu înțelegeam de ce se păstrează tăcere și nimeni nu a scos un cuvânt până acum despre existența acestui mare osuar lăsat uitării în mod deliberat. Atunci m–am înarmat.

Am invitat ziariști și reporteri de la ziarele și televiziunea pro–românească de atunci, oameni care s–au dovedit a fi nu numai buni profesioniști, dar foarte buni români, precum Zina Cerchez, Aneta Grosu, Dina Pripa, Aliona Avram, și alții.

In urma unei campanii de presă, Ambasada Română din Republica Moldova a rupt tăcerea și a recunoscut existența acestui cimitir și a multor altora din Basarabia.

Un cercetător istoric mi–a mărturisit că el deține mărturii ale țăranilor care confirmă **existența a peste trei sute de cimitire ale ostașilor români căzuți pentru apărarea pământului românesc din Basarabia.**

Dacă nu am avut probleme mari cu autoritățile românești, ne–am lovit însă de inerția unor funcționari, ca de exemplu cei de la Ambasada Română.

Eu însă nu m–am lăsat învins și am mers înainte, continuând lupta.

M.L.C.: Ce implicații ați avut la întâlnirea de la Luxemburg din 2005?

N.P.: Acolo am răspuns unei invitații primite din partea Ambasadei Române din Washington DC de a participa la un eveniment unic la Luxemburg: ridicarea României la rangul de candidat pentru a deveni membru al Uniunii Europene, ceea ce mai târziu s–a și întâmplat.

Am participat împreună cu mulți români veniți din toate colțurile lumii la acest mare eveniment de unde, majoritatea dintre noi, am plecat profund dezamăgiți.

Sala în care urma să aibă loc întrunirea, la care fusesem invitați să luăm parte, s–a dovedit neîncăpătoare deoarece oficialitățile române, sosite cu două chartere din țară și–au adus prietenii, soțiile și iubitele, care practic au ocupat locurile invitaților oficiali ai Ministerului de Externe. Așadar ei au avut întâietate, iar noi am rămas pe dinafară. Am întâlnit acolo români entuziaşti veniţi din Australia, Canada, America, America de Sud şi Europa care au înţeles că nimic nu s–a schimbat în mentalitatea românească alterată de comunism. A fost trist, foarte trist!

M.L.C.: Am auzit că mai de curând aţi fost implicat în construirea unei biserici ortodoxe româneşti la Hagi Curda, pe teritoriul ocupat acum de ucraineni, care–i iubesc pe români ca sarea–n ochi. Îmi puteţi da mai multe amănunte despre acest lăcaş căruia i–am văzut pozele trimise pe internet?

N.P.: Hagi Curda sau Camasovca, cum i se mai spune, este un sat românesc cu o populaţie de 4.600 de suflete, situat dincolo de Galaţi, în fostul judeţ Ismail, unde au avut loc până nu demult scene de barbarism comise de către ortodocşii ucraineni.

Din *Romanian Global News* am aflat că în timpul postului de Paşte li s–a pus foc, altă dată s–a aruncat gaze lacrimogene în micuţa cameră pe care o foloseau românii drept loc de închinăciune, apoi tot felul de şicane care să exaspereze oamenii ca să plece sau să renunţe la slujbele lor creştine.

La o ceremonie de la Ţiganca cunoscusem pe Vasile Iordăchescu, român din Ucraina, care mi–a confirmat ce se petrece la Hagi Curda şi am înţeles că numai cumpărând o bucată de pământ care să fie proprietatea noastră se poate construi o biserică ortodoxă, care să fie afiliată Mitropoliei de la Bucureşti.

Am decis pe loc să dăm nişte bani, eu şi fiul meu Mihai Popa, pentru a se cumpăra pământ la Hagi Curda; eu am dat imediat 5.000 $, la care am adăugat mai târziu încă 3,.000 $, apoi Statul Român a pus 200.000 $ pentru a se începe construcţia bisericii.

S–au mai adunat încă 46.000 $ de la românii din Los Angeles (dintre care vreo 38.000 $ de la fiul meu), iar când locul a devenit proprietatea noastră în anul 2006 s–a pus temelia bisericii. La ora actuală biserica este gata, mai sunt necesari banii pentru altar şi picturile sfinţilor ca să fie totul în ordine (vezi foto biserica Hagi Curda).

Departamentul Românilor de Pretutindeni a avut merite deosebite în construcţia acestui lăcaş de cult ortodox şi sperăm să fie sfinţit de către PSS Mitropolitul Petre al Basarabiei afiliat Patriarhiei Române.

Ceea ce aş vrea să subliniez este că acţiunile anterioare, printre care şi congresul CMR, cel mai reuşit de la Vatra Dornei – 2004 –, au fost ajutate cu bani şi de către *Departamentul Românilor de Pretutindeni,* însă banii se returnau după un anumit timp, deci trebuia ca cineva să fi avansat *bani cash* pentru a demara acţiunile, ca de exemplu transportul oamenilor din Basarabia şi Kazahstan la congres, cazarea şi plata meselor celor aduşi. Acest cineva am fost eu, care am dat cu toată inima fără să fi ştiut sigur dacă mai primesc banii înapoi sau nu. Am plecat întotdeauna cu *bani cash* la mine, ai mei, plus cei adunaţi de la copiii mei; numai aşa am putut acţiona rapid în locurile unde trebuia plătit pe loc ca să meargă treaba.

În anul 2010 am participat la dezvelirea la Iaşi a statuii marelui poet basarabean Grigore Vieru, unde românii–americani au dat cam 20% din valoarea lucrării, iar restul de 80% a fost plătit de primăria oraşului Iaşi. Poetul Vieru a fost mare patriot şi o lumină a neamului nostru; a participat în 2004 la congresul CMR de la Vatra Dornei şi cred l–aţi cunoscut.

Aş vrea să mai adaug că în primăvara 2010 au avut loc mari inundaţii pe ambele maluri ale Prutului când noi am ajutat la mobilarea grădiniţei şi şcolii elementare din comuna Antoneşti cu 3.000 $ strânşi de românii din Los Angeles.

Acum se va retipări o carte–document scrisă de Vaculovski despre foametea organizată în Basarabia când au murit mii şi mii de români. Împreună cu doamna Flori Bălănescu de la *Institutul pentru Cercetarea Crimelor Comuniste* se vor edita 600 exemplare, plătite de noi, cu 1.600 $ colectaţi tot de românii din Los Angeles, dintre care 200 exemplare vor rămâne la institut, iar 400 la noi, pentru a fi distribuite la bi-

Neculai Popa cu prietenii la Țiganca

bliotecile din Basarabia.

Tot acum, la începutul lunii iunie, va avea loc și lansarea cărții la *Institutul de Istorie.*

M.L.C.: Sunteți un neobosit soldat în aceste misiuni de a ajuta efectiv pe cei din Basarabia și a demonstra celor ce ne–au luat pământul că frații lor din afara granițelor nu dorm, ci le pasă de cei rămași „orfani de țară". Din păcate nu toți, dar un om ca dumneavoastră este un imbold pentru ceilalți și cum spun americanii „one single person could make a huge difference".

Pot să vă întreb dacă mai aveți și alte proiecte pe viitor, acum,aproape de aniversarea „fragedei vârste" de optzeci de ani?

N.P.: Da, aș mai avea un proiect important după care, dacă reușesc, pot închide ochii mulțumit că n–am făcut umbră pământului de pomană!

Cred că vă mai amintiți de grupul venit din Kazahstan la Congresul din 2004, toți îmbrăcați în costume naționale, de la mic la mare, care ne–au cântat românește ca și cum de–abia coborâseră din inima munților Moldovei?!

Este impresionant să vezi cum toți copiii vorbesc limba română și nu poți crede că părinții și bunicii lor au fost transmutați în mijlocul Rusiei acum șaptezeci de ani.

M.L.C.: „Patria mea este limba română", spunea poetul Nichita Stănescu

N.P.: Da, așa este! Atunci am înțeles că **neamul românesc nu piere, *„nu mor caii, când vor câinii"*,** spune înțeleptul nostru proverb.

Dorința mea ar fi să construim în Kazahstan o biserică ortodoxă românească, care să fie subordonată Patriarhiei de la București. Cu donații de la noi toți și cu ajutorul *Departamentului Românilor de Pretutindeni* trebuie să reușim.

Dumnezeu lucrează prin oameni.

M.L.C.: Vă mulțumesc și vă felicit din toată inima domnule Popa, dorindu-vă sănătate multă pentru îndeplinirea acestui proiect. Am dori să avem cât mai mulți români ca dumneavoastră angajați în asemenea misiuni, ca să nu dispară neamul acesta vechi, deștept și viteaz călcat în picioare de toți nechemații lumii.

Cu forța celor care au cunoscut o Românie intelectuală și prosperă, cu dârzenia celor care au stat în pușcăriile comuniste, poate că vom fi motiv de inspirație pentru cei tineri care cântă acum manele și pocesc limba cu inserții stâlcite englezești fără a mai purta spiritul patriotic în sânge.

Țara are nevoie de modele pozitive pentru a spăla spurcăciunea devastatoare cu care a fost impregnată de către comuniștii bolșevici și KGB-ul cu slugile lui.

***Curentul Internațional**, USA, consemnat, mai 2011*

Interviu cu Ștefana Bianu

Monica Corleanca: *Stimată Ştefana Bianu am avut plăcerea să te cunosc, aş spune transcendental şi virtual, prin activitățile desfăşurate la Congresului Mondial al Românilor.*

Fiindcă ştiu ce mult înseamnă pentru tine Țara Româneasca şi cât de mult te-ai implicat în diverse proiecte de ajutorare a fraților rămaşi acasă, aş vrea să te întreb acum câte ceva despre felul în care ai decis sa părăseşti România?

Ștefana Bianu: Dragă Monica, flatată de interesul tău pentru viața mea de exilat încerc s-o rezum. Dedic acest rezumat de viață, cu permisiunea ta, fiicei mele Fabiana, soțului meu, Alexandru şi scumpei mele fine, Ana Ştefana, cu speranța că-mi vor putea ierta absențele.

Am plecat din țară în 1975 din dragoste pentru soțul meu, care dorea să evadeze cu orice preț, iar acum îi sunt recunoscătoare. Am terminat Institutul Politehnic la curs seral fiindcă eram fiica de deținut politic. În țară am lucrat la fabrica *Electromagnetica*, apoi la două institute de proiectare.

Eram din naştere şi educație o iobagă... iată de ce...

Tatăl meu, plecat voluntar pe front când mama urma să mă nască, i-a spus: *„țara are nevoie de mine"*... Era farmacist şi a fost în prima linie a frontului pentru a salva răniții. S-a întors rănit. În retragere, cu spitalul de pe front, generalul medic german a oprit convoiul şi l-a întrebat dacă nu vrea să fugă cu ei din calea ruşilor. El i-a răspuns: „nu pot, țara are nevoie de mine"... Aşa era de fapt, şi aşa este cu noi toți cei plecați de acasă, **Țara are nevoie de noi!**

Țara noastră însă a fost ocupată de ruşi, cu asentimentul aliaților, apoi de către românii şcoliți de bolşevici, iar noi, cei plecați nu suntem doriți de urmaşii lor.

Ruptura de vechile structuri şi mentalități nu s–a produs, iar dacă unii încearcă să o facă sunt ținuți de grumaz!

Walter Roman a spus după 1989: „după noi, venim tot noi".

M.L.C.: Cum a fost începutul pe pământ străin, ai avut greutăți, cum te–ai descurcat cu emoțiile şi teama de a supraviețui în locuri necunoscute, sentimente pe care le pot împărți cu tine, fiind şi eu unul din cei obligați să părăsească România?!

S B.: Când am părăsit țara am murit de spaima că n–o să mă mai pot întoarce acasă; un an de zile am fost în doliu un după țară.

Am lucrat primii opt ani în Germania, unde am izbutit să fac carieră în țara celor născuți ingineri. Şansa mea a fost că nimeni nu cunoştea standardele americane impuse de contracte şi cum eu nu le ştiam pe cele germane, am fost prima şi singura femeie care le–a învățat. Cu aceasta ocazie am vizitat şantierele de lucru, am fost în Statele Unite pentru contractele de echipamente. În Siria m–am apropiat de o veche pasiune a mea: arheologia.

În timpul când lucram în Germania a trebuit să învăț simultan germana și engleza din mers. La început când suna telefonul fugeam din birou de frică. Munceam câte 10–12 ore pe zi şi–mi verificam lucrările de câteva ori de teama să nu fac greşeli.

Intrarea în primul *supermarket,* m–a şocat pe viață. Abundența pe care am comparat–o cu ceea ce lăsasem acasă m–a revoltat cumplit. Nici astăzi nu intru cu plăcere într–un supermarket din acelaşi motiv.

Apoi, soțul meu a fost numit director la o companie internațională din Belgia, unde am locuit cinci ani. Am descoperit o populație care cunoaşte sensul vieții! Cred că aşa vom fi fost și noi ca popor, dacă nu ar fi trecut tăvălugul comunist peste noi.

M-am întors pentru prima oară acasă la cutremurul din 1977, când mi-a fost frică de autorități, deși aveam cetățenia germană. Am călătorit atunci 36 ore în picioare, într-un tren îmbâcsit de bagaje. Trebuia să fiu acolo!

Ștefana Bianu

După mutarea în Belgia soțul meu mi-a propus să nu mai lucrez ca angajată la vreo companie, ci să decid a face altceva, mai ales că venise pe lume fiica noastră. Am ales imediat să lucrez în domeniul umanitar și social, ceea ce am continuat și după mutarea noastră la Paris, în 1998.

În decembrie 1989 am ieșit în stradă alături de toți „golanii" din Paris. Atunci am trăit marea speranță și marea decepție în același timp. Am înțeles foarte repede că „perestroika românească" a fost dirijata după modelul bolșevic.

După minciunile legate de revoluție și mineriade am pierdut simpatia Franței. Alegerile succesive ale acelorași nomenclaturiști comuniști erau inexplicabile. Iar crimele revoluției și mineriadelor nu au fost judecate nici astăzi cu toate strădiuințele grevelor foamei, apelurile către CEDO ale revoluționarilor adevărați conduși de către Teodor Mărieș.

Din toate alergăturile mele, am trăit câteva experiențe care mi-au deschis o nouă cale spirituală care mă ajută acum să înțeleg lumea altfel decât o făceam mai înainte.

Prima a fost la Bruxelles unde m-am înscris la un „*Congress of humansbeing transparency*" la care au conferențiat somități din lumea universitară și științifică, premiați Nobel din toate domeniile. Acolo și atunci am înțeles la alt nivel cum omul, natura, cosmosul se afla în interacţiuni subtile şi complexe, pe care ştiinţa clasică nu le poate demonstra, dar încearcă şi sunt pe cale să o facă. Oare va fi prea târziu? Filmul „Home" are un mesaj optimist dar procesul de distrugere al pământului s–ar putea sa fie ireversibil.

A doua oară, a fost în 1992, când am participat la o procesiune al Muntele Fuji Yama. După trei ore de rugăciuni pentru pace (un fel de mantre repetate fără de sfârşit), împreuna cu o sută de mii de oameni îngenunchiaţi sub ploaie, am văzut cum s–au deschis norii precum în icoanele în care razele soarelui arată coborârea Sfântului Duh. Pregătirea pelerinilor a fost făcută cu teste: o zi trebuia să folosesc numai un pahar cu apă pentru ceea ce alegeam eu, sa mă spăl, să beau, sau să–mi fac un ceai. După acest experiment am privit cu totul altfel un robinet defect sau ploaia. În altă zi trebuia să merg şi să mă rog fără oprire 7 kilometri!? La Paris, riscul este destul de mare să mă întâlnesc cu cineva cunoscut şi atunci trebuia să reiau rugăciunea mereu de la capăt.

Când am survolat Siberia am simţit suferinţa încă vie a celor care au fost deportaţi acolo; mărturisind acest lucru unei tinere care se afla lângă mine, în câteva minute toţi pelerinii din avionul în care mă aflam au început să se roage.

M.L.C.: Pot să te întreb ce legături mai ai cu ţara, mergi acolo des? Ce experienţe bune sau rele ai avut la întâlnirile cu oamenii? Dar cu autorităţile?

S.B.: După decembrie 1989 am participat la dispecerate de convoaie de ajutoare masive umanitare, dar am aflat curând, că multe au fost furate şi comercializate. Ce să mai spun când am aflat și despre exilații infiltrați, impostori morali, care s–au îmbogățit din ajutoare? A fost strigător la ceruri!

Eram împânziţi de securişti şi colaboratori, aşa cum a fost şi înainte, doar toate partidele au fost conduse din obscuritate. Ar fi trebuit să ştim fiindcă la defectarea generalului Pacepa, când eu eram încă în Germania, o puzderie de români şi–au încărcat gospodăriile în TIR–uri şi au dispărut fără urme, într–o noapte.

Aş vrea să pomenesc cel mai grav moment trăit la Paris. În noiembrie 1994 Ion Iliescu a fost primit pe ascuns la biserica exilului, Sf. Arhangheli, de către preotul paroh de atunci şi consilierii săi, cu scopul de a o trece la Patriarhia Română.

Atunci comunitatea s–a împărţit în trei şi au început valuri de procese, care au epuizat energiile şi banii exilului!

Acest lucru nu a fost întâmplător. A fost spartă ultima rezistenţă a opoziţiei exilului.

Am avut şi o mineriadă în biserică, unde au năvălit hoarde de „enoriaşi" aduşi cu zeci de autobuze ca să voteze trecerea bisericii din Paris la BOR. Eu am fost lângă cei care cereau ca BOR să primenească mai întâi biserica de colaboraţioniştii cu securitatea română.

În timp ce scriam aceste rânduri, am aflat ca Biserica Româna din Paris a fost trecută sub jurisdicţia BOR; cea ce nu a reuşit Iliescu, în 1994, a reuşit Sfinţia Sa Mitropolitul Iosif. A avut loc o adunare extraordinară a ocupanţilor bisericii care a început la ora 13 a Parisului, dar în ţară se anunţase pe canalele media trecerea la ora 13 a României, deci se ştiuse dinainte rezultatul voturilor!?

Opozanţii nu au fost invitaţi nici măcar la o discuţie de principiu.

Mitropolitul Visarion Puiu s–a întors în groapă, iar noi, cei nedoriţi şi daţi afară, ne vom ruga Domnului pe unde vom apuca! Şi astăzi cred că BOR ar trebui să se primenească şi mai ales să predice până în ultimul cătun oamenilor despre ceea ce a fost comunismul.

Ca mulţi dintre noi, cei plecaţi, îmi duc rădăcinile deşţărate după mine... şi am mers în ţară când am crezut că aş fi putut fi utilă, nu des invitată, mai mult cred pe principiul „dacă voi nu mă vreţi, eu vă vreau".

În februarie 2004 am fost prezentă la Congresul PPE la Bruxelles unde a fost condamnat comunismul prin rezoluţia 7. Punctul 10 al acestei rezoluţii este identic cu punctul 8 al Proclamaţiei de la Timişoara.

Nu s–a făcut vâlva în presă, nici Stephane Courtois nu ştia.

Imediat (în 2004), în martie m–am dus la comemorarea anuală a *Societăţii Timişoara,* în iunie la cea a mineriadelor organizată de *Asociaţia Revoluţionarilor* la Bucureşti, apoi în noiembrie la cea a asociaţiei „15 noiembrie 1987" din Braşov.

În anii următori, m–am dus la toate trei comemorările, dar cu reprezentanţii celorlalte două asociaţii împreună, până când s–au cunoscut şi au solidarizat, pregătind prin perseverenţa lui Sorin Ilieşiu, condamnarea comunismului făcută de către preşedintele Traian Băsescu la 18 decembrie 2007.

Între timp Marius Oprea şi Stejărel Olaru organizaseră IICCR înfiinţat de către prim–ministrul Călin Popescu Tăriceanu, dar aceasta perioadă ar putea umple paginile unei cărţi cu motto–ul: *„de ce ai noştri nu solidarizaseră înainte şi de ce comemorau numai evenimentele?".*

M.L.C.: Spune–ne Ştefana ce alte preocupări, proiecte te–au mai chemat în ţară şi dacă ai primit vreun sprijin de la autorităţi?

S.B.: Da, Monica... focul cel mare a cuprins Roşia Montana din Ţara Moţilor de zece ani! Aurul din Munţii Apuseni extras masiv de romani, austro–ungari, de comunişti, există încă din belşug dar în formă MICROSCOPICĂ şi este râvnit cu orice preţ de o firma canadiană (care are 80% din acţiunile afacerii).

O eventuală exploatare ar însemna măcinarea munţilor, vestigiilor dacice şi romane unice–arheologic, vestigii arhitecturale şi trecerea prin cianuri! ***„Douăzeci de tone...*** pentru ***un inel de aur".***

Un sacrificiu gigantic, cu consecinţe grave de poluare şi pierderi incomensurabile de patrimoniu natural şi cultural, care ar trebui să fie just, măcar din punct de vedere economic şi social, şi **Nu este!**

Academia Română, profesori universitari ASE, specialişti din toate domeniile, din ţară şi din afara hotarelor, ICOMOS, argumentează ştiinţific şi filozofic poziţia lor de împotrivire faţă de acest proiect nimicitor.

De zece ani destine umane sunt manipulate, viața este oprită, populația este sărăcită artificial pentru a se săpa adânc, drumul către o hotărâre „politică" de acordarea *ok*-ului pentru exploatare.

Incompetența, incultura și mai ales corupția, despre care presa scrie de 20 de ani, adâncesc acest drum.

Criza economica servește de pretext! Compania se jură că proiectul va aduce mari beneficii României, dar cine mai crede?

Oricum, rezerva de aur (ținută cu dinții până și de comuniști) este un subiect de siguranță a statului și aparține întregului popor român.

S-a cerut desecretizarea contractelor, așa cum s-au desecretizat contractele petrolului din Marea Neagră. Eu nu cred că politicienii, administrația vor avea inconștiența istorică de a da curs tentației de a „acționa bomba atomică"!

Criza climaterică mondială, frica de a rămâne fără apă și hrana strict necesară a omenirii ar trebui să-i înspăimânte pe toți! Este poate al 13-lea ceas de spus NU distrugerilor, poluărilor cu cianuri, insecticide, pesticide.

Alternativele constructive sunt infinite și de aceea m-am alăturat celor care încearcă să le demonstreze. Aceștia sunt noua generație de societate civilă, care devine ca în Occident din ce în ce mai activă. Din păcate însă administrația și Societatea Civila exista în două lumi paralele, încă!

În 2006 am fost co-curator al proiectului „Simpozionul Internațional de Sculptură", când timp de o lună de zile sculptori români și străini au cioplit în piatră, la Roșia Montană, monumente demne de a fi instalate în oricare din capitalele lumii.

Apoi în mai 2008 am participat la organizarea de către asociația franceză RPER *(Rencontres du Patrimoine Europe-Roumanie)* a „Simpozionului Patrimoniu Românesc - Patrimoniu European", prima Ediție Roșia Montana, la Paris, sub înalt patronajul Academiei Române. Specialiști români au conferențiat despre problemele patrimoniului românesc în pericol.

Am auzit o voce: „România este prea săracă pentru a–şi putea permite să–şi salveze patrimoniul"!?? Incitant! Se poate demonstra contrariul! România se poate îmbogăţi prin patrimoniul său pus în valoare!

În seara premergătoare Simpozionului s–a derulat un festival de film despre Roşia Montana într–o sala de prestigiu din Paris, o sala de 390 locuri pe jumătate goală! Majoritatea celor prezenţi erau străini.

Anul acesta (2009) particip la organizare RPER a „Universităţii de Vară" de restaurare de monumente şi situri „Pe Drumurile Romane în Ţara Moţilor" ce se va derula în august–septembrie, în Apuseni. Avem drumuri romane neglijate spre deosebire de Anglia, Franţa, care le–au marcat şi le–au introdus în circuitele turismului cultural.

Am fost cu echipa de prospecţie o săptămână în Ţara Moţilor şi m–am întors cu un sentiment de profundă revoltă. Patrimoniul nostru este în pericol; comunismul a distrus enorm dar capitalismul sălbatic l–a întrecut. Trebuie salvat ceea ce mai exista încă!

Oricum, consider că un luptător nu calculează dacă are şanse de izbândă şi nu are nevoie de speranţe, el luptă! Cred că eu sunt de fapt doar un luptător şi atât, un luptător desţărat.

M.L.C.: Ce frumos ai expus proiectele tale de lucru din care reiese ce suflet ai pus în fiecare dintre ele! Îţi mulţumesc mult pentru timpul acordat şi pentru informaţiile despre cum te–ai implicat în numeroase activităţi pentru a fi de folos celor rămaşi în ţară.

La fel îţi adresez din partea mea felicitări pentru tenacitatea cu care te–ai aruncat în proiecte aşa de grele ca şi pentru neobosita ta luptă în încercarea de a schimba cât de puţin în viaţa celor care nu mai au nici putere, nici voce, să strige pentru drepturile lor.

Toată admiraţia şi stima pentru ceea ce eşti tu ca OM!

Consemnat, Monica Ligia Corleanca, 2009

Cuprins

Tipografia DOCUPRINT Editura BABEL
Tel: 0234 - 588 930 Bacău, str. Letea nr. 30 bis
docuprint@clicknet.ro www.docuprint.ro